Le discours d'un roi

Mark Logue
Peter Conradi

Le discours d'un roi

L'histoire de l'homme qui sauva la monarchie britannique

Traduit de l'anglais par Suzy Borello,
Raymond Clarinard et Caroline Lee

LABOR IMPROBUS OMNIA VINCIT
PLON
www.plon.fr

ISBN édition originale : 978-0-85738-110-1, Quercus, Londres, 2010

ISBN Plon : 978-2-259-21492-6

Introduction

J'ai passé une grande partie de ma jeunesse, dans les années soixante-dix et quatre-vingt, en Belgique, où mon père, Antony, travaillait comme juriste au siège européen de Procter & Gamble. Au fil des ans, nous avons occupé différents logements en banlieue de Bruxelles, mais une chose ne changeait jamais : où que nous fussions, une série de photographies et de souvenirs finissait installée sur le manteau d'une cheminée ou le rebord d'une fenêtre.

On y trouvait entre autres une photographie de mon père en uniforme des Scots Guards ; une autre de lui et de ma mère, Elizabeth, le jour de leur mariage en 1953, et un cliché de Lionel, mon grand-père paternel né en Australie, et de son épouse Myrtle. Mais aussi, ce qui me paraissait plus étrange, un portrait encadré du roi George VI, père de la reine actuelle, signé et daté du 12 mai 1937, date de son couronnement ; un autre de lui et de sa femme, Elizabeth, que ma génération a surtout connue comme la reine mère, et de leurs deux filles, la future reine Elizabeth, alors âgée de onze ans, et sa petite sœur, Margaret Rose ; et un troisième du couple royal, daté de 1928, quand ils n'étaient encore que le duc et la duchesse d'York, signé Elizabeth et Albert.

On avait dû m'expliquer la raison de la présence de toutes ces photographies, mais quand j'étais petit, je n'étais que rarement très attentif. Je comprenais que Lionel était notre lien avec la royauté, mais pour moi, il était de l'histoire ancienne. Il était mort en 1953, douze ans avant ma naissance. Tout ce que je savais de mon grand-père, c'était qu'il avait été l'orthophoniste du roi – quoi que cela ait pu être – et je ne cherchais pas à en apprendre plus. Je ne posais jamais d'autres questions, pas plus que l'on ne me fournissait davantage d'informations. Je m'intéressais nettement plus à toutes les médailles et tous les boutons placés autour des photographies. J'adorais porter la ceinture et la casquette d'officier de mon père, et jouer à la guerre, les médailles fièrement épinglées sur ma chemise.

Mais en grandissant, puis quand j'ai eu des enfants à mon tour, j'ai commencé à me demander qui avaient été mes ancêtres et d'où ils étaient venus. Ma curiosité fut encore attisée par l'intérêt croissant dont la généalogie s'était mise à faire l'objet. Étudiant l'arbre généalogique de la famille, j'ai découvert une arrière-grand-mère de Melbourne qui avait eu quatorze enfants, dont sept seulement avaient survécu au-delà de la petite enfance. J'appris également que mon arrière-arrière-grand-père avait quitté l'Irlande pour l'Australie en 1850 à bord du SS *Boyne*.

Pour ce que j'en savais, mon grand-père n'était que l'un des membres d'une famille nombreuse éparpillée entre l'Australie, l'Irlande et la Grande-Bretagne. Vision qui était toujours la mienne, même après la mort de mon père en 2001, quand je fus amené à mettre de l'ordre dans les papiers personnels qu'il conservait dans un grand meuble classeur gris. Là, parmi les testaments, les actes notariés et d'autres documents importants, se trouvaient des centaines de vieilles lettres et photographies rassemblées par mon grand-père, le tout soigneusement rangé par ordre chronologique dans un porte-documents.

Ce n'est qu'en juin 2009, quand j'ai été approché par Iain Canning, qui produisait un film sur Lionel, *Le Discours d'un roi,* que j'ai commencé à comprendre le rôle qu'avait joué mon grand-père : comment il avait aidé celui qui était alors le duc d'York, monté à contrecœur sur le trône en décembre 1936 après l'abdication de son frère aîné, Édouard VIII, dans le combat qu'il mena toute sa vie contre un bégaiement chronique qui faisait de chacun de ses discours, en public ou à la radio, une expérience pénible et terrifiante. J'ai peu à peu compris que sa vie et son œuvre pouvaient intéresser un public beaucoup plus étendu que ma propre famille.

En avril précédent, Lionel avait déjà fait l'objet d'une pièce de théâtre sur BBC Radio 4, une fois encore intitulée *Le Discours d'un roi,* de Mark Burgess. Mais le film s'annonçait plus ambitieux – une grosse production, avec de grands noms comme Helena Bonham Carter, Colin Firth, Geoffrey Rush, Michael Gambon et Derek Jacobi. Il devait être réalisé par Tom Hooper, l'homme derrière *The Damned United,* qui aborde un tout autre pan de l'histoire anglaise récente : le séjour aussi bref qu'agité de Brian Clough à la tête de l'équipe de football de Leeds en 1974.

Canning et Hooper tenaient bien sûr à ce que leur film soit aussi exact que possible sur le plan historique, et je m'efforçai donc d'en savoir autant que je le pus sur mon grand-père. Il me semblait évident que c'était par le classeur de mon père que je devais commencer. Examinant les papiers de Lionel sérieusement pour la première fois, j'y trouvai des descriptions particulièrement vivantes et détaillées de ses rencontres avec le roi. Ils contenaient également une correspondance abondante, souvent chaleureuse et amicale, avec George VI en personne, et d'autres documents – dont une petite fiche de consultation couverte de l'écriture en pattes de mouche de mon grand-père, où il décrivait sa première rencontre avec le futur souverain, dans son petit cabinet de Harley Street, le 19 octobre 1926.

Associant tout cela à d'autres fragments d'information que j'avais pu récupérer sur Internet, et aux quelques pages faisant référence à Lionel dans la plupart des biographies de George VI, je pus en apprendre plus sur la relation exceptionnelle qui liait Lionel au roi, mais aussi rectifier certains des souvenirs déformés et des demi-vérités qui s'étaient brouillés au fil des générations.

Il devint cependant rapidement clair que ces archives étaient incomplètes. Il y manquait plusieurs lettres et des comptes rendus quotidiens des années vingt et trente, dont des bribes avaient été citées dans la biographie officielle de George VI écrite par John Wheeler Bennett, et publiée en 1958. De même, il n'y avait nulle trace des albums de coupures de journaux que Lionel avait compilées pendant presque toute sa vie d'adulte, comme me l'avaient dit mes cousins.

Mais le plus décevant était peut-être l'absence d'une lettre, rédigée par le roi en décembre 1944, qui avait enflammé mon imagination. Son existence était mentionnée dans un passage du journal de Lionel où il évoquait une conversation entre les deux hommes après le discours annuel du monarque pour Noël, qu'il avait prononcé pour la première fois sans mon grand-père à ses côtés.

« Mon travail est terminé, Monsieur », lui avait dit Lionel.

« Pas du tout, avait répondu le roi. C'est le travail préliminaire qui compte, et c'est là que vous m'êtes indispensable. » Puis, à en croire le récit de Lionel, « il m'a remercié, et deux jours plus tard, il m'a écrit une très belle lettre qui, je l'espère, sera conservée précieusement par mes descendants ».

Ce que j'aurais fait, si je l'avais eue en ma possession, mais elle était introuvable, dans la masse de correspondance, de coupures de journaux et de notes personnelles. Pour retrouver cette lettre perdue, je remuai ciel et terre, et enquêtai avec acharnement. Au cours de cette investigation, j'en vins à recomposer autant de détails que je le pus de la vie de mon grand-père. Je harcelai les membres de ma famille, revenant les interroger sans relâche. J'écrivis au palais de Buckingham, aux Archives royales du château de Windsor et aux auteurs et éditeurs d'ouvrages sur George VI, dans l'espoir que la lettre se soit trouvée dans des documents qu'ils auraient empruntés à mon père ou à ses deux frères aînés, et qu'ils ne leur auraient pas rendus. Mais elle n'était nulle part.

Vers la fin de 2009, j'ai été invité sur le tournage du *Discours d'un roi,* à Portland Place, à Londres. Pendant une pause, j'ai rencontré Geoffrey Rush, qui incarne mon grand-père, et Ben Wimsett, qui interprète le rôle de mon père à l'âge de dix ans. Après avoir surmonté l'étrange sensation de me trouver en face de quelqu'un, enfant, que je n'avais jamais connu qu'adulte, j'ai été fasciné par une scène où le personnage de Rush tourne autour de mon père et de son frère aîné, Valentine, joué par Dominic Applewhite, tout en leur faisant réciter du Shakespeare. Cela m'a rappelé un moment semblable de ma vie, quand j'étais petit et que mon père m'avait obligé à faire de même.

Mon père nourrissait une grande passion – et avait un don – pour la poésie et les vers, et répétait souvent des passages entiers d'œuvres dont il se souvenait depuis l'enfance. Il était très fier de sa capacité à débiter des tartines de Hilaire Belloc pour divertir ses invités. Mais c'était ma sœur aînée Sarah qui était sa plus grande satisfaction : elle était même carrément émue aux larmes par ses déclamations.

À l'époque, je n'ai pas le souvenir d'avoir été particulièrement impressionné par le talent de mon père. Mais en y repensant aujourd'hui, je peux mieux comprendre tant sa persévérance que la profonde exaspération que dut susciter en lui ma répugnance à partager cet amour de la poésie que son père lui avait insufflé.

Le tournage a pris fin en janvier 2010, et ce fut pour moi le départ d'une exploration plus personnelle. Canning et Hooper n'avaient pas cherché à faire un documentaire, mais plutôt une biographie romancée qui, quoique fidèle à l'esprit de mon grand-père, se concentre sur une période limitée : de la première rencontre entre le futur roi et lui en 1926 jusqu'au début de la guerre en 1939.

Inspiré par le film, j'ai alors souhaité raconter toute l'histoire de la vie de mon grand-père, de son enfance à Adélaïde, en Australie du Sud, dans les années 1880, jusqu'à sa mort. J'ai donc entrepris des recherches exhaustives et en profondeur sur sa personnalité, sur ce qu'il avait accompli dans sa vie. Sous bien des aspects, ce fut une aventure frustrante car, en dépit du statut professionnel de Lionel, on savait fort peu de choses des méthodes qu'il avait utilisées avec le roi. Il avait certes écrit quelques articles pour la presse sur le traitement du bégaiement et d'autres problèmes d'élocution, mais jamais il n'expliqua ses méthodes de façon officielle, pas plus qu'il n'avait d'étudiant ou d'apprenti avec qui partager les secrets de son art. Et il ne rédigea rien en détail sur son patient le plus célèbre – sans doute à cause de cette discrétion dont il entoura toujours sa relation avec le roi.

Puis, en juillet 2010, alors que les éditeurs me réclamaient le manuscrit, ma persévérance finit par porter ses fruits. Ayant eu vent de mes recherches, ma cousine Alex Marshall me contacta pour me dire qu'elle avait retrouvé des boîtes contenant des documents liés à mon grand-père. Elle ne pensait pas qu'ils me seraient utiles, mais je m'invitai quand même chez elle, à Rutland, pour y jeter un œil. En arrivant, je découvris plusieurs volumes disposés sur une table dans sa salle à manger : il y avait là deux cartons remplis de lettres échangées entre le roi et Lionel, datées de 1926 à 1952, et deux autres pleins de manuscrits et de coupures de presse, que Lionel avait soigneusement collées dans deux grands albums, un vert et l'autre bleu.

À ma grande joie, Alex détenait aussi les pièces manquantes des archives, ainsi que trois volumes de lettres et une partie du journal de ma grand-mère, Myrtle, qu'elle avait tenu quand mon grand-père et elle s'étaient lancés dans un tour du monde en 1910, et pendant les tout premiers mois de la Seconde Guerre mondiale. Écrit dans un style plus personnel que celui de Lionel, il en révélait bien plus sur les détails de leur vie commune. Ces documents, qui représentaient des centaines de pages, constituaient un formidable trésor que je passai des jours à éplucher et déchiffrer. Mon seul regret, c'était que la lettre que j'avais tant rêvé de dénicher ne s'y trouvait pas.

C'est tout cela qui est à la base de ce livre, que Peter Conradi, écrivain et journaliste au *Sunday Times,* m'a aidé à rédiger. J'espère qu'en le lisant vous finirez comme moi par être fasciné par mon grand-père et la relation exceptionnelle, intime, qu'il noua avec le roi George VI.

J'ai tenté d'étudier minutieusement la vie de mon grand-père, mais il reste des éléments inconnus à son sujet. Si vous êtes de la famille de Lionel Logue, ou étiez un de ses patients, un de ses collègues, ou si vous détenez quelque information sur son travail et lui, je serais ravi que vous m'en fassiez part. Vous pouvez me contacter à l'adresse suivante : lionellogue@gmail.com

Mark Logue,
Londres, août 2010.

Chapitre un

Dieu sauve le roi

Le cortège royal en route pour le couronnement de George VI

Albert Frederick Arthur George, souverain du Royaume-Uni et des dominions britanniques, dernier empereur des Indes, se réveilla en sursaut. Il était à peine 3 heures du matin. La chambre qu'il occupait à Buckingham Palace depuis qu'il était devenu roi cinq mois plus tôt était d'ordinaire un havre de paix et de tranquillité en plein cœur de Londres, mais ce matin-là, son sommeil venait d'être brutalement interrompu par le crachotement des haut-parleurs en cours d'installation sur Constitution Hill. « On aurait pu croire que l'un d'entre eux se trouvait dans notre chambre », écrivit-il dans son journal[1*]. Puis, au moment même où il pensait pouvoir enfin se rendormir, les fanfares et les troupes commencèrent à répéter pour le défilé.

En ce 12 mai 1937, le roi, âgé de quarante et un ans, était sur le point de vivre l'un des jours les plus glorieux, et les plus éprouvants, de sa vie : celui de son couronnement. Traditionnellement, la cérémonie a lieu dix-huit mois après l'accession du monarque sur le trône, ce qui non seulement laisse du temps pour tous les préparatifs, mais constitue une période de deuil correcte pour honorer le roi ou la reine qui a précédé. Ce couronnement-là était différent : la date avait déjà été choisie par son frère aîné, devenu roi à la mort de leur père, George V, en

* Les notes bibliographiques se trouvent en fin d'ouvrage.

janvier 1936. Mais Édouard VIII avait tenu moins d'un an, après avoir succombé aux charmes de Wallis Simpson, une Américaine divorcée, et c'était son cadet, Albert, duc d'York, qui lui avait succédé à contrecœur quand il avait abdiqué en décembre de la même année. Albert avait pris le nom de George VI – à la fois en hommage à son père défunt et en signe de continuité avec le règne de ce dernier, après les bouleversements de l'année écoulée qui avaient plongé la monarchie britannique dans l'une des crises les plus graves qu'elle eût jamais traversées.

À peu près au même moment, dans le décor infiniment moins grandiose de Sydenham Hill, dans les faubourgs du sud-est de Londres, un bel homme frisant la soixantaine, les yeux d'un bleu vif et la tignasse brune, s'extirpait également du sommeil. Une rude journée l'attendait lui aussi. Né en Australie, fils d'un propriétaire de pub, il s'appelait Lionel Logue et, depuis sa première rencontre avec le futur monarque, il y avait un peu plus de dix ans, il avait joué un rôle étrange et était devenu très influent au sein de la famille royale.

Pour ne rien laisser au hasard, Logue (qui n'aimait guère conduire) avait obtenu qu'un chauffeur passât la nuit chez lui. Avec sa sculpturale épouse Myrtle, qui devait l'accompagner en ce jour mémorable, il commença à se préparer pour le trajet en ville. Myrtle, arborant des bijoux d'un montant de 5 000 livres sterling, était radieuse. Sur le chemin, ils devaient passer prendre un coiffeur qui veillerait à apporter la touche finale à sa toilette. Logue, en tenue de cour cérémonielle, avait honte des bas qui moulaient ses mollets, et devait veiller à ne pas trébucher sur son épée.

Au fil des heures, alors que la foule des spectateurs, dont beaucoup avaient dormi sur des lits de camp, commençait à se répandre dans les rues de Londres, l'appréhension des deux hommes ne fit que croître. Le roi était animé « d'un sentiment d'angoisse » et n'avait rien pu avaler au petit déjeuner. « Je savais que j'allais passer une journée des plus éprouvantes et vivre la cérémonie la plus importante de ma vie, consigna-t-il dans son journal le soir même. Les heures passées à attendre avant de partir pour l'abbaye de Westminster furent les plus dures pour mes nerfs[2]. »

Le couronnement d'un monarque britannique dans l'abbaye de Westminster, cérémonie qui remonte à près de mille ans, est un moment de pompe nationale sans équivalent dans le reste du monde. L'onction en est l'instant clé : tandis que le monarque est assis sur la chaise médiévale du roi Édouard, sous un dais, l'archevêque lui effleure les mains, la poitrine et la tête avec de l'huile bénite. À l'aide d'une cuiller filigranée, l'ecclésiastique puise dans une ampoule en forme d'aigle contenant cette huile sainte, cocktail d'orange, de rose, de cannelle, de musc et d'ambre gris. Par ce geste, le souverain est consacré devant Dieu au service de son peuple, devant lequel il a prêté un serment solennel. Pour un homme aussi profondément croyant que le roi George VI, ce serment avait une valeur particulière, puisqu'il s'en remettait ainsi au Tout-Puissant, espérant qu'Il lui donnerait l'esprit, la force et l'énergie nécessaires pour ne pas faire défaut à ses sujets.

N'importe qui se trouvant au centre d'une telle cérémonie – avec une antique couronne de 2,6 kilos sur la tête – aurait été au supplice, mais le roi avait une raison précise de redouter ce qui l'attendait : souffrant depuis l'enfance de plusieurs problèmes de santé, il était en outre affligé d'un bégaiement débilitant. Déjà gênant en petit comité, cela transformait toute intervention publique en une terrible séance de torture. Le roi, pour reprendre les termes de la revue américaine *Time,* était « le bègue le plus célèbre de notre temps[3] », son nom s'ajoutant à une liste de célébrités qui remontait à l'Antiquité et comportait des gens comme Ésope, Aristote, Démosthène, Virgile, Érasme et Darwin.

Pis encore, dans les semaines qui avaient précédé le couronnement, le roi avait été la cible d'une campagne de rumeurs attisée par les partisans de son aîné aigri, qui vivait désormais en exil en France. Le nouveau monarque, rapportait-on, était si malade qu'il ne parviendrait pas à supporter la cérémonie du couronnement, et encore moins à s'acquitter de ses fonctions de souverain. La campagne avait été alimentée par la décision du roi de ne pas assister au *darbâr,* grande célébration orchestrée en son honneur à Delhi, et qui devait avoir lieu, comme l'avait accepté son prédécesseur, pendant la saison froide de 1937-1938.

Les hôtes étaient attendus à l'abbaye vers 7 heures du matin. La foule les acclamait sur leur passage. Une rame de métro spéciale avait été affrétée de Kensington High Street à Westminster pour les membres de la Chambre des communes, les pairs et pairesses, qui se déplaçaient en grande tenue et portant couronne.

Logue et son épouse quittèrent leur domicile à 6 h 40. Ils parcoururent les rues désertes en direction du nord, traversant Denmark Hill et Camberwell Green, puis vers l'ouest et le pont de Chelsea reconstruit depuis peu, inauguré à peine une semaine plus tôt par William Lyon Mackenzie King, le Premier ministre canadien venu pour le couronnement. Les agents de police, après avoir vérifié que leur voiture faisait bien partie des véhicules officiels, leur firent signe de passer jusqu'à ce que, juste devant la Tate Gallery, ils se retrouvent pris dans un bouchon formé par tous les véhicules convergeant vers l'abbaye. Ils en sortirent pour s'engouffrer dans l'allée couverte en face de la statue de Richard Cœur de Lion sur Parliament Square. À 7 h 30, ils avaient réussi à se glisser à leurs places.

Le roi et la reine se rendirent à l'abbaye dans le Gold State Coach, un magnifique carrosse fermé tiré par un attelage de huit chevaux, utilisé pour la première fois par le roi George III pour la cérémonie d'ouverture du Parlement en 1762. Pour le nouveau souverain, la présence de son épouse, la reine Elizabeth, était particulièrement rassurante. Au cours de leurs quatorze ans de mariage, elle avait eu sur lui une influence extrêmement apaisante. Chaque fois qu'il butait au milieu d'un discours, elle lui serrait le bras affectueusement, l'invitant à poursuivre, généralement avec succès.

Assises dans la loge royale, se tenaient la mère du roi, la reine Mary, et ses deux filles. La plus jeune, la princesse Margaret Rose, âgée de six ans et d'un naturel turbulent même quand tout allait bien, s'ennuyait et se tortillait sur son siège. Tandis que le service religieux continuait, interminable, elle se mettait un doigt dans l'œil, se tirait les oreilles, balançait ses jambes, posait sa tête sur son bras et chatouillait sa sœur aînée, Elizabeth, nettement plus sérieuse, et qui venait de fêter son onzième anniversaire. Comme d'habitude, la grande dut intimer à sa petite sœur d'être sage. Pour finir, la reine Mary parvint à calmer Margaret Rose en lui donnant une paire de jumelles d'opéra pour regarder autour d'elle.

Lionel Logue aussi était une présence rassurante, et le fait qu'il assistât à la cérémonie dans une loge en hauteur était la preuve de son importance pour le roi. Se présentant lui-même comme un « colonial typique », Logue, qui en dépit d'une carrière consacrée à l'élocution n'avait jamais vraiment pu se départir de son accent australien, ne semblait pas à sa place parmi les plus hauts représentants de l'aristocratie britannique qui occupaient des positions de choix dans l'abbaye.

Pourtant, il aurait été difficile de nier la contribution de cet homme, dépeint par les journaux comme le « docteur du langage » du roi, ou encore son « spécialiste du langage », aux événements de cette journée historique. Logue jouissait d'un tel statut qu'il venait d'être fait membre de l'ordre royal de Victoria, honneur que seul le souverain pouvait décerner et qui avait fait la une de la presse. Il était, déclara le *Daily Express,* « l'un des noms les plus intéressants sur la liste des invités d'honneur du couronnement ». À Westminster, Logue arborait fièrement la médaille accrochée à sa poitrine.

Onze ans plus tôt, il avait débarqué d'un bateau en provenance d'Australie. Il avait loué une chambre dans Harley Street, au cœur de l'establishment médical britannique, et était devenu l'une des personnalités les plus éminentes du domaine naissant de l'orthophonie. Et pendant presque tout ce temps, il avait aidé le duc d'York à lutter contre son défaut d'élocution.

Un mois durant, ils s'étaient préparés au grand jour, répétant encore et encore les phrases consacrées par l'usage que le roi devrait prononcer dans l'abbaye. Pendant les années qu'ils avaient passées à travailler ensemble, que ce soit dans le petit cabinet de Logue, à Sandringham, Windsor ou Buckingham, ils avaient mis au point un système. Tout d'abord, Logue étudiait le texte, repérant les mots susceptibles de poser problème au roi, comme ceux commençant par un « k » ou un « g » dur, ou ceux contenant des consonnes doubles, et, chaque fois que c'était possible, il les remplaçait par autre chose. Il notait ensuite dans le texte des points indiquant où reprendre sa respiration, et le roi commençait à s'entraîner, lisant et relisant jusqu'à ce que le résultat convienne – non sans s'énerver en cours de route.

Mais il n'était pas question de jouer avec les mots de la cérémonie du couronnement. L'épreuve suprême était sur le point de débuter.

Les divers princes et princesses, britanniques et étrangers, étaient arrivés à partir de 10 h 15. Puis la mère du roi était entrée alors que résonnait la musique solennelle de la marche officielle du couronnement, suivie par les différents dignitaires de l'État, et par la reine, dont la magnifique traîne était portée par ses six dames de compagnie.

« Une fanfare de cuivre retentit, et bientôt, le cortège du roi s'avance dans un flamboiement d'or et de pourpre, écrivit Logue dans le journal où il coucha l'essentiel de sa vie en Grande-Bretagne. Et à la fin, l'homme que je servais depuis dix ans, de tout mon cœur et de toute mon âme, marche lentement vers nous, l'air plutôt pâle, mais roi jusqu'au bout des ongles. Ma gorge se serre quand je comprends que cet homme que je sers est sur le point d'être fait roi d'Angleterre. »

Alors que Cosma Lang, l'archevêque de Canterbury, disait la messe du couronnement, Logue dut sans doute écouter avec plus d'attention que n'importe qui d'autre dans l'abbaye, même si la rage de dents dont il souffrait ne cessait de détourner son attention. Au début, le roi paraissait nerveux, et le cœur de Logue fit un bond quand il entama son serment, mais dans l'ensemble, il s'en tira fort bien. Quand tout fut terminé, Logue s'enthousiasma : « Le roi a parlé d'une voix magnifique », déclara-t-il à un journaliste.

En fait, compte tenu des pressions dont le roi faisait l'objet, c'était un miracle qu'il se fût exprimé aussi clairement : l'archevêque, brandissant le livre contenant le texte qu'il devait lire, avait par inadvertance masqué du pouce les mots du serment. Et ce ne fut pas le seul incident : alors que le grand chambellan aidait le roi à passer ses vêtements de cérémonie, ses mains tremblaient tellement qu'il manqua mettre le pommeau de l'épée sous le menton du souverain au lieu d'attacher normalement l'arme à la ceinture. Puis, alors que le roi se levait de la chaise du couronnement, un évêque marcha sur sa traîne et faillit tomber, jusqu'à ce que le monarque lui ordonne assez sèchement de faire attention.

Les petits ennuis de ce genre sont indissociables d'un couronnement britannique : l'un des principaux soucis du roi était que Lang ne lui pose pas la couronne à l'envers sur la tête, ce qui était déjà arrivé par le passé, aussi avait-il veillé à ce qu'un fil de coton rouge soit discrètement inséré sous l'un des grands joyaux ornant le devant de la coiffe. Mais quelqu'un avait fait du zèle et l'avait entre-temps retiré. Le roi ne fut donc jamais sûr qu'elle était dans le bon sens. Les couronnements de monarques précédents avaient parfois frisé la farce : en 1761, celui de George III avait été retardé pendant trois heures, l'épée royale ayant disparu, tandis que celui de son fils et successeur, George IV, s'était déroulé dans un climat tendu, le roi s'étant séparé de son épouse haïe, Caroline de Brunswick, qui dut être empêchée *manu militari* de pénétrer dans l'abbaye.

La congrégation ne sut rien de ces incidents mineurs, pas plus que les milliers de gens qui se massaient toujours le long des rues de Londres malgré le temps de moins en moins clément. Quand la cérémonie fut terminée, le roi et la reine remontèrent dans le carrosse d'or et revinrent au palais de Buckingham par le chemin le plus long. Il pleuvait désormais à verse, ce qui ne semblait pas décourager la foule, qui les acclama avec enthousiasme. Logue et Myrtle se détendaient, dégustant les sandwichs et le chocolat qu'ils avaient emportés quand, à 15 h 30, une voix annonça, dans les haut-parleurs : « Les personnes du bloc J peuvent se rendre aux voitures. » Ils sortirent donc, et trente minutes plus tard, leur voiture se présentait. Ils s'affalèrent sur les banquettes, Logue se prenant presque les pieds dans cette maudite épée. Ils retraversèrent la Tamise par le pont de Westminster, longeant les tribunes maintenant désertes, et furent chez eux à 16 h 30. Sa rage de dents s'étant doublée d'un mal de tête, Logue se coucha et fit une sieste.

Aussi formidable qu'ait pu être le couronnement, il n'était qu'un des événements auxquels le roi dut faire face ce jour-là. À 20 heures, une épreuve encore plus terrible l'attendait : un discours en direct à la radio, destiné à la population du Royaume-Uni et de son immense Empire – et là encore, Logue devait se tenir à ses côtés. Le discours ne devait durer que quelques minutes, mais l'exercice n'en était pas moins pénible pour autant. Avec le temps, le monarque en était venu à nourrir une terreur particulière vis-à-vis du micro, si bien que pour lui il était encore plus difficile de s'exprimer à la radio que devant un public. Et sir John Reith, directeur général de la British Broadcasting Corporation, créée dix ans plus tôt par charte royale, ne lui facilitait guère les choses : il insistait pour que le roi parlât en direct.

Pendant des semaines avant la transmission, Logue avait travaillé sur le texte avec le roi. Après des répétitions plutôt mitigées, les deux hommes se sentaient assez confiants, mais ils ne voulaient pas prendre de risque. Les jours précédents, Robert Wood, un des ingénieurs du son les plus chevronnés de la BBC, et passé maître dans l'art embryonnaire des émissions en extérieur, avait enregistré plusieurs de leurs répétitions sur des disques pour phonographe, dont un qui rassemblait justement tous les meilleurs passages. Malgré tout, Logue, quand une voiture le déposa au palais à 19 heures, était rongé par l'inquiétude.

Une fois arrivé, il prit un whisky soda en compagnie d'Alexander Hardinge, secrétaire particulier du roi, et de Reith. Tandis que les trois hommes buvaient debout, on leur fit savoir que le roi était prêt. L'Australien trouva le souverain en forme, en dépit d'une journée qui avait déjà été extrêmement chargée sur le plan émotionnel. Ils repassèrent en revue le discours devant le micro, puis revinrent dans les appartements du roi, où ils furent rejoints par la reine, qui avait l'air épuisée mais heureuse.

Toutefois, Logue sentait bien que le souverain était nerveux. Pour l'empêcher de penser à ce qui l'attendait, il bavarda avec lui sur les événements du jour jusqu'au moment où, à 20 heures passées, ils entendirent résonner dans les haut-parleurs les premières notes de l'hymne national.

« Bonne chance, Bertie », fit la reine alors que son mari se dirigeait vers le micro.

« C'est le cœur content que je m'adresse à vous ce soir », attaqua le roi, ses mots retransmis par la BBC non seulement à ses sujets en Grande-Bretagne, mais aussi à ceux des lointaines possessions de l'Empire, y compris la terre natale de Logue. Jamais encore un roi nouvellement couronné n'a été en mesure de parler à l'ensemble de ses sujets, chez eux, le jour de son couronnement…

La sueur dégoulinait le long de la colonne vertébrale de Logue.

« La reine et moi vous souhaitons à tous santé et bonheur, et nous n'oublions pas en cet instant de joie ceux qui vivent dans l'ombre de la maladie », poursuivit le roi, « magnifiquement », pensa Logue.

« Je peine à trouver les mots pour vous remercier de votre amour et votre loyauté envers la reine et moi-même. […] Je dirai seulement ceci : que si, dans les années à venir, il m'est donné de vous manifester ma gratitude en vous servant, c'est de cette façon plus que toute autre que je choisirai de le faire. […] La reine et moi garderons toujours ce jour en nos cœurs comme une source d'inspiration. Puissions-nous toujours nous montrer dignes de la bienveillance dont je suis fier de penser qu'elle nous entoure en ce début de mon règne. Je vous remercie du fond du cœur, et que Dieu vous bénisse tous. »

Le temps que le discours prenne fin, Logue était si ému qu'il ne pouvait plus parler. Le roi offrit à Wood sa médaille du couronnement et, peu après, la reine les retrouvait. « C'était merveilleux, Bertie, bien mieux que l'enregistrement », lui dit-elle.

Le roi fit ses adieux à Wood et, se tournant vers Logue, lui serra la main en disant : « Bonne nuit, Logue, et merci beaucoup. » La reine fit de même, ses yeux bleus se mettant à briller quand, submergé par l'émotion du moment, l'Australien répondit : « Il n'y a rien de plus important dans ma vie, Votre Majesté, que de pouvoir vous servir. »

« Bonne nuit. Merci », répéta-t-elle, avant d'ajouter gentiment : « Dieu vous bénisse. »

Les yeux de Logue s'embuèrent de larmes et, se sentant un peu idiot, il redescendit vers le bureau de

Hardinge, où il prit un deuxième whisky soda, ce qu'il regretta presque aussitôt. C'était une bêtise, se dit-il plus tard, surtout sur un estomac vide. Le monde entier se mit à tourner autour de lui tandis que son élocution se faisait plus hésitante. Il se rendit néanmoins à la voiture qui l'attendait avec Hardinge, qu'il déposa à St. James. Revenant sur les événements historiques de la journée, il pensait sans cesse à deux choses : le ton sur lequel la reine lui avait dit « Dieu vous bénisse », et à quel point il était urgent qu'il aille chez le dentiste.

Il resta alité presque toute la journée du lendemain, ignorant la sonnerie insistante du téléphone, ses amis l'appelant pour lui transmettre leurs félicitations. Dans l'ensemble, les journaux avaient apprécié le discours. « Hier soir, la voix du roi était forte et grave, ressemblant de façon troublante à celle de son père, rapporta le *Star*. Ses paroles étaient fermes, claires, et sans hésitation. » Les deux hommes n'auraient pu rêver de plus parfaite consécration.

Chapitre deux

Le « colonial typique »

Adélaïde dans les années 1880

Dans les années 1880, Adélaïde était une ville fière et au sens civique développé. Baptisée en l'honneur de la reine Adélaïde, épouse allemande du roi Guillaume IV, elle avait été fondée en 1836, et il avait été envisagé à l'époque d'en faire la capitale d'une province britannique en Australie où les colons auraient été libres de s'implanter. Son tracé était géométrique, fait de larges avenues et de grands espaces publics entourés de parcs. Quand elle fêta son cinquantenaire, elle était devenue un lieu où il faisait bon vivre : depuis 1860, les habitants profitaient de l'eau courante, en provenance du réservoir de Thornton Park, des tramways hippomobiles et les chemins de fer facilitaient les déplacements et, la nuit, les rues étaient éclairées par des réverbères au gaz. En 1874, elle s'était dotée d'une université. Sept ans plus tard, la South Australian Art Gallery ouvrait ses portes pour la première fois.

C'est là, près de la cité universitaire, à la lisière de la ville, que naquit Lionel George Logue, le 26 février 1880, l'aîné de quatre enfants. Son grand-père, Édouard Logue, était originaire de Dublin. Il était arrivé en 1850 et avait fondé la Brasserie Logue sur King William Street. En ce temps-là, la ville comptait des dizaines de brasseries indépendantes, mais celle d'Édouard Logue connut un franc succès : l'*Adelaide Observer* l'attribuait à la qualité de l'eau qu'il utilisait et au « talent peu ordinaire » de son propriétaire, capable de produire « une bière d'un caractère qui lui permet de concurrencer brillamment tous les autres fabricants de ce réconfort ambré ».

Logue ne connut jamais son grand-père. Édouard mourut en 1868, sa brasserie fut reprise par sa veuve Sarah et son associé Edwin Smith, qui finit par racheter sa part. À l'issue de plusieurs fusions, l'entreprise de départ fut englobée dans la South Australian Brewing Company.

Le père de Logue, George, né en 1856 à Adélaïde, fit sa scolarité au St. Peter's College puis travailla à la brasserie, où il occupa les fonctions de comptable. Plus tard, il reprit l'hôtel Burnside, qu'il géra avec son épouse Lavinia, puis l'hôtel Elephant and Castle, qui se dresse encore aujourd'hui sur West Terrace. Logue se souvenait d'avoir vécu une enfance idéale. « Notre foyer était merveilleusement heureux, nous étions une famille très unie. »

Logue fut envoyé au Prince Alfred College, une des plus anciennes écoles de garçons de la ville, grande rivale de St. Peter's. L'établissement jouissait d'une réputation considérable tant sur le plan académique que sportif, en particulier dans les domaines du cricket et du football australien. Mais Logue, comme il le reconnut lui-même, peina à trouver une matière où exceller. Cependant, il y vécut une révélation inattendue. Un jour, alors qu'il était en retenue, il ouvrit un livre au hasard. Il s'agissait du *Chant de Hiawatha,* de Henry Longfellow. Ce fut comme si les mots avaient jailli de la page pour lui sauter au visage :

Puis Iagoo le grand hâbleur,
Le conteur d'histoires merveilleuses,
Le voyageur et le causeur,

L'ami de la vieille Nokomis,
*Fit un arc pour Hiawatha**.

Comme en transe, Logue continua à lire pendant une heure. Il y avait là une chose qui comptait plus que tout : le rythme. Et il avait trouvé la porte qui y menait.

Même petit garçon, les voix l'avaient toujours davantage attiré que les visages. Avec les années, l'intérêt et la fascination qu'elles exerçaient sur lui se développèrent. En ce temps-là, on accordait beaucoup plus d'importance à l'élocution qu'aujourd'hui : chaque année, à la mairie d'Adélaïde, un concours mettait aux prises quatre garçons considérés comme les meilleurs orateurs, et le vainqueur se voyait décerner un prix d'élocution. Logue, bien sûr, en fut un des lauréats.

Il quitta l'école à seize ans et étudia ensuite avec Édouard Reeves, professeur d'élocution né à Salford, qui, enfant, avait émigré en Nouvelle-Zélande avec sa famille, avant de venir s'installer à Adélaïde en 1878. Le jour, Reeves enseignait l'élocution à ses élèves, et le soir, il donnait des « récitals » devant un public nombreux, au Victoria Hall ou ailleurs. Dickens était une de ses spécialités. Les récitals de ce genre étaient de véritables performances, non seulement en termes de diction, mais aussi de mémoire. Dans le *Register* du 24 décembre 1894, un article salue sa récitation d'*Un conte de Noël* : « Durant deux heures et quart, M. Reeves, sans s'aider de notes, a raconté cette histoire fascinante. Le récitant fut souvent interrompu par des applaudissements, et quand il conclut le conte par la phrase de Tiny Tim, "Dieu nous bénisse tous", il eut

* *Hiawatha, poème indo-américain,* traduction de H. Gomont, Nancy, 1860. (Toutes les notes de bas de page sont du traducteur.)

droit à une ovation qui était le témoin incontestable de la chaleureuse réception de l'assemblée. »

Avant l'avènement de la télévision, de la radio ou du cinéma, ces « récitals » constituaient un divertissement populaire. Leur popularité était également la preuve de l'intérêt particulier que suscitaient le langage et l'élocution dans tout le monde anglophone. Ce que l'on pourrait appeler le mouvement de l'élocution avait fait son apparition en Angleterre à la fin du XVIIIe siècle, alors que la capacité à s'exprimer en public prenait une importance croissante. La population s'alphabétisait et la société se démocratisait peu à peu. Tout cela eut pour résultat que la qualité des orateurs, qu'il s'agisse de politiciens, d'avocats ou, d'ailleurs, d'hommes de Dieu, fit l'objet d'une plus grande attention. C'est en Amérique que le mouvement suscita l'engouement : Yale et Harvard créèrent des cours d'élocution distincts dans les années 1830, et, au cours de la seconde moitié du siècle, cette matière était devenue obligatoire dans de nombreuses institutions à travers les États-Unis. Dans les établissements scolaires, on mit particulièrement l'accent sur la lecture à voix haute, et l'on veillait expressément à la qualité de l'articulation, de l'énonciation et de la prononciation. Tout cela allait de pair avec un intérêt pour les arts oratoires et la rhétorique.

En Australie, le développement de ce mouvement fut également lié à la divergence croissante entre l'anglais local et la version qui était parlée en Grande-Bretagne. Pour certains, le caractère distinctif de l'accent australien était un symbole de fierté nationale, surtout après le regroupement des six colonies en une fédération le 1er janvier 1901, qui aboutit à la formation du Commonwealth d'Australie. Mais beaucoup de commentateurs n'y voyaient cependant rien de plus qu'un signe de paresse. « L'habitude de parler la bouche constamment à demi ouverte est une manifestation supplémentaire du "sentiment de lassitude" national, se plaignait un auteur dans le *Bulletin,* un hebdomadaire australien, au tournant du siècle dernier[4]. Nombre de péquenauds les plus typiques ne ferment jamais la bouche. C'est souvent un symptôme d'adénoïdes post-nasaux et d'une hypertrophie des amygdales ; l'affection australienne caractéristique. »

L'accent du sud de l'Australie, avec lequel Logue avait grandi, était plus particulièrement pris pour cible, puisqu'il lui était reproché d'être « un hybride d'américain, de terroir irlandais, de cockney, de paysan et d'anglais mal parlé ». Il se caractérisait par une « paresse de la langue », et le besoin urgent de « communiquer autant que possible au moyen des sons les moins variés et les plus aisés ». Cette paresse était manifeste dans la tendance à tronquer les phrases et à ne pas articuler.

En 1902, à l'âge de vingt-deux ans, Logue devint le secrétaire et l'assistant de Reeves, tout en étudiant au conservatoire Elder, fondé en 1898, « dans le but d'offrir un système d'enseignement complet dans l'Art et la Science de la Musique », grâce à un don du riche philanthrope d'origine écossaise, sir Thomas Elder.

Comme son professeur, Logue commença à donner des récitals ; il s'impliqua également dans le théâtre amateur. Dans la soirée du 19 mars 1902, il eut l'occasion de faire la démonstration de son talent dans les deux disciplines au YMCA* d'Adélaïde. « La salle était comble, et le public ne cacha pas son admiration, put-on lire le lendemain dans l'*Advertiser,* le quotidien local. M. Logue a l'air jeune, mais sa voix est claire et puissante, et il occupe la scène avec élégance. Dans ses choix, il a montré un talent dramatique considérable – pourtant loin

* Young Men's Christian Association.

d'avoir encore atteint sa maturité – et un sens artistique dans son incarnation des personnages et sa narration des histoires. » Le critique du journal ajouta que Logue avait eu du succès dans chacun des poèmes et des extraits qu'il avait déclamés, et qu'il avait été brillant dans *Edinburgh After Flodden**, de W. E. Aytoun.

Si Logue fut fier de ces louanges, sa joie fut assombrie par la tragédie : le 17 novembre de la même année, son père mourut des suites d'une longue et douloureuse maladie. Il fut emporté par une cirrhose à l'âge de quarante-sept ans. Le lendemain, l'*Advertiser* publiait sa nécrologie, et la foule vint nombreuse à ses funérailles.

À vingt-trois ans, Logue se sentait désormais assez sûr de lui pour s'établir comme professeur d'élocution à Adélaïde. « Lionel Logue nous prie d'annoncer qu'il a entamé la pratique de sa profession, et qu'il sera présent en son cabinet, au n° 43, Grenfell Buildings, Grenfell Street, à compter du 27 avril. Brochure sur demande », explique l'annonce publiée trois jours plus tôt dans l'*Advertiser*. Dans le même temps, il continuait ses récitals et créa même la Compagnie dramatique et comique Lionel Logue.

Le 11 août 1904, l'*Advertiser* publia une critique particulièrement enthousiaste d'un « récital d'élocution » donné la veille par Logue au Club lyrique, sous le titre *À défaut d'être né anglais, je souhaiterais être ce que je suis, un « colonial typique »*. Logue, précisait l'auteur, était « l'heureux propriétaire d'une voix d'une singulière musicalité, aux intonations raffinées, et d'une gracieuse maîtrise du geste que l'on ne saurait soupçonner de redondance ». Et il concluait : « M. Logue n'a rien à craindre de ses concurrents, et son récital s'est distingué par son expression

* *Édimbourg après la bataille de Flodden.*

dramatique, la pureté de son énonciation, et un goût subtil de l'humour qui lui a valu l'approbation enthousiaste du public. »

C'est alors qu'eut lieu le premier des nombreux bouleversements de sa vie. En dépit de sa réputation croissante à Adélaïde, il décida de plier bagage et de déménager à plus de deux mille kilomètres à l'ouest pour travailler dans une compagnie du génie électrique qui était en train d'équiper les mines d'or de Kalgoorlie, en Australie-Occidentale. La ville s'était développée rapidement depuis que la découverte de riches gisements alluviaux au début des années 1890 avait déclenché une ruée vers l'or. Dès 1903, Kalgoorlie comptait trente mille habitants, ainsi que quatre-vingt-dix-neuf hôtels et huit brasseries. Mais c'en était fini de l'époque des prospecteurs solitaires, et le secteur commençait à être dominé par les exploitations minières à grande échelle.

Logue n'y resta pas longtemps. Quand son contrat arriva à terme, il avait cependant amassé assez d'argent pour se détendre quelques mois, tout en réfléchissant à la prochaine étape de sa vie. Il choisit de poursuivre vers l'ouest, vers les environs plus civilisés de Perth, la capitale de l'État, ce qui n'a rien d'étonnant. L'Australie-Occidentale avait toujours été considérée comme éloignée de tout et sans importance par les gens de l'Est, mais la découverte d'or à Kalgoorlie avait tout changé, et la région devint un acteur incontournable, en particulier lors des débats sur la Fédération, avant 1901.

Installé à Perth, Logue ouvrit une nouvelle école d'élocution et fonda également le club d'expression orale de la ville en 1908. L'année précédente, il avait rencontré Myrtle Gruenert, une employée de bureau qui, à vingt-deux ans, était de cinq ans sa cadette et partageait sa passion pour le théâtre amateur. D'origine allemande, l'imposante jeune femme dépassait Lionel de plusieurs centimètres. Son grand-père, Oskar Gruenert, était arrivé de Saxe, dans l'est de l'Allemagne. Son père Francis était comptable. Il était fier de ses racines germaniques et était secrétaire de la Verein Germania, association d'Australie-Occidentale. Francis, longtemps malade, était mort subitement en août 1905, à seulement quarante-huit ans, laissant derrière lui son épouse, elle aussi prénommée Myrtle et âgée de quarante-sept ans, Myrtle, qui avait vingt ans à l'époque, et son frère Rupert.

Lionel et Myrtle furent mariés le 20 mars 1907 à la cathédrale St. George par le chanoine de Perth ; l'événement fut apparemment si important qu'il eut droit le lendemain aux honneurs du *West Australian.* La jeune mariée, comme le rapporta le quotidien, était magnifique dans une robe de mousseline blanche. Elle portait aussi en couronne un voile de tulle blanc, aux coins brodés de motifs floraux en soie blanche. Après la cérémonie, une réception fut donnée au salon de thé Alexandra, sur Hay Street, où la mère de Myrtle, vêtue d'une robe de mousseline bleu foncé, reçut les invités. Le couple passa sa lune de miel à Margaret River, au sud de Perth, et ils visitèrent les grottes qui, depuis peu, attiraient une foule de touristes.

Les jeunes mariés vinrent vivre au 9, Emerald Hill Terrace. Quand leur premier enfant, Laurie Paris Logue, naquit le 7 octobre 1908, ils s'installèrent sur Collin Street. Myrtle, avec qui Logue allait passer les quarante années qui suivraient, était un personnage énergique et hors du commun. « Mon épouse est une femme fort athlétique, déclara-t-il à un journal, des années plus tard. Elle pratique l'escrime, la boxe, la natation et le golf, elle est bonne actrice et une merveilleuse épouse. » C'était elle, dit-il un jour, qui « le poussait à de plus grandes choses ».

*

Il semble que ce soit Myrtle qui eut l'idée, deux ans plus tard, d'un tour du monde ambitieux. Le couple partirait pendant six mois, traversant l'Australie vers l'est, puis le Pacifique en direction du Canada et des États-Unis et enfin, ayant traversé l'Amérique, rentrerait au pays en passant par la Grande-Bretagne et l'Europe. Les frais du voyage seraient couverts en partie par une somme d'argent avancée par l'oncle de Lionel, Paris Nesbit, avocat haut en couleur qui s'était lancé dans la politique. Le petit Laurie, qui venait tout juste de fêter ses deux ans, resterait à la maison sous la garde de Myra, la mère de Myrtle.

Le projet répondait avant tout à un désir simple, celui de voir le monde. Mais Logue tenait également à accroître son expérience professionnelle. Il était maintenant une personnalité connue de Perth, grâce à ses récitals et aux nombreuses pièces dans lesquelles il avait joué ou qu'il avait mises en scène. Les activités de son cabinet se développaient, il travaillait avec des hommes politiques et d'autres notables locaux, les aidant à améliorer leur élocution – tout en restant d'une modestie exemplaire. Quand un journaliste lui demanda le nom de quelques-uns de ses patients, il répondit en guise d'explication : « Un orateur préfère que son auditoire s'imagine que son discours est un don de la nature sans préméditation, et non le résultat d'une longue et patiente étude. »

On trouvait alors en Amérique beaucoup des grands noms du monde de l'élocution et de la rhétorique, et Logue brûlait d'apprendre auprès d'eux. Apparemment, Myrtle et lui avaient aussi envisagé de s'implanter à l'étranger, s'ils trouvaient quelque chose qui leur plût au cours de leur voyage, et de s'arranger alors pour que leur fils et la mère de Myrtle les rejoignent. Les longues lettres que Myrtle (et Logue dans une moindre mesure) écrivirent aux leurs brossent un tableau vivant de leur aventure.

Ils partirent de chez eux le jour de Noël 1910, contournant l'Australie vers l'est par bateau, faisant escale plusieurs jours à Adélaïde, Melbourne, Sydney et Brisbane. Le port de Sydney, d'après Myrtle, était « magnifique – superbe – aucune langue n'y suffit ». Elle fut moins impressionnée par Brisbane, « un endroit terrible – arriéré, malsain, brûlant comme l'Enfer ». À chacune de leurs étapes, ils avaient tout le temps de rendre visite à leurs amis et à leurs proches. Lionel, ou « Liney », comme Myrtle le surnomme dans ses lettres, impressionnait les autres passagers par ses talents au cricket, au golf et au hockey. Toujours prompt à jouer les conteurs, il tirait parti de ses capacités d'orateur pour régaler les passagers et l'équipage de ses histoires.

Le petit Laurie ne tarda évidemment pas à leur manquer, et ils s'inventèrent toutes sortes de raison pour se justifier de l'avoir laissé à la maison. « Je ne m'autorise pas à trop penser à mon petit garçon, par peur de pleurer, écrivit Myrtle dans une de ses premières lettres à sa mère. Il était si mignon quand je suis partie, "Ne pleure pas, maman" – "Ne le laisse pas m'oublier, mère chérie". [...] Ces six mois seront bien vite passés et nous reviendrons, avec de merveilleuses expériences et un regard nouveau, merveilleusement élargi, sur la vie. »

La deuxième partie de leur voyage, la traversée du Pacifique, se révéla plus rude. Malade, Logue passa les huit premiers jours après leur départ de Brisbane allongé sur sa couchette sans manger. La houle n'était pas la seule responsable. L'eau potable qu'ils avaient embarquée à Brisbane était contaminée, et plusieurs passagers furent malades. Logue était persuadé d'être atteint de saturnisme. « A-t-on jamais vu pire marin, le pauvre chéri – je ne sais ce qu'il adviendrait de lui s'il était seul, écrivit Myrtle. Il n'est plus que l'ombre de lui-même. »

La situation s'améliora quand ils eurent atteint Vancouver et la terre ferme, le 7 février. De là, ils continuèrent par Minneapolis et St. Paul jusqu'à Chicago, où ils prirent une chambre au YMCA avec vue sur le lac Michigan pour cinq dollars par semaine. La ville, écrivit Myrtle, était « censée être une des plus mal famées du monde », mais contrairement à ce qu'ils avaient cru, ils l'adorèrent. Ils n'avaient compté y séjourner qu'une ou deux semaines, mais y restèrent finalement plus d'un mois.

La vie dans une grande ville américaine était une expérience culturelle fascinante. Myrtle fut particulièrement impressionnée par les drugstores, où l'on pouvait acheter aussi bien des médicaments que des cigares, par les cafés et par le nombre étonnant d'automobiles. Mais le manque de tenue des femmes du cru, qui « vous fixent, posent leurs coudes sur la table, beurrent leur pain en l'air les coudes sur la table, prennent leurs os de poulet avec les doigts et utilisent des cure-dents chaque fois qu'elles en ont l'occasion », fut beaucoup moins apprécié.

À Chicago, les Logue firent sensation. Grâce à des amis d'amis, dont certains rencontrés sur le bateau, ils furent invités à des dîners dans de somptueuses demeures et des restaurants de luxe, et purent participer à des événements prestigieux. Ils assistèrent en outre à un certain nombre de pièces et de spectacles. Lionel était spirituel et d'agréable compagnie. Étant australiens, Myrtle et lui durent aussi paraître un rien exotique aux

Américains. Mais ils n'étaient pas là que pour s'amuser. Le jour, ils se rendirent à la Northwestern University pour suivre les cours et les conférences de Robert Cumnock, professeur d'élocution qui avait fondé l'école d'éloquence de l'université et dont Myrtle décréta qu'il était « tout simplement charmant ». Logue fit lui aussi des récitations et des présentations aux étudiants sur la vie en Australie.

Puis ils repartirent, passèrent par les chutes du Niagara, et arrivèrent à New York dont les dimensions les époustouflèrent tous deux. « Je me suis rendue hier dans un chemin de fer souterrain, y ai voyagé pendant près d'une heure, et quand je suis ressortie, je me trouvais toujours à New York », écrivit Myrtle, médusée[5]. Ils furent aussi frappés par le nombre incroyable d'étrangers dans la ville, dont beaucoup peinaient à parler même l'anglais le plus simple. Broadway, et ses kilomètres de « réclames en lumières électriques », les éblouit de ses feux, et Logue emmena son épouse à l'Opéra pour la première fois. Ils grimpèrent en haut de la statue de la Liberté et profitèrent des manèges de Coney Island. Là encore, leurs relations australiennes leur permirent d'être rapidement introduits dans la société locale – et de goûter à quelques soirées dispendieuses en ville. Ces dernières offraient un contraste marquant avec la brutalité de la vie new-yorkaise : « New York est bel et bien une ville d'atrocités et d'anarchie, écrivit Myrtle à sa mère. Les journaux regorgent de scènes grand-guignolesques, et nous ne sortons jamais sans notre revolver, une beauté que Lionel a achetée dès notre arrivée. »

Comme il l'avait fait à Chicago, Logue rencontra les experts de son domaine, dont le Canadien Grenville Kleiser, qui avait rédigé plusieurs livres fondateurs et des guides pratiques sur la rhétorique et l'élocution. Logue prit également la parole dans les clubs d'expression orale new-yorkais et au YMCA. À l'occasion d'un déplacement à Boston, il fit la connaissance de Leland Todd Powers, spécialiste de l'élocution, créateur de la School of the Spoken Word. Il y tint un discours, ainsi qu'à la prestigieuse École Emerson de rhétorique.

Durant le temps qu'il passa sur la côte Est, Logue rencontra aussi le futur président Woodrow Wilson, alors recteur de l'université de Princeton. « Un Américain parmi les meilleurs, déclara-t-il au *Sunday Times* de Perth à son retour, dans un entretien à propos de son voyage[6]. Il a des yeux perçants qui donnent l'impression de voir clairement en vous. Un homme d'une grande intelligence et d'une grande personnalité, mais tout à fait aimable et modeste. Beaucoup pensent qu'il sera le prochain président des États-Unis. » Fervent collectionneur d'autographes, il conserva précieusement une lettre que lui avait envoyée Wilson, rédigée de son écriture soignée d'universitaire.

Il était temps de repartir. Le 3 mai, Lionel et Myrtle embarquèrent sur le *Teutonic,* de la compagnie White Star – celle qui, l'année suivante, lancerait le malheureux *Titanic* –, en route pour Londres. Leur séjour en Amérique avait été une aventure de bout en bout. « Nous avons passé un moment merveilleux en Amérique, et c'est un endroit où il fait bon vivre – mais fort peu indiqué pour élever des enfants, expliqua Logue dans une lettre à sa belle-mère. Les Américains sont un peuple étrange et merveilleux – c'est un pays de corruption, de malhonnêteté et de prostituées... Et pourtant, c'est un des pays les plus fascinants du monde. »

Les Logue débarquèrent à Liverpool le 11 mai et firent quatre heures de train pour rallier Londres. La campagne anglaise, proclama Myrtle dans une autre lettre à sa mère, était un « pays des merveilles, pittoresque à l'extrême, des champs verts tous divisés en parcelles par ces superbes haies d'aubépine, et les canaux, où les péniches sont remorquées par un vieux cheval et un homme sur le chemin de halage ». En revanche, sa première impression de la capitale de l'Empire (après un souper et une promenade à Piccadilly et sur Trafalgar Square) ne fut pas particulièrement positive ; comparée à New York, elle avait quelque chose de « provincial ».

Mais Londres eut tôt fait de les séduire, et Myrtle ne tarda pas à s'enthousiasmer pour ce qu'ils y virent. Ils n'échappèrent pas aux monuments comme le British Museum, la tour de Londres, Madame Tussaud's, Hampton Court et, bien sûr, Buckingham Palace – dont Logue deviendrait plus tard un visiteur régulier. Myrtle n'en apprécia guère l'extérieur : « C'est un endroit sale, vieux, gris et laid, hideux au-delà de toute description, et devant les grilles se dresse le magnifique nouveau mémorial à Victoria, inauguré le mois dernier, décrit-elle. Ce chef-d'œuvre grandiose condamne au rebut la monstruosité nue de Buckingham Palace. »

Ils se rendirent souvent au théâtre, où ils virent, entre autres, le grand Charles Hawtrey, qu'ils adorèrent, et Marie Lohr, née en Australie, qu'ils n'apprécièrent point : comme toutes les Anglaises, elle était trop mince et était devenue célèbre beaucoup trop tôt pour son bien, pensait Myrtle. Logue et elle dînèrent aussi fréquemment en ville, même s'ils furent déçus par le fait que tous les restaurants londoniens fermaient nettement plus tôt qu'à New York.

Ils se rendirent également à Oxford, où des amis d'amis les convièrent à assister aux compétitions annuelles d'aviron, au cours desquelles les rameurs des universités s'affrontaient sur la rivière. Ils passaient les matinées à visiter les différentes universités, et se réjouissaient du spectacle des centaines de barques joyeusement décorées d'où les hommes en flanelle blanche et les dames en jolies robes admiraient les courses. Un ami les emmena à leur tour en barque, confortablement installés sur des coussins tandis qu'il ramait et leur montrait toutes les curiosités. C'est à regret qu'ils quittèrent Oxford, après ce que Logue décrit dans une lettre à Myra comme « six jours au paradis ».

Le 22 juin, ils vécurent un des temps forts de leur séjour en Grande-Bretagne. Ils se trouvaient dans la foule venue assister au couronnement du roi George V, le « roi marin » qui avait succédé à son père Édouard VII, en mai de l'année précédente. Londres s'était muée en une masse grouillante d'humanité, ses rues étaient décorées de tant de bouquets et d'éclairages électriques que Myrtle se crut transportée dans quelque contrée féerique. La veille au soir, les gens avaient commencé à se regrouper près des meilleurs points de vue, dormant sur le trottoir, et tout le monde devait être en place dès 6 heures du matin. Kaufmann, un ami que Logue avait rencontré sur le *Teutonic,* se débrouilla pour lui procurer une carte de presse qui lui permit de se faufiler jusqu'aux portes de l'abbaye de Westminster.

Brandissant la carte, Logue et Kaufmann s'y rendirent tranquillement à 9 h 30, et la police les laissa passer jusqu'à un point situé à quelques centaines de mètres seulement de Buckingham, d'où ils jouirent d'une vue imprenable sur le roi et la reine dans leur carrosse doré.

« La foule était très enthousiaste, mais les Anglais ont tous peur de faire du bruit », écrivit-il encore.

Le lendemain avait lieu le défilé du cortège royal dans les rues de Londres, et Logue et Myrtle eurent droit à des places dans la tribune de l'Amirauté, juste devant la nouvelle Arche de l'Amirauté. Ils durent patienter de 7 h 15 à 13 h 30, mais le temps leur parut court, et ils se comportèrent « comme des enfants quand le roi et la reine passèrent dans leur magnifique carrosse tiré par les célèbres huit chevaux crème, chacun avec son postillon et le chef d'attelage ». Les Logue trouvèrent en outre le temps de rendre visite à Edith Nesbit, auteur de *The Railway Children**, qui était une cousine éloignée, dans sa belle demeure dans la campagne du Kent. Une excursion qui enchanta particulièrement Myrtle.

À l'origine, ils avaient eu l'intention de poursuivre leur voyage en Europe, mais ils se heurtèrent à des difficultés : Logue avait investi une partie importante de ses économies dans des actions du Bullfinch Golden Valley Syndicate, qui avait suscité une grande agitation à la Bourse de Perth en décembre précédent, ayant prétendu avoir trouvé un nouveau gisement près de Kalgoorlie. Mais les prévisions de la société étaient exagérément optimistes, et le prix de l'action s'était effondré quelques mois plus tard, engloutissant du même coup l'essentiel des économies du couple. Ils envoyèrent un câble à oncle Paris afin qu'il leur transfère un peu plus d'argent. Mais, conscients de la nécessité de se montrer raisonnables, ils décidèrent de séjourner quelques jours chez des proches à Birmingham.

* *Les Enfants du chemin de fer.*

Le 6 juillet, ils rentrèrent chez eux depuis Liverpool, à bord du SS *Suevic,* de la White Star, un liner transocéanique spécialement conçu pour naviguer jusqu'en Australie. Plus tard dans le mois, le couple arriva sans incident dans le King George Sound, à Albany, en Australie-Occidentale. « Alors, en avez-vous assez des voyages pour le moment ? » demanda-t-on à Logue lors de cet entretien au *Sunday Times* de Perth au sujet de ses voyages, au cours duquel il avait évoqué sa rencontre avec Woodrow Wilson. « C'est le cas, en effet, répondit-il. L'Australie est le plus beau pays du monde. »

De retour chez lui, Logue sut tirer profit de ses expériences en Grande-Bretagne. Quand un programme exceptionnel, intitulé *L'Angleterre royale,* fut monté pour le couronnement au Nouveau Théâtre Royal de Perth au mois d'août, Logue fut désigné pour se charger du commentaire destiné à accompagner un spectacle « d'images animées spécialement cinématographiées par C. Spencer depuis des emplacements privilégiés le long du parcours ».

Logue n'aurait certes pu imaginer qu'un jour il serait consulté par le fils du roi pour ses problèmes d'élocution, mais ses performances théâtrales (et d'autres du même ordre) firent peu à peu de lui une personnalité en vue de la vie sociale de Perth. En décembre 1911, l'école d'acteurs qu'il avait créée depuis peu et qui comptait dans ses rangs nombre d'amateurs connus dans la ville joua pour la première fois. Le soir du samedi 16, ils donnèrent *One Summer's Day (Un jour d'été)*, comédie de l'auteur anglais Henry Esmond. Deux jours plus tard, d'autres élèves présentaient *Our Boys (Nos garçons)*, les bénéfices étant destinés à une œuvre de charité locale.

De son côté, Myrtle aussi commençait à être connue. En avril 1912, le *West Australian* signala qu'elle venait d'ouvrir une « école de gymnastique (suédoise) et d'escrime pour dames et jeunes filles au gymnase Wesley », une grande salle bien aérée à l'arrière du Queen's Hall. Myrtle, affirmait l'article, était « récemment rentrée de l'étranger, où elle a eu l'avantage d'étudier les méthodes les plus modernes en vigueur à la fois en Angleterre et en Amérique ».

Le mois suivant, la troupe de Logue était de retour au Théâtre de Sa Majesté avec une représentation caritative d'un vaudeville de Hubert Davis, *Mrs. Gorringe's Necklace (Le Collier de Mrs. Gorringe)*. Cette fois, les bénéfices étaient destinés au Foyer d'orphelins de Parkerville. « M. Logue et ses élèves méritent d'être chaleureusement félicités, déclara le *West Australian*. La représentation n'avait rien de mécanique, il ne s'agissait pas que d'une récitation, et toute l'affaire, dans une atmosphère décontractée et bon enfant, faisait appel à la nature humaine dans sa simplicité. » Myrtle aussi était montée sur les planches : sa performance dans le rôle de Mrs. Jardine avait été « un exploit fort artistique, par sa voix, son jeu et son attitude générale », estima le journal[7].

Pendant ce temps, les propres récitals de Logue attiraient un public nombreux et enthousiaste. « L'annonce d'un récital de M. Lionel Logue a suffi à remplir aisément St. George's Hall hier soir, et ceux qui étaient présents furent amplement récompensés d'avoir eu le courage de se hasarder dehors par une soirée pluvieuse », disait un critique en août 1914, qui le décrivait comme « un maître de l'art subtil de l'élocution dans toutes ses branches ».

Logue semble avoir particulièrement séduit les femmes présentes – comme le remarqua un journaliste du quotidien local quand Logue revint à Kalgoorlie pour servir « d'arbitre de l'élocution » à une *Eisteddfod** à la galloise qui, à en croire l'article, n'était pas sans rappeler nos modernes émissions de télé-crochet. « M. Lionel Logue, souligna le journaliste, est un fort beau jeune homme, et nombre de jeunes filles de la région aurifère ne furent pas longues à en prendre note. Deux d'entre elles ont suivi les compétitions tous les soirs, et passèrent l'essentiel de leur temps à contempler avec mélancolie la loge de l'arbitre. Il peut être intéressant pour ces jeunes dames de savoir que M. Logue a une ravissante épouse et deux beaux enfants[8]. »

Le travail de Logue avec ses élèves en élocution faisait lui aussi l'objet de louanges. En septembre 1913, lors d'un dîner aux Rose Tea Rooms de Hay Street, à Perth (organisé par le Club d'expression publique, fondé par lui-même cinq ans plus tôt), plusieurs de ses étudiants « témoignèrent de leur appréciation des compétences de ce gentleman et du succès de ses cours », d'après un compte rendu de l'époque. À la grande joie de la vingtaine de convives, un intervenant se demanda si Logue ne souhaiterait pas déployer ses talents considérables pour veiller à ce que le grand nombre de politiciens et autres qui se prétendaient des orateurs cessassent de proférer des absurdités au profit d'un peu plus de sens commun. Logue répondit sur le même ton humoristique et décrivit l'usage de sa langue natale comme « la première preuve de civilisation et de raffinement ».

Aussi confortable qu'ait été leur existence à Perth, le tour du monde de Lionel et Myrtle leur avait ouvert les

* Une *Eisteddfod* est un festival littéraire et artistique lié à la langue galloise, où la poésie joue un grand rôle et au cours duquel des prix sont décernés.

yeux, et ils semblent s'être peu à peu faits à l'idée de tenter leur chance à l'étranger, peut-être à Londres. Dans l'immédiat, leurs projets avaient été torpillés par la naissance de leur deuxième fils, Valentine Darte, le 1er novembre 1913. Puis, le 28 juin 1914, l'assassinat de l'archiduc François-Ferdinand d'Autriche, dans la lointaine Sarajevo, les contraignit à reporter indéfiniment leurs plans.

*

L'Australie, tout autant que la métropole, paya le prix fort de la Première Guerre mondiale. Sur une population de moins de cinq millions d'habitants, 416 809 hommes s'engagèrent, dont plus de 60 000 furent tués et 156 000 blessés, gazés ou faits prisonniers.

Comme en Grande-Bretagne, la déclaration de guerre fut accueillie avec enthousiasme, et si le projet d'imposer la conscription fut rejeté à deux reprises, un grand nombre de jeunes Australiens se porta volontaire. La plupart de ceux qui avaient été acceptés en août 1914 ne furent pas envoyés en Europe, mais en Égypte, pour faire face à la menace que représentait l'Empire ottoman pour les intérêts britanniques au Moyen-Orient et dans le canal de Suez. La première grande campagne à laquelle participa le corps d'armée australien et néo-zélandais, ou ANZAC, fut celle de Gallipoli.

Le 25 avril 1915, les Australiens débarquèrent en un lieu appelé depuis ANZAC Cove, l'Anse de l'ANZAC. Ils établirent une fragile tête de pont sur les pentes abruptes dominant la plage. Une offensive alliée et la contre-offensive turque qui la suivit échouèrent l'une et l'autre, et très vite le conflit entra dans une impasse qui dura pendant toute l'année 1915. Selon les chiffres compilés par le ministère australien des Anciens Combattants, 8 709 Australiens furent tués au total, et 19 441 furent blessés. Gallipoli eut un énorme impact psychologique sur le pays, ébréchant la confiance de l'Australie dans la supériorité de l'Empire britannique. Les soldats de l'ANZAC furent bientôt parés du statut de héros, et leur héroïsme salué par l'ANZAC Day, le Jour de l'ANZAC, célébré depuis tous les 25 avril.

Logue était alors déjà âgé de trente-quatre ans, et il avait deux fils, ce qui ne l'empêcha pas de se porter volontaire. Sa candidature fut refusée pour des raisons médicales : après sa scolarité, il avait fait une lourde chute en jouant au football et s'était abîmé le genou, mettant fin à toute activité sportive et à tout espoir d'entrer dans l'armée. « Je me suis inscrit dans un club de tir, mais j'ai dû abandonner parce que je ne pouvais pas défiler, expliqua-t-il dans un entretien publié pendant la guerre. Je crains fort que si j'étais soldat, je serais obligé de garder le lit pendant quelques semaines après ma première longue marche, et ne ferais que causer des dépenses inutiles à mon pays. »

S'il échappa aux horreurs de Gallipoli, Logue n'en décida pas moins de participer à l'effort de guerre. Il consacra son énergie à organiser des récitals, des concerts et diverses représentations théâtrales à Perth au profit de la Croix-Rouge, du Fonds d'aide à la France, du Fonds de secours belge et d'autres œuvres de charité. Les programmes qu'il proposait étaient souvent un curieux mélange de drame et d'humour. Lors d'une représentation du Fremantle Quartette Party en juillet 1915, Logue attaqua par ce qu'un journaliste dépeignit comme une « récitation vivante et enlevée du *"Hell-Gate of Soissons** ", qui revient avec éclat sur le

* *Soissons, porte de l'enfer,* poème de Herbert Kaufman (1878-1947), poète, journaliste et essayiste américain.

glorieux martyre de douze hommes du génie britannique qui parvinrent à arrêter l'avance allemande sur Paris en septembre dernier ». Un peu plus tard, il faisait hurler de rire son public avec des « bagatelles délicieusement humoristiques ». Les critiques, comme cette fois, étaient immanquablement dithyrambiques, et il faisait salle comble.

Jusqu'alors, Logue s'était concentré sur l'élocution et le drame, mais il chercha aussi à appliquer certaines de ses connaissances dans le domaine de la voix afin d'aider des soldats souffrant de troubles de l'élocution à la suite d'un stress posttraumatique dû aux pilonnages et aux attaques au gaz. Il remporta quelques succès avec certains d'entre eux, y compris ceux dont le cas avait été jugé désespéré par les hôpitaux. Les réussites de Logue furent rapportées en détail dans un article du *West Australian* en juillet 1919, sous le titre racoleur « Les muets parlent ».

C'est avec Jack O'Dwyer, ancien soldat de West Leederville, dans les faubourgs de Perth, qu'il aurait remporté son premier succès. Plus tôt cette année-là, Logue, assis à côté d'un militaire dans le train, avait été intrigué quand il l'avait vu se pencher et discuter avec deux de ses compagnons en chuchotant. « M. Logue réfléchit et, juste avant de descendre à Fremantle, il donna sa carte au soldat et lui dit de lui faire signe », écrivit le journal. Il se trouva qu'O'Dwyer avait été gazé à Ypres en août 1917, mais à Londres, on lui avait dit qu'il ne pourrait jamais reparler normalement. À l'hôpital Tidworth, à Salisbury Plain, il avait tenté des traitements par suggestion et par hypnose, en vain. Ainsi, le 10 mars 1919, le malheureux finit par s'adresser à Logue.

Ce dernier était persuadé qu'il pouvait l'aider. Pour ce qu'il en savait, les gaz avaient dû endommager la gorge, le palais et les amygdales, mais pas les cordes vocales –

par conséquent, tout n'était pas perdu. Mais à ce stade, ce n'était qu'une théorie. Il lui fallait la mettre en pratique. Au bout d'une semaine, Logue parvint à obtenir une vibration dans les cordes vocales d'O'Dwyer, et son patient fut à même de produire un « ah » clair et distinct. Logue continua, essayant de lui montrer comment former les sons, exactement comme un parent apprendrait à son enfant à parler pour la première fois. Moins de deux mois plus tard, O'Dwyer put rentrer chez lui, tout à fait guéri.

Logue décrivit le traitement (lequel, insista-t-il auprès du quotidien, avait été sans frais pour le patient) comme un « cours de prononciation et d'expression orale impliquant de favoriser chez le patient la confiance dans le résultat » – ce mélange d'effort physique et psychologique que l'on retrouverait dans son futur travail avec le roi. Cette méthode contrastait nettement avec d'autres, plus brutales, comme les électrochocs, qui avaient été testées sans succès sur des patients en Grande-Bretagne.

Encouragé par son traitement d'O'Dwyer, Logue recommença avec cinq autres vétérans – dont un certain G. P. Till, qui avait été gazé alors qu'il combattait dans les rangs australiens à Villers-Bretonneux, dans la Somme. Quand Till vint voir Logue le 23 avril 1919, ses cordes vocales ne vibraient plus et le son de sa voix ne portait pas au-delà de soixante centimètres. Logue le renvoya chez lui le 17 mai, l'estimant guéri. « En fait, je n'ai pas arrêté de parler pendant trois semaines, raconta Till au *West Australian*. Mes amis me disaient : “Mais tu ne vas jamais te taire ?” et je répondais : “C'est que j'ai beaucoup de temps perdu à rattraper”. »

Chapitre trois

Vers l'Angleterre

Le *Hobsons Bay*, à bord duquel la famille Logue se rendit en Angleterre

Le 19 janvier 1924, Lionel et Myrtle partirent pour l'Angleterre à bord du *Hobsons Bay,* navire de la compagnie Commonwealth and Dominion à deux mâts et une cheminée. Ils voyagèrent en troisième classe. Ils emmenaient avec eux leurs trois enfants, Laurie, désormais âgé de quinze ans, Valentine, dix ans, et leur troisième fils, Antony Lionel (que tout le monde appelait Boy), né le 10 novembre 1920. Le bateau de 13 837 tonnes comptait 680 passagers et 160 hommes d'équipage, et avait effectué son voyage inaugural de Londres à Brisbane seulement trois ans plus tôt. Au bout de quarante et un jours de mer, ils entrèrent dans le port de Southampton le 29 février.

C'était un pur hasard – mais aussi le fait d'une de ces décisions prises sur l'instant qui marquèrent toute sa vie – si Logue, travaillant alors comme professeur d'élocution à la Perth Technical School, s'était retrouvé sur le *Hobsons Bay*. Un de ses amis, un médecin, et lui avaient prévu de passer leurs vacances en famille ensemble. Les bagages de la famille Logue étaient faits, la voiture prête, quand le téléphone avait sonné : c'était le médecin.

« Désolé, mais je ne peux pas venir avec vous, avait-il dit, selon un récit qu'en fit plus tard John Gordon, journaliste et ami de Logue[9]. Un ami vient de tomber malade. Il faut que je reste auprès de lui.

– Eh bien, les vacances sont finies, avait déclaré Logue à sa femme.

– Mais tu en as besoin, avait-elle répliqué. Pourquoi ne partirais-tu pas à l'est seul ?

– Non, j'y suis allé l'an dernier.

– Alors, pourquoi pas Colombo ?

– Eh bien, avait répondu Logue, hésitant. Si je partais pour Colombo, ensuite, j'aurais sans doute envie d'aller en Angleterre.

– L'Angleterre ? Pourquoi pas ! » s'était exclamée Myrtle.

Séduite par l'idée, elle demanda à son mari d'appeler un ami qui dirigeait une agence de voyages. Quand Logue s'enquit de la possibilité de prendre deux cabines sur un bateau à destination de la Grande-Bretagne, son ami éclata de rire.

« Ne sois pas idiot, dit-il. C'est l'année de Wembley. Il n'y a pas une cabine de libre sur un seul bateau, et il n'y a pas de raison que ça change. »

Il n'eut pas à leur expliquer ce qu'il entendait par Wembley. En avril de cette année-là, George V et le prince de Galles devaient inaugurer l'exposition de l'Empire britannique, une des plus grandes expositions du monde, à Wembley, dans le nord-ouest de Londres. Jamais l'événement n'avait été aussi ambitieux, et il avait pour but de servir de vitrine à un Empire à son apogée, qui comptait désormais 458 millions d'habitants (un quart de la population de la planète) et couvrait un quart de toutes les terres émergées. L'objectif affiché de l'exposition était « de stimuler le commerce, resserrer les liens entre la mère patrie et ses États frères, leur permettre de se rapprocher les uns des autres, et à tous ceux qui avaient fait allégeance au drapeau britannique, de se retrouver et d'apprendre à se connaître ».

Trois gigantesques édifices – les palais de l'Industrie, de l'Ingénierie et des Arts – étaient en cours de construction. De même que le stade de l'Empire, avec ses tours jumelles caractéristiques et qui, sous le nom de stade de Wembley, deviendrait le cœur du football anglais jusqu'à sa démolition en 2002. En tout, on dénombra près de 27 millions de visiteurs, dont beaucoup venus des coins les plus reculés de l'Empire, Australie comprise.

Avec toute cette foule affluant vers l'Angleterre, les Logue n'avaient que peu d'espoir de réaliser leur rêve, mais une demi-heure plus tard, le téléphone sonnait de nouveau : c'était l'agent de voyages, l'air surexcité.

« Tu as une sacrée chance, annonça-t-il à Logue. Deux réservations viennent juste d'être annulées. Tu peux les prendre. Le bateau part dans dix jours.

– Je te donne ma réponse dans trente minutes, fit Logue.

– C'est maintenant ou jamais. »

Myrtle hocha la tête et Logue n'hésita pas. « D'accord, on les prend. »

Le voyage, qui dura près de six semaines, leur offrit le loisir de faire connaissance avec les passagers et l'équipage. Ils s'entendirent en particulier avec le capitaine, un Écossais du nom d'O. J. Kydd qui, huit ans plus tard, inviterait Logue à le rejoindre en vacances dans sa demeure près d'Aberdeen, et qui lui montrerait Holyrood Castle, Glencoe, le défilé de Killicrankie et bien d'autres lieux dont il avait entendu parler dans ses lectures d'enfant.

On ne sait pas si Logue et Myrtle avaient l'intention d'émigrer ou simplement de revoir le pays qu'ils avaient quitté dix ans plus tôt. Quoi qu'il en soit, plus rien ou presque ne les retenait en Australie. Ils avaient tous deux perdu leurs pères depuis longtemps ; en 1921, la mère de

Lionel, Lavinia, était morte elle aussi. Et Myra, la mère de Myrtle, l'avait suivie en 1923.

La Grande-Bretagne où la famille débarqua était un pays en ébullition. La Première Guerre mondiale avait entraîné de terribles bouleversements, et le pays peinait à retrouver son équilibre en temps de paix. David Lloyd George avait juré de faire de la Grande-Bretagne un « pays digne des héros », mais il fallait trouver des emplois pour les soldats démobilisés et convaincre les femmes qui les avaient remplacés dans les usines de retourner au foyer. L'optimisme s'était bien vite dissipé alors que la prospérité de l'immédiat après-guerre fléchissait dès 1921. Le gouvernement dut réduire les dépenses publiques et le nombre de chômeurs augmenta. La Grande-Bretagne sortait lourdement endettée de la guerre.

Même le triomphalisme impérial incarné par l'exposition de Wembley était illusoire : le Royaume-Uni éprouvait des difficultés à financer la défense de son Empire, qui venait d'acquérir de nouveaux territoires équivalant à 4,6 millions de kilomètres carrés et 13 millions de sujets supplémentaires grâce au traité de Versailles, à l'occasion duquel Lloyd George et les autres dirigeants des puissances alliées victorieuses s'étaient partagé le monde.

Le paysage politique aussi était en plein bouleversement. Stanley Baldwin, conservateur devenu Premier ministre en mai 1923, n'avait pu obtenir la majorité lors de législatives disputées en décembre, ce qui avait ouvert la voie au premier gouvernement travailliste qu'ait connu la Grande-Bretagne. Ainsi, en janvier 1924, le roi George V demanda à Ramsay MacDonald, fils illégitime d'un ouvrier agricole écossais et d'une femme de ménage, de former un gouvernement de minorité avec le soutien des libéraux. Le souverain fut impressionné par MacDonald. « Il tient à faire ce qu'il faut, nota-t-il dans son journal. Il y a vingt-trois ans aujourd'hui que ma chère grand-maman est morte. Je me demande ce qu'elle aurait pensé d'un gouvernement travailliste. »

Le gouvernement en question ne dura pas longtemps : le Labour fut battu aux élections d'octobre, ce qui signifiait le retour de Baldwin et des conservateurs, qui allaient dominer la politique britannique pendant les vingt années suivantes, la grève générale de 1926, la Grande Dépression des années trente et, pour finir, la Seconde Guerre mondiale.

Mais ces jours sombres étaient encore loin ; Logue avait plus urgent à régler. Myrtle et lui avaient peut-être au départ l'intention de venir en vacances, mais ils décidèrent bientôt de prolonger leur séjour. Or, comment pouvait-il nourrir sa famille ? Il commença à chercher un emploi, ce qui n'était pas facile. Il avait emporté avec lui ses économies, d'un montant de 2 000 livres sterling – une somme qui représentait alors beaucoup plus qu'aujourd'hui, mais qui ne suffisait quand même pas à entretenir une famille de cinq personnes pendant très longtemps.

Il dut soudain prendre conscience de la gravité de la situation dans laquelle il s'était mis, et sa famille avec lui. Il ne connaissait personne et n'avait avec lui qu'une lettre d'introduction, adressée à un certain Gordon, journaliste né à Dundee, de dix ans son cadet et qui, en 1922, était devenu rédacteur en chef adjoint du *Daily Express*. (De 1928 à 1952, il occuperait avec brio les fonctions de rédacteur en chef du *Sunday Express,* publication du même groupe.) Ils resteraient proches toute leur vie durant.

Logue trouva un logement modeste pour sa famille à Maida Vale, dans l'ouest de Londres, puis fit le tour des écoles des environs pour proposer ses services et aider les enfants affligés de problèmes d'élocution. Il gagna ainsi un peu d'argent, mais il savait que, compte tenu de ses maigres économies, cela ne suffirait pas à entretenir sa famille. Aussi prit-il une décision qui allait se révéler historique et qui montre à quel point il était sûr de ses capacités. Il loua un appartement à Bolton Gardens, dans South Kensington, et un cabinet au 146, Harley Street, s'installant au cœur de l'establishment médical britannique.

La plupart des maisons de la rue dataient de la fin du XVIIIe siècle, mais c'était quelques décennies après cette période que Harley Street s'était trouvée associée à la médecine. Un des premiers médecins à s'y installer était John St. Long, charlatan notoire, arrivé dans les années 1830 – et inculpé de meurtre par la suite, un traitement infligé à une jeune dame, qu'il avait blessée au dos à cette occasion, ayant horriblement mal tourné. D'autres suivirent, attirés non seulement par la présence d'une clientèle aisée résidant dans les rues voisines, mais aussi par la proximité des gares de King's Cross, St. Pancras et Euston, ce qui permettait aux patients de débarquer de toutes les régions du pays. En 1873, 36 médecins y étaient domiciliés. En 1900, la population médicale de la rue était passée à 157, et à 214 dix ans plus tard.

Harley Street était donc en passe de devenir une marque plutôt qu'une simple adresse. Mais l'emplacement dans la rue même était ce qui faisait la différence. En règle générale, plus le numéro était bas, plus il se trouvait au sud, vers Cavendish Square, plus il était prestigieux. Le cabinet de Logue était situé près de l'extrémité nord, près du croisement avec Marylebone Road, artère passante qui traverse Londres d'est en ouest.

Toutefois, il se trouvait quand même sur Harley Street. Rien ne permet aujourd'hui de savoir ce que les autres glorieux occupants de la rue pensèrent de l'irruption de cet Australien mal dégrossi dans leur fief. Le temps qu'il y ouvre un cabinet, les charlatans d'autrefois avaient cédé la place à des médecins modernes et parfaitement qualifiés. Logue, lui, ne disposait d'aucune formation médicale réelle. Mais pas un de ses voisins n'aurait été en mesure de s'occuper de gens affligés de défauts de prononciation, pas plus qu'ils n'auraient pu comprendre les troubles qui en étaient à l'origine.

C'était une chose que d'ouvrir un cabinet, c'en était une tout autre de trouver effectivement des patients. Logue ne tarda pas entrer en relation avec la communauté australienne de la capitale. Décrit par Gordon, son ami journaliste, comme « bouillonnant de vitalité et de personnalité », il était de ces hommes dont les gens se souviennent. Aussi, petit à petit, il commença à se faire connaître, traitant des patients de toutes sortes, la plupart envoyés par d'autres Australiens vivant à Londres. Il facturait des honoraires confortables aux riches, ce qui lui permettait de traiter les pauvres. Mais la vie n'était pas simple pour autant : « Je continue à me battre pour avancer, à Londres, cela demande du temps, du labeur et de l'argent, écrivit-il au frère de Myrtle, Rupert, en juin 1926. Il faut que je prenne rapidement des vacances, sinon, je vais m'effondrer. » Le mois précédent, toujours en quête de moyens d'augmenter ses revenus, il avait accepté un poste de civil assermenté auprès de la police, quand le pays était paralysé par la grève générale, ce qui lui rapportait six shillings par jour.

L'orthophonie, et plus particulièrement le traitement du bégaiement, en était encore relativement à ses débuts. « C'était une époque pionnière pour la parole, et dans notre lointaine Australie, nous ne savions rien des méthodes Curatum, et nous avons dû nous contenter de tenter des expériences, se souvenait Logue des années plus tard. Il y aurait de quoi remplir un livre avec les erreurs commises en ce temps-là. »

Il semble que des gens aient souffert de troubles de l'élocution dès que l'homme commença à parler. Le Livre d'Isaïe, qui aurait été écrit au VIIIe siècle avant J.-C., fait trois fois référence au bégaiement[10]. Les anciens Égyptiens avaient même un signe hiéroglyphique pour en représenter la notion. Dans la Grèce antique, tant Hérodote qu'Hippocrate en font mention, bien que ce soit Aristote qui donne la description la plus détaillée de ce que savaient les Grecs de l'époque au sujet des défauts de la parole. Dans ses *Problemata,* il dépeint plusieurs types de troubles de l'élocution, dont un, *inoschophonos,* a été traduit par « bégaiement ». Il avait également remarqué que les bègues avaient tendance à souffrir davantage quand ils étaient nerveux – et moins quand ils étaient ivres.

Le bègue le plus célèbre du monde antique fut Démosthène. Comme le rapporte Plutarque dans ses *Vies parallèles,* il parlait avec des cailloux dans la bouche, s'entraînait devant un grand miroir ou récitait des vers tout en montant et descendant à flanc de colline en courant afin de lutter contre son bégaiement. Ces exercices lui auraient été prescrits par Satyre, un acteur grec dont il avait demandé l'aide. L'empereur romain Claude, qui régna de 41 à 54 de notre ère, bégayait lui aussi, mais aucun texte ne rapporte qu'il ait tenté de lutter contre ce défaut.

C'est au XIXe siècle que les problèmes d'élocution ont commencé à susciter un intérêt, en partie grâce aux progrès de la médecine. Vers le milieu du siècle, des recherches physiologiques étaient menées sur le son et notre façon de le produire, ainsi que sur l'audition. Il restait encore beaucoup à découvrir : il fallut attendre le milieu du XXe siècle pour que l'on comprenne pleinement la phonation (l'articulation des sons de la parole). L'époque accordant de plus en plus d'importance à l'éloquence, il était logique que la médecine s'intéressât de plus près à la malheureuse minorité pour laquelle la prononciation d'une simple phrase était déjà une terrible torture.

Un des premiers à écrire sur le bégaiement à l'époque moderne fut Johann K. Amman, médecin suisse qui vécut à la fin du XVIIe siècle et au début du XVIIIe. Il lui donna le nom latin d'*hesitantia*[11]. Si son traitement s'efforçait avant tout de contrôler la langue, Amman considérait le bégaiement comme une « mauvaise habitude ». Les auteurs qui suivirent eurent tendance à y voir un caractère acquis essentiellement lié à la peur.

Avec le développement des connaissances dans le domaine de l'anatomie, on commença à chercher davantage d'explications physiologiques qui se concentraient sur les éléments de l'organisme impliqués dans le processus de l'articulation, de la phonation et de la respiration. Le bégaiement fut décrit comme un trouble dans l'une ou l'autre de ces fonctions. On s'intéressait alors surtout à la langue : certains spécialistes la disaient trop faible, d'autres, en revanche, estimaient qu'elle était trop énergique.

Sous sa forme la plus inoffensive, cette théorie qui rejetait la faute sur la langue aboutit à la prescription d'exercice de contrôle de la langue et à l'emploi d'étranges dispositifs comme la plaque d'or en forme de fourche pour soutenir la langue, inventée par Jean-Marc-Gaspard Itard, un médecin français spécialiste des sourds-muets. Il était aussi recommandé aux patients de serrer de petits morceaux de liège entre les dents. Sous sa forme la plus inquiétante, elle déboucha sur la mode de la chirurgie de la langue, dont le précurseur fut Johann Dieffenbach, un chirurgien allemand, en 1840, dont les travaux furent imités un peu partout en Europe continentale, en Grande-Bretagne et aux États-Unis. La procédure précise variait d'un chirurgien à l'autre, mais elle passait la plupart du temps par une ablation d'une partie de la structure musculaire de la langue. Outre qu'elles étaient inutiles, ces interventions chirurgicales étaient également douloureuses et dangereuses, à une époque dépourvue de moyens efficaces dans les domaines de l'anesthésie et de l'antisepsie. Certains patients en moururent d'ailleurs, ou du fait de complications.

Dans son livre, *Mémoires d'hommes et de livres,* publié en 1908, le révérend Alfred John Church raconte comment, dans les années 1840, alors âgé de quatorze ans, il avait été opéré par James Yearsley, médecin domicilié au 15, Savile Row, qui fut le premier praticien en oto-rhino-laryngologie. « Il affirmait pouvoir guérir le bégaiement en ôtant les amygdales et la luette. » Peu convaincu de l'efficacité de l'opération, Church eut ce commentaire : « Je ne crois pas que ce traitement m'ait fait quelque bien que ce soit. »

Avec le temps, l'attention se reporta sur le processus de la respiration et de la sonorisation. On s'efforça de trouver des solutions passant par des exercices de respiration et des systèmes de contrôle de cette dernière. Les auteurs qui s'intéressaient au sujet, beaucoup étant issus du monde germanophone, établirent une liste des sons qui posaient plus particulièrement problème. Ils découvrirent aussi que l'incapacité semblait souvent résider dans la transition entre consonne et voyelle. Ils se livrèrent à d'autres observations, comme le fait que les patients semblaient éprouver moins de difficulté avec la poésie qu'avec la prose, et aucun avec le chant, et que l'affection diminuait avec l'âge. Ils constatèrent enfin que les hommes en paraissaient atteints de façon disproportionnée par rapport aux femmes. L'accent fut donc mis sur le travail du rythme en guise de solution.

Au tout début du XXe siècle, l'émergence de la psychologie en tant que science à part entière ainsi que le développement du comportementalisme et de l'étude de l'hérédité permirent d'aboutir à l'avènement d'une nouvelle discipline et d'une profession naissante : celle de la science du langage et de l'audition, l'orthophonie. Sur le continent, elle resta généralement une spécialité au sein de la médecine. En Grande-Bretagne, en revanche, les médecins, pour les questions de bégaiement et d'autres difficultés d'élocution, avaient tendance à se tourner vers ceux dont le métier consistait à utiliser la voix et le discours. Les nouvelles cliniques étaient souvent installées dans des hôpitaux et placées officiellement sous supervision médicale, mais les praticiens qui y travaillaient, comme Logue, venaient la plupart du temps du monde de la rhétorique et de la dramaturgie.

Au Royaume-Uni, un des plus grands noms dans le domaine était H. St. John Rumsey, orthophoniste et conférencier pendant des années au Guy's Hospital de Londres. En 1922, il avait rédigé quelques articles sur les défauts de prononciation pour la revue médicale *The Lancet,* et avait rassemblé ses idées dans un livre, *No Need to Stammer*[*],

[*] *Nul besoin de bégayer.*

publié l'année suivante. Ses arguments étaient les suivants : les deux principaux facteurs, tant dans le langage que dans le son, sont la production du timbre dans le larynx et la transformation de ce timbre en mots suite au mouvement de la langue, des lèvres et des mâchoires. On utilise évidemment les mêmes organes pour parler et pour chanter, mais si, dans la parole, on a tendance à se concentrer sur les mots et à négliger la voix, c'est souvent le contraire qui prévaut dans le chant. Pour cette raison, affirmait-il, le bègue est souvent capable de chanter sans difficulté ; il peut aussi imiter des dialectes et des accents, parce que, ce faisant, il est obligé de prêter une plus grande attention au son des voyelles.

Dans un cas précis, Rumsey suggéra un curieux traitement pour le bégaiement : la danse de salon. Traitement qui avait fonctionné, assurait-il, pour une jeune fille de vingt et un ans qui l'avait contacté. « Aujourd'hui, ce bégaiement s'atténue et elle est capable non seulement de suivre, mais aussi de conduire quand elle danse, déclara-t-il à un journaliste[12]. Son bégaiement était dû à un manque de rythme. Cela, elle peut maintenant le sentir et le voir, grâce à la danse. »

Logue était de l'avis de Rumsey quant aux explications physiques du bégaiement. Comme l'expliqua plus tard un de ses anciens patients, il pensait que le problème était attribuable à un manque de coordination entre la pensée et le diaphragme, et, une fois installé ce « manque de synchronisme », il devenait rapidement une habitude. Dans le cadre de son traitement, Logue amenait ses patients à désapprendre l'ensemble de cette coordination erronée qu'ils avaient développée et réapprendre à parler. « Mais il faut garder à l'esprit que la clé du problème, c'est le diagnostic », poursuivait-il.

Certaines personnes ont du mal à prendre leur respiration, chez d'autres, le diaphragme se bloque, chez d'autres encore, le cerveau ne parvient pas à suivre le rythme des mots. Beaucoup de gens, qui n'ont pas coutume de bégayer, se trouvent incapables de parler sans heurt quand ils sont surexcités. Cela illustre généralement un troisième type de défaut – la pensée devance la respiration et l'articulation. Un blocage se produit jusqu'à ce que le cerveau parvienne, pour ainsi dire, à revenir sur ses pas et à démêler le nœud[13].

Logue présenta ses idées sous un jour légèrement différent dans un entretien radiophonique intitulé *Voix et murs de briques,* diffusé le 19 août 1925 depuis Londres, sur 2LO, l'une des stations gérées par la toute nouvelle British Broadcasting Company[14]. Le titre qu'il avait choisi faisait référence aux trois principaux obstacles qui, selon lui, empêchait une bonne élocution : une mauvaise respiration, une mauvaise production de la voix, et une prononciation et une énonciation incorrectes.

Mais, continua-t-il, rien n'était plus pénible qu'un défaut d'élocution du niveau d'un balbutiement ou d'un bégaiement.

Je ne connais rien qui soit susceptible d'ériger un « mur de briques » plus infranchissable que ce défaut ; la seule consolation étant qu'avec beaucoup de travail de la part de l'élève, il est aujourd'hui possible d'en guérir en environ trois mois ; mais l'ignorance à ce sujet est consternante.

Les gens affligés de ces défauts peuvent, la plupart du temps, chanter avec aisance et crier lors de matchs sans difficulté ; mais un acte simple, comme l'achat

> d'un billet de train ou le fait de demander son chemin, est synonyme de souffrances inimaginables.
>
> Ceux qui ont eu à traiter des cas de ce genre pendant et après la guerre savent que la thérapie vocale a été et est toujours d'une grande aide, en les soulageant de la torture du mot parlé grâce au mot chanté.

Dans sa discussion, Logue décrivit ensuite une étrange expérience au cours de laquelle il avait réussi, par des moyens visuels, à faire baisser une voix trop haut placée. Le patient se tenait devant un pupitre contenant des ampoules colorées, et il lui était demandé d'émettre un son ordinaire en regardant la lumière la plus forte. Puis il devait baisser d'un ton sa voix normale tandis que les lumières étaient éteintes une à une. Ce qui amenait la voix, au prix d'efforts considérables, à une tessiture plus grave. Puis on recommençait un ton plus bas, jusqu'à ce que la voix se place soudain d'elle-même à une tessiture plus grave.

Chapitre quatre

Aggravation

York Cottage, à Sandringham.
Lieu de naissance du futur George VI

Le futur roi George VI naquit le 14 décembre 1895 à York Cottage, dans le domaine de Sandringham, sur la rive sud de la Wash. Il était le deuxième fils du futur George V, et un arrière-petit-fils de la reine Victoria. Les canons tonnèrent à Hyde Park et à la tour de Londres. « Un petit garçon est né, pesant près de 3,6 kilos, à 3 h 30 (S.T.), tout s'est fort bien passé, les deux vont très bien, nota son père. Envoyé grande quantité de télégrammes, ai mangé quelque chose. Me suis couché à 6 h 45 très fatigué[15]. » Les lettres « S.T. » faisaient référence non à l'heure d'été (« summer time »), mais à l'heure de Sandringham, coutume familiale imposée par son père Édouard VII, grand amateur de chasse, qui avançait les pendules d'une demi-heure et pratiquait ainsi sa propre version des économies d'énergie, afin de pouvoir chasser un peu plus longtemps avant la nuit.

Dans le calendrier royal, ce n'est pas une date très heureuse : c'était ce jour-là que, en 1861, le prince Albert, l'époux tant aimé de la reine Victoria, était mort, à seulement quarante-deux ans. Puis sa deuxième fille, la princesse Alice, était morte à trente-cinq ans le 14 décembre 1878. C'est avec une consternation certaine que les parents accueillirent la naissance du bébé en ce jour qui était considéré dans la famille comme synonyme de deuil, de chagrin et de souvenir.

Au soulagement de tous, Victoria, vénérable vieille dame de soixante-seize ans, prit cette naissance comme étant de bon augure. « Le premier sentiment de Georgie a été de regretter que ce cher enfant soit né en un jour si triste, écrivit-elle dans son journal. J'ai le sentiment que cela pourrait être une bénédiction pour ce cher petit garçon, que cela pourrait être vu comme un don de Dieu ! » Elle fut aussi satisfaite du prénom donné à son arrière-petit-fils, Albert, et tout au long de sa vie, ses amis et sa famille continueraient de l'appeler Bertie.

Le prince George et son épouse Mary – ou May, comme on la surnommait – avaient déjà un fils, Édouard (plus connu sous le nom de David), né dix-huit mois plus tôt, et tout le monde savait que le couple aurait voulu une fille. D'autres estimaient que la naissance d'un mâle « de rechange » était une solide assurance pour la succession. Après tout, George, deuxième fils du futur Édouard VII, devait sa position d'héritier du trône à la mort subite, trois ans plus tôt, de son frère aîné Eddy. Célèbre pour ses frasques, il avait été frappé par une grippe qui avait dégénéré en pneumonie et il avait été emporté moins d'une semaine avant son vingt-huitième anniversaire.

Bertie eut une petite enfance spartiate, typique de la vie d'une maison de la campagne anglaise de l'époque. Le domaine de Sandringham, qui s'étend sur un peu plus de 8 000 hectares, avait été construit en 1866 par le futur Édouard VII pour en faire un pavillon de chasse. La bâtisse d'origine n'étant pas assez grandiose à son goût, il l'avait fait abattre afin d'en ériger à partir de 1870 une autre qui fut progressivement agrandie au fil des vingt années suivantes, dans un style qu'un historien local décrivit comme « élisabéthain modifié ». Ni particulièrement laide, ni vraiment belle, elle fut comparée par un biographe écossais à un hôtel pour golfeurs écossais[16].

York Cottage, offert à George et Mary pour leur mariage en 1893, était beaucoup plus discret. Situé à quelques centaines de mètres de la demeure principale sur une hauteur verdoyante, il avait été construit par Édouard pour loger des invités supplémentaires lors de grandes parties de chasse. « La première chose qui frappe le visiteur, quant à la demeure elle-même, c'est sa petite taille et sa laideur, écrivit Sarah Bradford, biographe royale[17]. Sur le plan architectural, c'est une pagaille sans aucun charme, pêle-mêle de pièces exiguës, de bow-windows, de tourelles et de balcons, associant grès, une pierre d'un brun rougeâtre que l'on trouve sur le domaine, crépi et colombages peints en noir. » Le cottage était bondé, car il n'abritait pas que le couple et, au fur et à mesure, ses six enfants, mais aussi écuyers et dames de compagnie, des secrétaires privés, quatre pages adultes, un chef cuisinier, un valet de chambre, des valets de garde-robe, dix valets de pied, trois sommeliers, des gouvernantes, des bonnes d'enfants, des femmes de chambre et divers hommes à tout faire.

Les deux garçons et la princesse Mary, née en 1897, suivie du prince Henry, né en 1900, du prince George en 1902 et du prince John en 1905, passaient le plus clair de leur temps dans deux pièces à l'étage : la chambre d'enfants de jour, et la chambre d'enfants de nuit, un peu plus grande, qui donnait sur un étang et un parc peuplé de daims.

Comme d'autres enfants des classes supérieures de l'époque, Bertie et ses frères et sœur furent d'abord élevés par des nounous et une gouvernante qui régnait sur l'espace au-delà de la porte battante du premier étage où ils étaient confinés. Une fois par jour, à l'heure du thé, portant leurs plus beaux vêtements et bien coiffés, ils descendaient et étaient présentés à leurs parents. Le reste du temps, ils étaient confiés exclusivement aux soins de leurs nounous, dont une, fut-il révélé par la suite, frisait le sadisme. Jalouse même des rares instants que David passait avec ses parents, elle le pinçait férocement et lui tordait le bras dans le couloir menant au salon, si bien qu'il pleurait quand il se trouvait en leur présence, et qu'il devait bien vite se retirer. C'est du moins ce qu'affirma plus tard le duc de Windsor dans son autobiographie.

En revanche, elle ne prêtait guère attention à Bertie, lui donnant son biberon de l'après-midi tandis qu'ils faisaient un tour en victoria, un cabriolet à quatre roues connu pour sa tendance à secouer ses passagers. Cette habitude, à en croire John Wheeler-Bennett, son biographe officiel, aurait été en partie responsable des maux d'estomac chroniques dont il souffrit jeune homme. La nounou finit par faire une dépression nerveuse.

Il n'y a rien d'étonnant à ce que les enfants aient eu avec leurs parents une relation distante. L'approche qu'avait leur père de leur éducation n'aidait d'ailleurs pas. Le futur roi George V avait bénéficié d'une éducation relativement tolérante pour l'époque, grâce à son père Édouard VII, en réaction à la sévérité avec laquelle ses propres parents, Victoria et Albert, s'étaient comportés avec lui. Par conséquent, chaque fois qu'elle était en contact avec ses petits-enfants, la reine était horrifiée par leur caractère rétif.

Loin d'élever ses enfants avec la même largesse d'esprit, George fit exactement le contraire : le prince, d'après son biographe Kenneth Rose, était « un père affectueux, mais un victorien rigide ». Ainsi, bien qu'il ait sans aucun doute aimé ses enfants, il était convaincu de la nécessité de leur inculquer le sens de la discipline dès le plus jeune âge – influencé en partie par ce respect strict de l'autorité qui lui avait été insufflé durant son adolescence, passée avec son frère dans la marine. À l'occasion de son cinquième anniversaire, George écrivit à son fils une lettre révélatrice : « Maintenant que vous avez cinq ans, j'espère que vous vous efforcerez toujours d'être obéissant et de faire sur l'instant ce que l'on vous dit, car vous vous apercevrez que plus tôt vous commencerez, plus cela vous sera facile. Je me suis toujours efforcé de le faire quand j'avais votre âge et me suis aperçu que cela me rendait beaucoup plus heureux[18]. »

Toute transgression était passible d'un châtiment, administré dans la bibliothèque – qui, en dépit de son nom, était vide de livres, les étagères étant au contraire remplies par l'impressionnante collection de timbres à laquelle George consacrait son temps libre quand il ne chassait pas ou ne naviguait pas. Parfois, les garçons avaient droit à des remontrances. Pour les fautes graves, leur père lui-même leur infligeait une correction. La pièce resta évidemment dans leur souvenir comme un « lieu d'admonestation et de réprimande ».

Leur vie changea du tout au tout après la mort de la reine Victoria, en janvier 1901. Le prince de Galles, devenu le roi Édouard VII, habita Buckingham Palace, le château de Windsor et Balmoral, son fils établissant ses quartiers londoniens à Marlborough House. À Windsor, il était installé à Frogmore House, et près de Balmoral, à Abergeldie, un petit château sur la Dee. En tant qu'héritier du trône (et prince de Galles, à compter du mois de novembre de la même année), George commença à assumer davantage de fonctions officielles, qui l'obligeaient parfois à voyager. En mars, accompagné de Mary, il entreprit une tournée de huit mois dans l'Empire, laissant leurs enfants entre les mains plus indulgentes d'Édouard et de la reine Alexandra. Négligeant leurs études, ils suivirent la cour dans ses déplacements entre Londres, Sandringham, Balmoral et Osborne. Leur grand-père s'accommodait de leur turbulence avec bienveillance.

Les garçons durent donc démarrer leur scolarité. George n'ayant jamais vraiment suivi de formation scolaire, il estimait que ce n'était pas une priorité pour ses enfants. David et Bertie n'allèrent pas à l'école, on les confia à un précepteur, Henry Hansell, un grand célibataire décharné à l'épaisse moustache, qui semblait avoir passé plus de temps à Oxford sur les terrains de football et de cricket qu'en salle de classe ou en amphithéâtre. Professeur peu enthousiasmant, il estimait qu'il aurait mieux valu que les garçons soient placés en école primaire, avec d'autres enfants de leur âge. Avis que partageait apparemment leur mère. Mais George ne voulut rien savoir, liant leur absence de progrès scolaire à leur bêtise. Toutefois, plus tard, il se montra plus conciliant avec deux de ses plus jeunes fils, qui furent, eux, envoyés à l'école.

Étant tout le temps ensemble, et compte tenu de la distance qui existait entre eux et leurs parents, David et Bertie ne pouvaient que se rapprocher. Mais c'était une relation déséquilibrée. David était l'aîné, et il s'occupait de ses cadets autant qu'il les commandait. Comme il le dit lui-même dans son autobiographie : « Bertie ne me posait jamais de problème. » Avec l'arrivée de la puberté, Bertie, comme ses frères plus jeunes, semble avoir eu plus de mal à supporter cette hiérarchie, ce dont Hansell s'inquiéta. « Il est extraordinaire de constater à quel point la présence de l'un agit comme un "chiffon rouge" sur l'autre », signala-t-il[19].

C'était plus qu'une simple rivalité entre frères. David n'était pas seulement plus âgé, il était aussi beau, charmant et amusant. Très tôt, tous deux surent également qu'il serait un jour appelé à régner. Le sort avait été moins clément avec Bertie : il souffrait d'une digestion fragile, et devait porter des attelles pendant des heures dans la journée et durant son sommeil, car il avait les genoux cagneux comme son père. En outre, il était gaucher, mais, conformément à la pratique de l'époque, était obligé d'écrire et de tout faire de la main droite, ce qui peut souvent être la cause de troubles psychologiques.

Le bégaiement venait s'ajouter à ces difficultés, dont il était dans une certaine mesure le résultat. Le phénomène s'était manifesté à l'âge de huit ans. Il a du reste été démontré que la fréquence du bégaiement était supérieure chez les gauchers. Pour Bertie, le son « k », comme dans *king* et *queen*, était un obstacle particulier, ce qui était excessivement gênant pour un membre de la famille royale.

Une fois encore, l'attitude du père ne fit rien pour l'aider, puisque George V, confronté aux problèmes de son fils, se contenta de lui dire de « s'en débarrasser ». Les anniversaires de leurs grands-parents étaient un moment de torture, car ils étaient le théâtre d'un rituel incontournable. Les enfants devaient mémoriser un poème, le copier sur des feuilles de papier reliées par un ruban, réciter les vers en public, puis les offrir à la personne dont on fêtait l'anniversaire. C'était déjà difficile quand le poème était en anglais, mais plus tard, quand ils eurent commencé à apprendre d'autres langues, ils durent aussi s'acquitter de l'exercice en allemand et en français. Ces fêtes, auxquelles leurs grands-parents conviaient des invités, étaient un cauchemar pour Bertie, d'après un de ses biographes.

« Le fait de se tenir devant la brillante société de ces adultes connus et inconnus, et de se débattre avec les complexités du *Erlkönig** de Goethe, douloureusement conscient du contraste entre son débit haché et celui de son frère et de sa sœur "normaux", fut une expérience humiliante, sans doute à l'origine de la répugnance qu'éveillait en lui toute prestation en public une fois devenu roi[20]. »

Comme leur père avant eux, les deux garçons étaient destinés à la Royal Navy. Pour David, le séjour devait être bref, avant qu'il assume ses fonctions de prince de Galles. Bertie, lui, était censé y faire carrière. La première étape était le Royal Naval College d'Osborne House, l'ancienne demeure de la reine Victoria sur l'île de Wight. Le roi Édouard avait refusé de reprendre les lieux à la mort de sa mère et les avait cédés à la nation. L'édifice principal avait été reconverti en maison de convalescence pour officiers, et les étables en école préparatoire pour les cadets. Pour les deux garçons, qui étaient venus rendre visite à « Gangan », comme ils appelaient Victoria, dans ses dernières années, ce dut être une étrange expérience que d'y revenir.

Bertie avait treize ans quand il y fut admis en janvier 1909 ; David était arrivé deux ans plus tôt. Pour l'un comme pour l'autre, le contraste avec leur existence à Sandringham était saisissant, tant sur le plan social qu'intellectuel. Conformément à la tradition royale, aucun n'avait eu de contact avec d'autres enfants du même âge. Leurs camarades (qui avaient tous ou presque fréquenté la primaire) étaient, eux, habitués à la discipline, à être

* *Le Roi des aulnes.*

loin de leurs parents, à la rudesse du logement, à la mauvaise nourriture et aux étranges rituels qui étaient considérés comme faisant partie intégrante d'une éducation anglaise de la haute société.

À cela s'ajoutait la brutalité ambiante. Loin de bénéficier d'un traitement de faveur de la part de leurs futurs sujets du fait de leurs origines royales, les deux garçons étaient impitoyablement pris pour cibles. Un jour, David dut subir une mascarade imitant l'exécution de Charles Ier et fut obligé de poser sa tête sous une fenêtre à guillotine qu'on lui abattit violemment sur le cou. Bertie, surnommé « sardine » à cause de son physique fluet, fut retrouvé par un camarade, saucissonné dans un hamac, appelant à l'aide dans un couloir qui menait au mess. Les sports d'équipe avaient une importance capitale, et les deux garçons étaient, dans ce domaine, désavantagés, car ils manquaient d'expérience au football et au cricket.

Les problèmes de Bertie étaient aggravés par ses résultats catastrophiques. Osborne était en fait un établissement technique, où l'accent était mis sur les mathématiques, la navigation, les sciences et le génie. S'il était doué pour la partie pratique du génie et du métier de marin, il était d'un niveau déplorable en mathématiques, et généralement dans les derniers de sa classe. Là encore, son bégaiement joua très certainement un rôle. S'il disparaissait presque totalement quand il était avec des amis, il se manifestait de façon dramatique en classe. Il peinait à prononcer le « f » de fraction et, un jour, ne put répondre quand on lui demanda à quoi correspondait la moitié d'une moitié car il ne parvenait pas à dire la première consonne du mot « quart » – tout cela lui valant malheureusement de passer pour un idiot. Son père, plus à l'aise quand il s'agissait de s'occuper de ses enfants à distance, semblait le comprendre. « Watt [le second maître] pense que Bertie est timide en classe, écrivit-il à Hansell. Je suppose que c'est sa répugnance à montrer qu'il a des difficultés à s'exprimer qui l'empêche de répondre, mais j'espère qu'il finira par la surmonter[21]. »

Cela allait prendre des années. Lors des examens de fin d'études, en décembre 1910, Bertie termina 68e sur 68. « Je crains de ne pouvoir vous cacher le fait que P.A. s'est pris une veste, écrivit Watt à Hansell. Il était tout à fait surexcité ces derniers jours à l'idée de rentrer chez lui, or, c'étaient les jours des examens, et il s'en est fort mal tiré. »

C'est à cette période que mourut son cher grand-père, Édouard VII. Le 7 mai, Bertie, de la fenêtre de son ancienne salle de classe à Malborough House, avait vu le Royal Standard, le drapeau officiel du souverain, flotter à mi-mât au-dessus de Buckingham Palace. Deux jours plus tard, vêtus de leurs uniformes de cadets de la Royal Navy, David et lui avaient assisté à la cérémonie tandis que leur père était proclamé roi depuis le balcon de Friary Court, à St. James's Palace. Le jour des obsèques de leur grand-père, ils suivirent son cercueil à Windsor de la gare jusqu'à la chapelle St. George. Leur père étant désormais roi, David se retrouvait héritier du trône, Bertie venant en deuxième position dans l'ordre de succession.

Malgré ses piètres résultats scolaires, en janvier, Bertie atteignit l'étape suivante de son éducation. Il entra au Dartmouth Royal Naval College, où David était déjà en dernière année. Une fois de plus, Bertie dut soutenir la comparaison avec son frère aîné qui, du reste, n'était pas vraiment brillant non plus. « On se prend à souhaiter qu'il fasse davantage preuve de l'acuité et du sens de l'appréciation du prince Édouard », nota Watt[22].

Toutefois, la situation s'améliora l'année suivante, entre autres parce que David avait quitté Dartmouth pour Magdalen College, à Oxford, permettant à son cadet de sortir de son ombre. Les cours s'écartaient peu à peu de la théorie pour s'orienter vers les aspects pratiques du métier de marin, auxquels il était plus adapté. Le lieutenant de vaisseau Henry Spencer-Cooper, qui commandait sa promotion, l'encouragea en outre à choisir des sports pour lesquels il était plus doué, comme l'équitation, le tennis et le cross-country.

Après deux ans passés à Dartmouth, en janvier, il embarqua pour ce qui constitua l'étape suivante de sa formation : une croisière d'entraînement de six mois à bord du croiseur *Cumberland*. Au cours du voyage jusqu'aux Antilles et au Canada, Bertie fit l'expérience de l'adulation qui entourait inévitablement un membre de la famille royale. Il fut si souvent contraint d'apparaître en public qu'il persuada un camarade de lui servir de « doublure » lors d'événements de moindre importance. Il fut aussi confronté pour la première fois à la nécessité de faire des discours, ce qui serait une torture pour lui tout au long de sa vie. Un discours qu'il avait préparé et qu'il dut lire pour l'inauguration du Kingston Yacht Club en Jamaïque se révéla particulièrement pénible.

Le 15 septembre 1913, à l'âge de dix-sept ans, Bertie, devenu aspirant, fut affecté sur le HMS *Collingwood,* un cuirassé de 19 250 tonnes, premier pas de sa carrière d'officier de marine qui, pensait-il, comme son père l'avait fait avant lui, occuperait ses prochaines années. Sans doute pour des raisons de sécurité, il était connu sous le nom de Johnson.

Mais il y avait une grande différence entre le père et le fils. Si le futur George V adorait la marine et la mer, son fils vénérait la Navy en tant qu'institution, mais il n'aimait guère la mer elle-même – en fait, il était particulièrement sensible au mal de mer. Et il était toujours victime de sa timidité, ce que plusieurs de ses camarades officiers confirmèrent. L'un d'entre eux, le lieutenant de vaisseau F. J. Lambert, décrivit le prince comme un « petit jeune homme rougissant et bégayant », ajoutant que, « quand il s'est présenté, il a bafouillé une sorte d'exclamation. Je n'avais aucune idée de qui il était, et ai manqué de le maudire pour m'avoir postillonné dessus ». Un autre, l'enseigne de vaisseau Hamilton, écrivit au sujet de son subordonné : « Johnson est certes plein de sève et de joie de vivre, mais je ne parviens pas à lui tirer un mot[23]. » Au carré des officiers, tout toast en l'honneur du roi (« *To the King* ») était une torture à cause de sa peur du son « k ».

Mais d'autres défis infiniment plus graves l'attendaient. Le 3 août 1914, le Royaume-Uni déclara la guerre à l'Allemagne, à la suite de la « réponse insatisfaisante » de Berlin à l'ultimatum de Londres quant au respect de la neutralité de la Belgique. Le 29 juillet, le *Collingwood,* avec d'autres unités des escadres de batailles, quitta Portland et rallia Scapa Flow, dans les Orcades, à la pointe nord de l'Écosse, avec pour mission d'interdire aux Allemands l'entrée nord de la mer du Nord.

Parti avec son bâtiment, au bout de trois semaines, Bertie fut victime de graves ennuis de santé qui, plus tard, finiraient par compromettre sa carrière dans la marine. Il souffrait de violentes douleurs d'estomac et respirait avec peine. On lui diagnostiqua une appendicite. Le 9 septembre, l'organe incriminé fut retiré dans un hôpital d'Aberdeen.

À demi invalide à dix-neuf ans, alors que ses contemporains se battaient et mouraient pour son pays, Bertie rejoignit l'état-major de l'Amirauté. Mais il y trouva le travail ennuyeux et, sur son insistance, il obtint de revenir sur le *Collingwood* en février de l'année suivante. Il ne s'y trouvait que depuis quelques mois quand son estomac le refit souffrir. Cette fois, c'était un ulcère, mais les médecins ne surent pas le diagnostiquer, estimant plutôt qu'il était atteint d'un « affaiblissement de la paroi musculaire de l'estomac et une condition catarrheuse consécutive ». On lui prescrivit du repos, un régime sérieux et des lavements nocturnes, ce qui n'eut évidemment pas grand effet.

Bertie passa le reste de l'année à terre, d'abord à Abergeldie, puis à Sandringham, seul avec son père, et les deux hommes se rapprochèrent. Durant cette période, Bertie apprit beaucoup sur le métier de souverain en temps de guerre – une expérience dont il tirerait parti quand il se trouverait dans la même situation vingt ans plus tard.

À la mi-mai 1916, il embarqua de nouveau sur le *Collingwood,* juste à temps pour prendre part à la bataille du Jutland, à la fin du mois. Bien que de nouveau à l'infirmerie le soir où le bâtiment appareilla (pour avoir, cette fois, mangé du maquereau mariné), il se sentit assez bien le lendemain pour prendre son poste à la « tourelle A ». Le *Collingwood* ne joua pas un grand rôle dans l'action, mais Bertie fut heureux d'avoir été présent et, comme il le nota, d'avoir vécu la terreur du baptême du feu.

À son grand soulagement, ses problèmes d'estomac semblaient s'atténuer. Mais en août, ils reprirent, plus violemment encore. Transféré à terre, il fut examiné par une noria de médecins qui, enfin, identifièrent son ulcère. En mai 1917, il était malgré tout de retour à Scapa Flow, cette fois en tant que lieutenant de vaisseau sur le *Malaya,* un cuirassé plus grand, plus rapide et plus moderne que le *Collingwood*. À la fin juillet, de nouveau malade, il fut transféré dans un hôpital de South Queensferry, près d'Édimbourg. Après huit ans passés à s'entraîner ou à servir dans la marine, Bertie comprit, à contrecœur, que sa carrière était terminée. « Personnellement, j'ai le sentiment de ne pas être apte au service à la mer, même une fois remis de cette petite attaque », déclara-t-il à son père[24]. En novembre suivant, après avoir longuement hésité, il accepta enfin d'être opéré de son ulcère. L'opération se déroula sans difficulté, mais cette longue période de maladie continuerait de l'affecter tant physiquement que psychologiquement dans les années à venir.

Bertie tenait à ne pas retourner à la vie civile tant que la guerre continuait. En février 1918, il fut affecté au Royal Naval Air Service qui, deux mois plus tard, allait fusionner avec le Royal Flying Corps pour former la Royal Air Force. Nommé commandant de l'escadrille N° 4 de l'école d'entraînement de Cranwell, dans le Lincolnshire, il y resta jusqu'au mois d'août. Pendant les dernières semaines de la guerre, il devint membre du quartier général de l'Independent Air Force* à Nancy. Puis, après le démantèlement de cette dernière, il poursuivit sa carrière comme officier d'état-major de la Royal Air Force.

Avec la paix, Bertie, comme beaucoup d'officiers de retour du front, entra à l'université. En octobre 1919, il s'inscrivit à Trinity College, à Cambridge, où il étudia l'histoire, l'économie et le droit civique pendant un an. Sur le moment, personne ne sut vraiment pourquoi, en tant que deuxième fils, il avait besoin de telles connaissances, mais elles allaient se révéler précieuses dix ans plus tard.

* Force de bombardement stratégique britannique formée en juin 1918.

Bertie avait beau faire tout ce que l'on attendait de lui, son défaut d'élocution (et la gêne qu'il lui causait), associé à sa tendance à la timidité, continuait de lui peser. Le contraste n'aurait pu être plus frappant avec son frère aîné, qui goûtait de plus en plus à l'adulation de la presse et du public.

Pourtant, il ne fallait pas se fier aux apparences. Quand les deux garçons eurent dépassé la vingtaine, leur relation avec leur père commença à changer. David effectuait déjà des tournées couronnées de succès dans l'Empire, mais dans son entourage, quelques-uns n'hésitaient pas à dire qu'il appréciait un peu trop les feux de la rampe pour son bien, ou celui du pays. Le roi s'inquiétait de plus en plus de l'amour presque obsessionnel de son fils aîné pour la modernité – que George méprisait –, son dédain pour le protocole royal et la tradition, et, par-dessus tout, sa prédilection pour les femmes mariées qu'il semblait avoir héritée d'Édouard VII. Le père et le fils se mirent à entrer régulièrement en conflit, souvent pour des sujets aussi superficiels que la tenue vestimentaire, qui, chez le roi, était presque une idée fixe. Comme le prince le nota plus tard, chaque fois que son père entreprenait de lui parler de ses devoirs, c'était comme si le mot même dressait un mur entre eux.

Bertie, au contraire, devenait peu à peu le préféré de son père. Le 4 juin 1920, à l'âge de vingt-quatre ans, il fut fait duc d'York, comte d'Inverness et baron de Killerney. « Je sais que vous vous êtes fort bien comporté, dans une situation difficile pour un jeune homme et que vous avez fait ce que je vous ai demandé, lui écrivit le monarque. J'espère que vous me considérerez toujours comme votre meilleur ami et me direz toujours tout et je serai toujours disposé à vous aider et à vous être de bon conseil[25]. »

En sa qualité de président de la Boy's Welfare Society, qui devint ensuite l'Industrial Welfare Society*, le duc, comme nous l'appellerons dorénavant, commença à visiter des mines de charbon, des usines et des gares de triage, ce qui lui valut le surnom de « prince du travail ». À partir de juillet 1921, il lança également une expérience sociale intéressante : une série de camps d'été, organisés au départ sur un aérodrome désaffecté à New Romney, sur la côte du Kent, puis à Southwold Common, dans le Suffolk, et censés rassembler des jeunes gens issus de milieux sociaux différents. Le dernier eut lieu à la veille de la guerre, en 1939.

Le duc progressa encore dans l'estime de son père après son mariage, le 26 avril 1923, avec Elizabeth Bowes Lyon, beauté très en vue de la haute société. Bien que sa jeune épouse eût mené une vie encore plus protégée que la sienne, c'était une roturière, tout en étant fille d'un lord. Le roi qui, conformément au Royal Marriage Act de 1772, devait donner son consentement, n'hésita pas un instant. La société avait changé, et il était désormais envisageable que ses enfants se marient avec des roturiers – pourvu que ceux-ci soient issus des trois rangs les plus élevés de la noblesse britannique.

Bertie et Elizabeth s'étaient rencontrés lors d'un bal au début de l'été 1920. Fille du comte et de la comtesse de Strathmore, Elizabeth avait vingt ans et venait d'entrer dans la société londonienne, où elle remportait un franc

* Association fondée en avril 1918 par le révérend Robert Hyde, et qui avait pour but d'améliorer les conditions de travail et de favoriser l'harmonie sur le lieu de travail.

succès. Un grand nombre de jeunes gens la courtisaient, mais elle n'était apparemment pas pressée de leur donner une réponse – en particulier au duc. Elle ne tenait pas particulièrement à faire partie de la famille royale, avec toutes les contraintes que cela supposait. De surcroît, le duc n'avait pas l'air d'être un si bon parti que cela : s'il était aimable, charmant et plutôt bel homme, il était timide et ne savait pas s'exprimer, du fait, entre autres, de son bégaiement.

Le duc tomba amoureux, mais ses premières tentatives pour lui faire la cour se soldèrent par un échec : le problème était notamment qu'il ne pouvait pas demander une femme en mariage puisque, en tant que fils du roi, il ne fallait pas qu'il fût éconduit, comme il le confia en juillet 1922 à J. C. C. Davidson, un jeune politicien conservateur. Pour cette raison, il avait donc envoyé à Elizabeth un émissaire qui, en son nom, devait lui demander sa main – et la réponse avait été négative.

Davidson lui donna un conseil très simple : une jeune femme aussi énergique n'accepterait jamais une demande en mariage transmise par un tiers. Par conséquent, si le duc était si amoureux qu'il le prétendait, alors, il devait lui faire sa demande en personne. Le 16 janvier 1923, les journaux ne parlaient plus que de leurs fiançailles. Trente ans plus tard, devenue veuve, celle que l'on appelait désormais la reine mère écrivit à Davidson pour « vous remercier du conseil que vous avez donné au roi en 1922[26] ».

Leur mariage eut lieu le 26 avril 1923 à l'abbaye de Westminster – qui fut ainsi pour la première fois le théâtre des noces d'un fils du roi – et fut l'occasion de grandes réjouissances. La jeune mariée portait une robe de mousseline couleur crème, une longue traîne en résille de soie et un voile en dentelle de Flandres, l'une et l'autre lui ayant été prêtés par la reine Mary. Le duc avait revêtu son uniforme de la Royal Air Force. L'abbaye comptait 1 780 places. Comme le *Morning Post* le rapporta le lendemain, il y avait là une « importante et brillante congrégation qui incluait nombre des plus grandes personnalités de la nation et de l'Empire ». « Vous avez vraiment de la chance, écrivit le roi à son fils. Vous me manquez... Vous avez toujours été si raisonnable, d'un commerce si agréable (très différent de ce cher David)... Je suis tout à fait sûr qu'Elizabeth sera une magnifique partenaire dans votre travail. »

Pourtant, en dépit de toute cette joie, personne n'oubliait que les noces du duc n'étaient qu'une sorte de répétition de l'événement que constituerait le mariage de son frère quand celui-ci finirait par suivre son exemple. Dans un supplément spécial publié la veille du mariage, un journaliste du *Times* avait exprimé sa satisfaction que le duc eût choisi une épouse qui était « si profondément britannique » et avait parlé en termes positifs de son « courage et de sa persévérance ». Pourtant, il avait conclu, comme beaucoup l'avaient fait à l'époque, en comparant Bertie à son « brillant aîné », ajoutant : « Mais il est un mariage que les gens attendent avec un intérêt encore plus marqué – le mariage qui donnera une épouse à l'héritier du trône et, par la nature des choses, une future reine d'Angleterre aux peuples britanniques. » Le journal et ses lecteurs n'étaient pas au bout de leurs surprises.

Son mariage fut un tournant dans la vie du duc : il fut plus heureux, plus à l'aise, en particulier avec le roi. Il fut aidé en cela par la véritable dévotion de son père envers Elizabeth. Bien que maniaque de la ponctualité, il pardonnait ses retards chroniques à sa belle-fille. Un jour, quand elle se présenta à un déjeuner alors que les convives étaient déjà tous assis, il murmura : « Ce n'est pas vous qui êtes en retard, ma chère. C'est nous qui avons dû nous asseoir trop tôt. » La naissance de leur première fille, Elizabeth, la future reine, le 21 avril 1926, rapprocha encore la famille.

Au début, ils vécurent à White Lodge, en plein milieu de Richmond Park, un grand domaine un peu austère que le roi George II s'était fait construire dans les années 1720. Mais le couple souhaitait vraiment vivre à Londres et, après avoir longuement cherché un logement adapté à leur budget, en 1927, ils s'installèrent au 145, Piccadilly, bâtisse en pierre proche de Hyde Park Corner, orientée au sud avec vue sur Green Park, vers Buckingham Palace.

Le duc continuait de visiter des usines, un travail qui semblait le combler. Il n'en allait pas du tout de même, en revanche, de ses fonctions plus officielles, surtout quand il devait effectuer des discours. Il était toujours paralysé par son défaut d'élocution. Le caractère optimiste et aimable de son enfance disparut peu à peu derrière un masque lugubre et réservé. Le handicap de son mari et l'impact qu'il avait sur lui commencèrent aussi à affecter la duchesse. D'après le récit d'un contemporain, chaque fois qu'il se levait pour répondre à un toast, elle agrippait le bord de la table à s'en faire blanchir les jointures de peur qu'il ne bégaye et soit incapable de prononcer un mot[27]. Ce qui accroissait encore la nervosité du duc et aboutissait à des crises de colère que son épouse était la seule à pouvoir calmer.

Tout le monde prit douloureusement conscience de l'étendue des problèmes d'élocution du duc en mai 1925, quand il dut succéder à son frère aîné en tant que président de l'Exposition impériale à Wembley. À cette occasion, il devait tenir un discours le 10 du mois. L'année précédente, des milliers de personnes étaient venues voir le prince de Galles, silhouette mince aux cheveux dorés, demander officiellement à son père l'autorisation de proclamer l'ouverture de l'Exposition. Le roi avait répondu quelques mots, et pour la première fois, toute la nation avait entendu sa voix, retransmise par ce qui s'appelait encore la British Broadcasting Company (qui deviendrait plus tard Corporation). « Tout s'est fort bien déroulé », nota le roi dans son journal[28].

C'était maintenant au duc de prendre la suite. Le discours lui-même était court, et il le répéta fiévreusement, mais sa terreur à l'idée de s'exprimer en public se faisait sentir. Prendre la parole pour la première fois officiellement en présence de son père était tout aussi effrayant. Le grand jour approchant, il devint de plus en plus nerveux. « J'espère sincèrement que je m'en tirerai bien, écrivit-il au roi. Mais je vais être terrifié, car vous ne m'avez jamais entendu parler et les haut-parleurs ont aussi de quoi vous perturber. Aussi, j'espère que vous comprendrez que je ne pourrai qu'être plus nerveux que d'ordinaire[29]. »

Une répétition de dernière minute à Wembley ne fit rien pour arranger les choses. Alors qu'il avait déjà prononcé quelques phrases, le duc comprit qu'aucun son ne sortait des haut-parleurs, et il se tourna vers les officiels qui l'entouraient. Au même moment, quelqu'un appuya enfin sur le bon bouton. Brutalement, sa voix retentit dans le stade désert alors qu'il déclarait : « Ces satanés machins ne marchent pas. »

Le véritable discours du duc, retransmis non seulement en Grande-Bretagne mais dans le monde entier, fut une humiliation. S'il parvint à aller jusqu'au bout par la seule force de sa volonté, sa prestation fut assombrie par quelques instants gênants, ses mâchoires s'agitant sans qu'il émette un seul son. Le roi s'efforça de voir le bon côté des choses : « Bertie s'est fort bien tiré de son discours, mais il y a eu quelques pauses un peu longues », écrivit-il le lendemain au prince George, jeune frère du duc[30].

On ne saurait sous-estimer l'impact psychologique qu'eut le discours tant sur Bertie que sur sa famille, et les problèmes que posa sa lamentable prestation à la monarchie. Les discours de ce genre faisaient théoriquement partie de son quotidien, le duc étant le deuxième dans l'ordre de succession au trône, or, il avait clairement montré qu'il n'était pas à la hauteur. Les conséquences pour son propre avenir et celui de la monarchie paraissaient graves. Comme le dit un biographe de l'époque : « Il devenait de plus en plus manifeste qu'il faudrait prendre des mesures radicales si l'on ne voulait qu'il devienne un personnage timide, nerveux et en retrait, sort que connaissent tous ceux qui sont affligés de défauts d'élocution[31]. »

Le hasard voulut que Lionel Logue se soit trouvé dans l'assistance ce jour-là à Wembley, et qu'il eût entendu le discours du duc. Inévitablement, cela éveilla son intérêt professionnel. « Il est trop âgé pour que je parvienne à le guérir complètement, dit-il à son fils Laurie, qui était venu avec lui. Mais je pourrais presque y arriver, j'en suis sûr. » Par un autre hasard tout aussi étrange, l'occasion allait justement lui en être donnée – quelques mois plus tard, cependant.

Les versions divergent quant à la façon dont le duc est devenu le patient le plus célèbre de Logue. Mais d'après John Gordon, du *Sunday Express,* la cascade d'événements qui y aboutit fut déclenchée l'année suivante quand un Australien, qui avait rencontré Logue, croisa la route d'un écuyer royal, lequel ne fit pas mystère de ses inquiétudes.

« Je dois me rendre aux États-Unis pour voir si je peux ramener un spécialiste des défauts d'élocution afin qu'il ausculte le duc d'York, expliqua l'écuyer. Mais c'est tellement désespéré. Ici, il a déjà été vu par neuf experts. Nous avons essayé tous les traitements possibles. Et aucun n'a eu le moindre succès. »

L'Australien avait une solution. « Il y a un jeune Australien qui vient juste d'arriver, répondit-il. Il a l'air bien. Pourquoi ne pas essayer avec lui ? »

Le lendemain, 17 octobre 1926, l'écuyer se rendit au cabinet de Logue, à Harley Street. Logue fit bonne impression, et l'écuyer lui demanda s'il serait en mesure de rencontrer le duc afin de voir ce qu'il pourrait faire pour lui. « Oui, fit Logue. Mais c'est lui qui doit venir me voir ici. Cela lui impose un effort qui est essentiel à la réussite. Si je le vois chez lui, nous perdrons cet élément de valeur. »

Il existe une autre version, plus curieuse, qui veut que le rôle d'intermédiaire ait été joué par Evelyn « Boo » Laye, superbe star du music-hall. Le duc avait eu le béguin pour elle la première fois qu'il l'avait vue sur scène, quand il avait dix-neuf ans, en 1920. Laye, soprano lyrique, devint ensuite son amie, et celle de son épouse. Cinq ans plus tard, elle se produisait à l'Adelphi Theatre, où elle jouait le premier rôle de *Betty Mayfair,* une comédie musicale. Elle devait donner huit représentations par semaine, et ce programme éprouvant commençait à avoir un effet sur sa voix.

D'après Michael Thornton, auteur et ami de longue date de Laye, la chanteuse demanda conseil à Logue, qui diagnostiqua une production incorrecte de la voix et lui prescrivit des exercices de respiration profonde en rapport avec le diaphragme, qui eurent tôt fait de la soulager. Ainsi, durant l'été 1926, quand elle rencontra la duchesse d'York et que leur conversation porta sur le prochain voyage du couple en Australie et tous les discours que le duc devrait y effectuer, Laye lui recommanda Logue.

« La duchesse écouta avec grand intérêt et demanda si elle pourrait lui donner les coordonnées de M. Logue, se souvient Thornton. Pour la duchesse, il semblait très important que Lionel Logue soit australien, et que le duc et elle soient sur le point de se rendre en Australie[32]. » Peu après, Laye appela Patrick Hodgson, le secrétaire particulier du duc, et lui transmit le numéro de téléphone de Logue.

Laye elle-même continua à consulter Logue pendant des années, surtout en 1937, quand elle donna la réplique à Richard Tauber, le grand ténor autrichien, dans l'opérette *Paganini,* un rôle des plus ardus. Avec les encouragements de Logue, elle entreprit aussi de donner au futur roi des leçons de chant, dont le but était d'améliorer la fluidité de son débit quand il parlait.

Quelle que soit l'identité réelle de l'intermédiaire, la première rencontre entre le duc et Logue faillit ne pas avoir lieu. Bien que son épouse ait insisté pour qu'il consulte un professionnel, Bertie était de plus en plus exaspéré par l'inefficacité des divers traitements qu'il avait accepté d'essayer – d'autant que certains particiens partaient du principe que son bégaiement était lié à un problème nerveux, ce qui semblait empirer les choses au lieu de les améliorer. Mais la duchesse tenait à ce qu'il donne sa chance à Logue. Pour elle, il finit par céder et accepta un rendez-vous. Ces quelques minutes allaient changer sa vie.

L'équipe de football interuniversitaire du prince Alfred, 1896. *Lionel Logue est debout, en dessous d'un coéquipier adossé contre la porte d'entrée.*

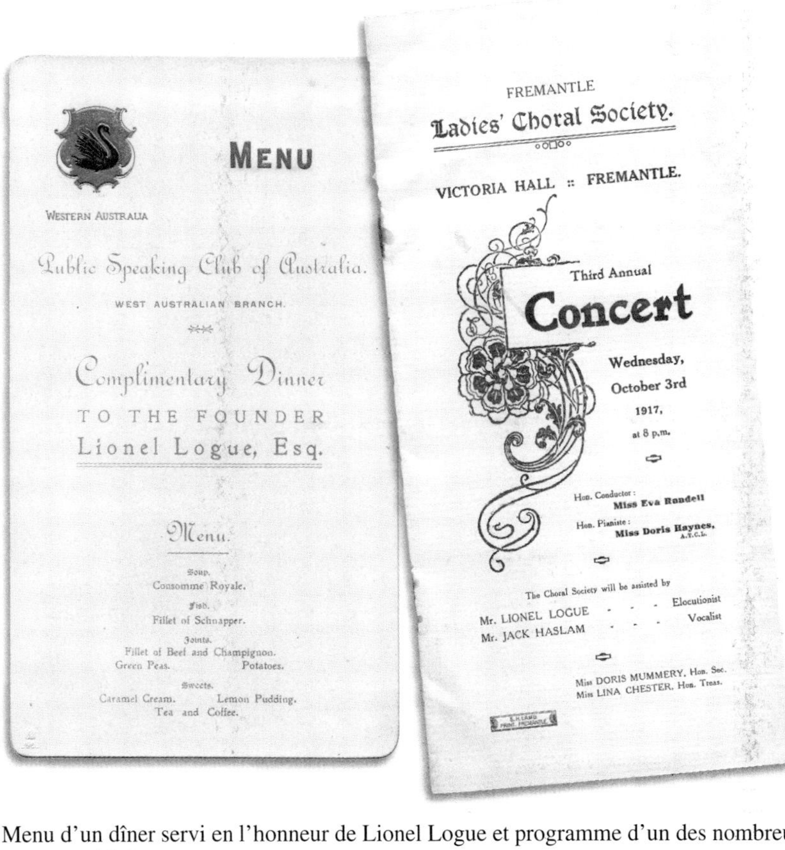

MENU

WESTERN AUSTRALIA

Public Speaking Club of Australia.

WEST AUSTRALIAN BRANCH.

Complimentary Dinner
TO THE FOUNDER
Lionel Logue, Esq.

Menu.

Soup.
Consomme Royale.
Fish.
Fillet of Schnapper.
Joints.
Fillet of Beef and Champignon.
Green Peas. Potatoes.
Sweets.
Caramel Cream. Lemon Pudding.
Tea and Coffee.

FREMANTLE
Ladies' Choral Society.

VICTORIA HALL :: FREMANTLE.

Third Annual
Concert
Wednesday,
October 3rd
1917,
at 8 p.m.

Hon. Conductor:
Miss Eva Roadell
Hon. Pianiste:
Miss Doris Haynes, A.T.C.L.

The Choral Society will be assisted by
Mr. LIONEL LOGUE - - - Elocutionist
Mr. JACK HASLAM - - - Vocalist

Miss DORIS MUMMERY, Hon. Sec.
Miss LINA CHESTER, Hon. Treas.

Menu d'un dîner servi en l'honneur de Lionel Logue et programme d'un des nombreux récitals qu'il donna.

Lionel Logue et Myrtle Gruenert le jour de leurs fiançailles, 1906.

La famille Logue à bord du Hobsons Bay, 1924. *De gauche à droite : Laurie, Tony, Myrtle, Valentine.*

Antony et Lionel Logue, peu de temps après leur arrivée à Londres en 1924.

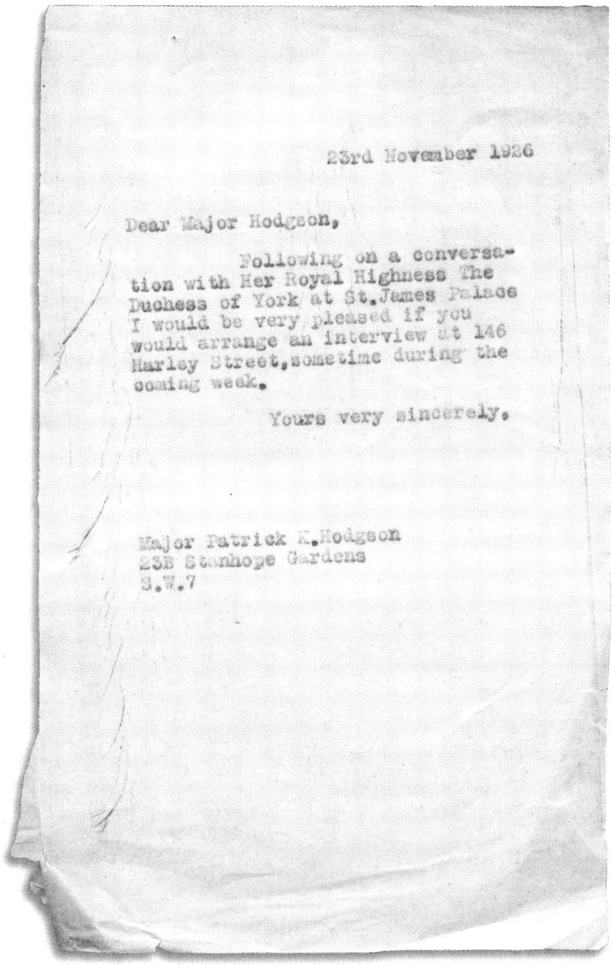

23rd November 1926

Dear Major Hodgson,

Following on a conversation with Her Royal Highness The Duchess of York at St.James Palace I would be very pleased if you would arrange an interview at 146 Harley Street,sometime during the coming week.

Yours very sincerely,

Major Patrick K.Hodgson
23B Stanhope Gardens
S.W.7

Lettre de confirmation du premier rendez-vous de Lionel Logue avec le duc d'York.

23 novembre 1926

Cher Major Hodgson,

Suite à une conversation avec Son Altesse Sérénissime la duchesse d'York au St James Palace, je vous serais gré d'organiser un entretien au 146 Harley Street, dans la semaine à venir.

Sincères salutations.

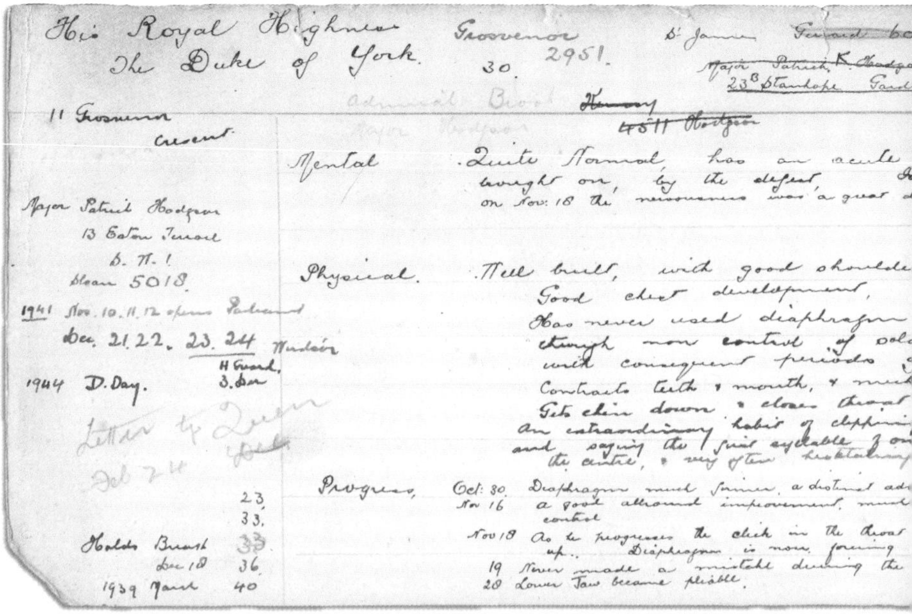
His Royal Highness
The Duke of York. Grosvenor 30. 2951. St James ~~Gerrard 60~~
~~Major Patrick K. Hodgson~~
~~23B Stanhope Gardens~~
~~Hanway~~
~~4511 Hodgson~~
11 Grosvenor Crescent.

Mental. Quite Normal, has an acute … brought on, by the defeat, … on Nov: 18 the nervousness was a great …

Major Patrick Hodgson
13 Eaton Terrace
S. W. 1
Sloan 5018.

Physical. Well built, with good shoulde… Good chest development, Has never used diaphragm … through non control of sole… with consequent periods … Contracts teeth & mouth, & … Gets chin down & closes throat … An extraordinary habit of clipping … and saying the first syllable of … the centre, & very often hesitating …

1941 Nov. 10. 11. 12 opens Parliament
Dec. 21. 22. 23. 24 Windsor H Guard. 3. Bar
1944 D. Day.
Letter to Queen
Feb 24

Progress, Oct: 30. Diaphragm much firmer, a distinct ad…
Nov 16 a good allround improvement, much control
Nov 18 As he progresses the click in the throat … up. Diaphragm is now forming
19 Never made a mistake during the …
20 Lower Jaw became pliable.

23
33.
Holds Breath 33
Dec 18 36.
1939 March 40

Carte de visite sur laquelle Lionel Logue nota ses observations initiales sur le duc après leur première rencontre en octobre 1926.

La famille Logue en habits de fête pour le mariage de Laurie, en juillet 1936, sur les marches de Beechgrove. *De gauche à droite : Laurie, Valentine, Myrtle, Lionel, Antony.*

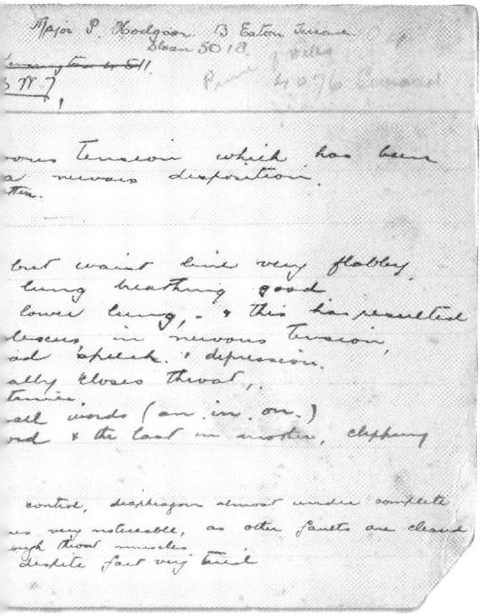
Major P. Hodgson. 13 Eaton Terrace
Sloan 5018.
4076

…ous tension which has been
a nervous disposition
…

…but waist line very flabby
lung breathing good
lower lung, - & this has resulted
…in nervous tension,
…ed speech & depression.
…ally closes throat,
…
…all words (an. in. on.)
…nd & the last in another, clipping

control, diaphragm almost under complete
…very noticeable, as other faults are cleared
…gh throat muscles
Despite fact very tired

Lettre du duc exprimant sa gratitude pour les progrès réalisés dès le début de sa thérapie. Au cours des trois mois qui suivirent leur première rencontre, le duc vit Lionel plus de cinquante fois.

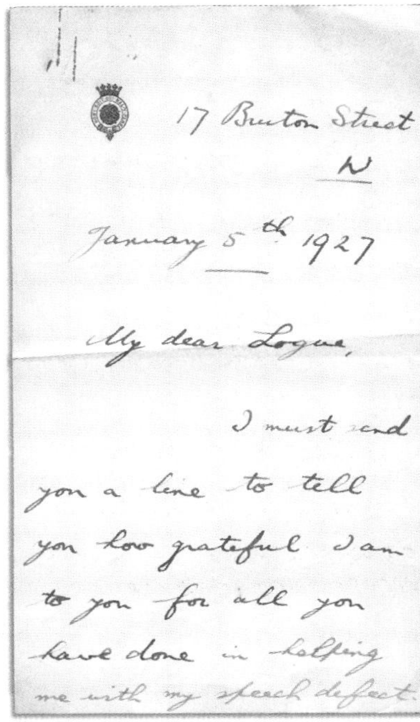
17 Bruton Street
W

January 5th 1927

My dear Logue,

I must send you a line to tell you how grateful I am to you for all you have done in helping me with my speech defect.

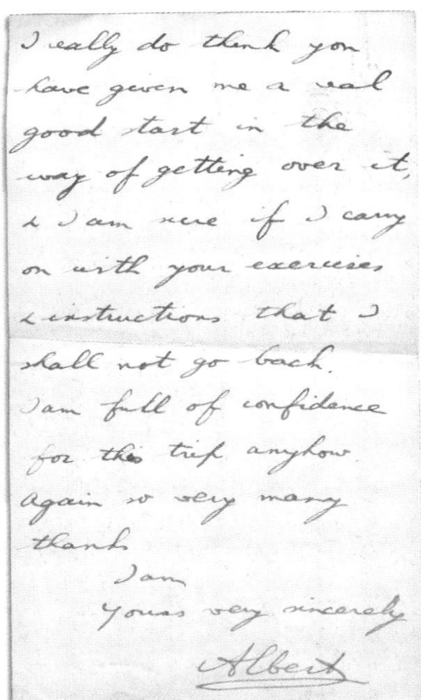
I really do think you have given me a real good start in the way of getting over it, & I am sure if I carry on with your exercises & instructions that I shall not go back.
I am full of confidence for this trip anyhow.
Again so very many thanks.
I am
Yours very sincerely
Albert

17 Bruton Street
Le 5 janvier 1927

Mon cher Logue,

Je vous envoie ces quelques mots pour vous dire combien je vous suis reconnaissant pour toute l'aide que vous m'avez apportée afin d'améliorer mon élocution défaillante. Je suis absolument convaincu que vous m'avez donné l'impulsion nécessaire à la guérison et je suis sûr qu'en persistant à mettre en œuvre vos exercices et instructions, je ne régresserai pas.
Je suis en tout cas très confiant quant à ce voyage et je tiens une fois encore à vous remercier.

Sincères salutations,

Albert

Le duc quittant le 145 Piccadilly sur le chemin de St James Palace où il prononça son serment d'accession au trône, après l'abdication de son frère, le roi Édouard, le 12 décembre 1936.

Le premier discours public du roi George VI depuis son accession au trône, quatre mois plus tôt, à l'inauguration du Mémorial George V à Windsor, le 23 avril 1937. © Daily Express

Lionel Logue à son cabinet du 146 Harley Street, avec un portrait de Myrtle sur son bureau.

Myrtle dans sa robe de cérémonie de couronnement.

Le couronnement de George VI le 12 mai 1937. Logue et Myrtle sont assis dans la galerie au-dessus de la loge royale de l'abbaye de Westminter. © Trinity Mirror/MirroxPix/Alamy

Sauf mention spéciale, les documents proviennent des archives de la famille Logue.

Chapitre cinq

Diagnostic

Harley Street en 1926

« Mental : tout à fait normal, présente une tension nerveuse aiguë engendrée par le défaut… » Sur une fiche, couverte d'une écriture en pattes de mouche et intitulée « Son Altesse Royale le duc d'York – Fiche de rendez-vous », Logue consigna ses premières impressions du duc d'York, qui venait de grimper les deux volées de marches menant à son cabinet de Harley Street, à 15 heures, le 19 octobre 1926.

« Physique [*sic*] : bien bâti, épaules larges, mais taille très flasque », continuait la fiche.

> Bon développement de la poitrine, respiration de la partie supérieure des poumons bonne. N'a jamais utilisé son diaphragme ou partie inférieure des poumons – cela a eu pour résultat par l'absence de contrôle du plexus solaire une tension nerveuse avec épisodes consécutifs de troubles de la parole, dépression. Contracte dents et bouche et ferme mécaniquement gorge. Baisse menton et ferme parfois gorge. Habitude extraordinaire d'avaler petits mots (à, dans, sur) et de dire la première syllabe d'un mot et la dernière d'un autre en avalant ce qu'il y a au centre, et hésitation fréquente.

Pendant leur première rencontre, Logue attribua les problèmes de son patient aux traitements que lui avaient infligés aussi bien son père que ses précepteurs, qui semblaient ne pas avoir toléré son défaut d'élocution. Le duc lui fit part de l'incident quand, étant enfant, il avait été incapable de prononcer le mot *quart*, et des difficultés qu'il avait encore avec les mots *king* (roi) et *queen* (reine).

« Je peux vous soigner, lui déclara Logue à la fin de la séance, qui dura une heure et demie, mais cela exigera de vous de formidables efforts. Sans ces efforts, nous n'y parviendrons pas. »

Pour Logue, les ennuis du duc étaient liés à une respiration défectueuse, comme chez nombre de ses patients. Ils s'entendirent sur des consultations régulières. Logue lui prescrivit une heure de travail par jour, se composant d'exercices de respiration et de gargarismes à l'eau chaude. Le duc devait également se tenir devant une fenêtre ouverte et prononcer chaque voyelle l'une après l'autre, pendant quinze secondes.

Logue insista néanmoins pour qu'ils se retrouvent non chez le duc ni dans un autre bâtiment appartenant à la monarchie, mais soit dans son cabinet de Harley Street, soit dans son petit appartement de Bolton Gardens. En dépit de la différence de rang entre eux, ces rencontres devaient se dérouler dans un climat d'égalité – autrement dit, leur relation devrait être informelle, contrairement à ce qu'un membre de la Couronne était en droit d'attendre de la part d'un roturier.

Comme Logue le raconta par la suite : « Quand il est entré dans mon cabinet, c'était un homme mince, discret, le regard las, présentant tous les symptômes de quelqu'un qui souffre d'un défaut d'élocution. Quand il repartit, il était visible qu'il avait repris espoir. »

Peu à peu, ils commencèrent à enregistrer des progrès – comme le montrent les fiches de Logue, bien que sèches et précises :

> 30 octobre : diaphragme beaucoup plus ferme, net progrès.
> 16 novembre : excellente amélioration de l'ensemble, beaucoup plus de contrôle, diaphragme presque complètement sous contrôle.
> 18 novembre : au fil des progrès, le claquement dans la gorge devient très distinct au fur et à mesure que d'autres défauts sont éliminés. Le diaphragme pousse maintenant l'air à franchir les muscles de la gorge.
> 19 novembre : pas une erreur durant toute l'heure, bien que très fatigué.
> 20 novembre : mâchoire inférieure plus souple.

Après leur premier entretien, le duc eut en tout quatre-vingt-deux rendez-vous entre le 20 octobre 1926 et le 22 décembre 1927, d'après la note d'honoraires que Logue finit par établir le 31 mars 1928. La première consultation lui avait coûté 24 livres et 4 shillings ; les autres leçons 172 livres et 4 shillings au total. Logue lui factura également 21 livres pour des « leçons prises pendant le voyage en Australie ». L'addition se monta à 197 livres et 3 shillings – soit un peu plus de 10 000 euros.

Ce voyage en Australie avait été la principale raison de la venue du duc à Harley Street. En janvier suivant, la duchesse et lui devaient embarquer pour un tour du monde de six mois à bord du HMS *Renown,* un croiseur de bataille. Le point culminant serait, le 9 mai, l'inauguration par le duc du nouveau Parlement du Commonwealth à Canberra. L'événement était extrêmement symbolique. Le *Daily Telegraph* affirma que le discours du duc aurait la même importance historique que la proclamation de la reine Victoria en tant qu'impératrice des Indes en 1877. Tous les yeux, mais surtout toutes les oreilles, seraient braqués sur lui, et Bertie ne pouvait se permettre de risquer le même fiasco qu'à Wembley.

Les origines de ce voyage officiel remontaient à un peu plus d'un quart de siècle, et à la transformation de ce qui était les colonies australiennes en États, fédérés en dominion. Le gouvernement de ce dernier et le Parlement auquel il rendait des comptes étaient, à l'origine, installés à Melbourne, dans l'État de Victoria. Mais ce n'était qu'une solution temporaire ; les habitants de Victoria auraient été ravis que leur capitale devienne également la capitale fédérale, mais Sydney, capitale de Nouvelle-Galles du Sud, revendiquait elle aussi cet honneur.

Dix ans plus tard, on avait finalement opté pour un compromis : le gouvernement acheta une zone d'environ 2 300 kilomètres carrés à l'État de Nouvelle-Galles du Sud, qui fut déclarée territoire fédéral et devint le site d'une nouvelle capitale australienne, Canberra. Bien que la Première Guerre mondiale eût freiné le projet, les travaux commencèrent enfin en 1923, et il fut décidé que le transfert des pouvoirs à Canberra et la première session du Parlement fédéral auraient lieu en 1927. Le Premier ministre australien, Stanley Bruce, avait demandé au roi George V d'envoyer un de ses fils présider la cérémonie d'inauguration.

Le prince de Galles, le frère aîné du duc, avait accompli une tournée couronnée de succès en Australie en 1920, et le roi estima que l'heure était venue pour son deuxième fils de s'acquitter d'une mission impériale d'importance. Mais il n'était pas entièrement persuadé que Bertie était à la hauteur – en grande partie à cause de son bégaiement. Bruce aussi avait des doutes : il avait entendu le duc s'exprimer à plusieurs reprises au cours de la Conférence impériale de 1926, et n'en avait guère été impressionné. Bertie lui-même n'était pas sûr de pouvoir supporter le redoutable programme de la visite et les nombreux discours qu'il comportait. De plus, à cause de son long voyage, il serait obligé de laisser la duchesse et leur fille, la princesse Elizabeth, née en avril précédent.

En dépit de ces inquiétudes, le 14 juillet, le gouverneur général envoya un câblogramme au roi demandant au duc et à la duchesse d'inaugurer le Parlement ; cinq jours après, Londres faisait parvenir sa réponse positive.

C'est dans ce contexte que le duc allait rencontrer Logue pour la première fois, trois mois plus tard exactement. Ce qui semble lui avoir donné un véritable coup de fouet psychologique. D'après Taylor Darbyshire, un des premiers biographes du duc, « le plus grand avantage de cette première consultation, c'est qu'elle avait donné au duc l'assurance qu'il pouvait être soigné... Il avait été si souvent déçu auparavant que la découverte que son trouble avait des origines physiques et non, comme il l'avait toujours craint, mentales, modifia ses perspectives, lui redonna confiance et renforça sa détermination[33] ».

C'était une chose d'identifier le problème, mais c'en était une autre de le corriger. Dans les sept mois qui précédèrent le voyage, le duc rencontra régulièrement Logue pendant une heure, à son cabinet de Harley Street ou chez lui, à Bolton Gardens. Il consacrait le rare temps libre que lui laissaient ses fonctions officielles à s'entraîner et à faire les exercices que Logue lui avait prescrits. S'il partait à la chasse, il veillait à rentrer tôt afin de s'acquitter des devoirs de Logue avant le dîner. S'il était en rendez-vous officiel, il s'arrangeait pour obtenir une pause afin d'aller prendre sa leçon.

« Le pays n'a jamais vraiment compris le travail et les efforts que ces sept mois imposèrent au duc », se souvint, des années plus tard, l'ami de Logue, le journaliste John Gordon, du *Sunday Express*. Et enfin, tout ce labeur commença à porter ses fruits : le duc parvint petit à petit à maîtriser ces consonnes difficiles sur lesquelles il butait auparavant. Chaque progrès le poussait à se replonger dans ses exercices avec une détermination accrue.

Un jour, un voisin de Logue, un peu snob, lui adressa une lettre où il le priait de demander à son visiteur de ne pas garer sa voiture devant chez lui. Quand l'Australien rétorqua qu'il dirait au duc de mettre sa voiture ailleurs, le ton du voisin changea du tout au tout. « Oh non, je vous en prie, je serais ravi que le duc continue de la laisser là. »

Quelques semaines avant la date officielle de son départ, les capacités d'élocution du duc furent mises à l'épreuve. La Pilgrims Society, club ayant pour objectif de favoriser les relations anglo-américaines, souhaitait organiser un dîner d'adieu en son honneur. Ses membres, rassemblant politiciens, banquiers, hommes d'affaires, diplomates et autres personnalités influentes, étaient habitués à entendre quelques-uns des meilleurs orateurs du monde. À cette occasion, lord Balfour, qui avait été Premier ministre près de vingt ans plus tôt, présiderait, et certains des plus brillants rhéteurs de Grande-Bretagne comptaient prendre la parole. En bref, l'affaire aurait été rude même pour le plus doué des intervenants, pour ne rien dire de quelqu'un qui avait toujours du mal à prononcer le son « k ».

Le duc décida de relever le défi de front. Il prépara et révisa lui-même son discours et, le jour du banquet, interrompit sa partie de chasse pour une ultime répétition avec Logue. La réputation du duc était telle que l'assistance ne s'était attendue qu'à quelques mots hésitants. Au lieu de cela, ils se retrouvèrent face à un hôte souriant et sûr de lui qui, sans être un grand orateur, s'exprima avec une assurance et une conviction étonnantes. Comme le dit Darbyshire, « ceux qui étaient présents à ce dîner n'oublieront pas de sitôt la surprise qui leur a été réservée ».

Bien qu'ayant généralement évité la question sensible des difficultés d'élocution du duc, les journaux s'avouèrent eux aussi surpris de son succès. « Le duc d'York progresse rapidement en tant qu'orateur, commenta l'*Evening News* le 27 décembre. Sa voix porte bien, la voix de la famille, on ne saurait s'y méprendre. Il reste encore trop attaché à ses notes pour donner une impression de liberté, mais il n'en est pas moins princier. » Un autre quotidien ajouta : « Tout le monde est au fait des difficultés qu'il éprouve à s'exprimer. Il a pratiquement surmonté sa gêne, et comme l'a souligné son secrétaire particulier de longue date, sir Ronald Waterhouse, alors que l'assemblée se dispersait : "N'a-t-il pas été merveilleux ! C'est le meilleur discours qu'il ait jamais prononcé". »

Le duc révéla plus tard qu'il avait traité ce discours comme un véritable test des progrès accomplis sous la direction de Logue et que, en s'en tirant avec un tel brio, il avait franchi un cap dans sa carrière ; enfin, son handicap semblait appartenir au passé[34].

Les défis qui attendaient le duc au cours de sa tournée étaient cependant d'une tout autre nature. Il aurait voulu avoir son professeur à ses côtés, mais Logue refusa, rappelant que la capacité à se débrouiller seul était une part importante du traitement. On fit pression sur Logue, mais il refusa de changer d'avis, déclarant que cela serait une « erreur psychologique ».

Le duc, apparemment, ne lui en voulut pas – preuve, semble-t-il, qu'il comprenait lui aussi que son autonomie était essentielle. La veille du voyage, il écrivit : « Mon cher Logue, je me dois de vous dire à quel point je vous suis reconnaissant de tout ce que vous avez fait pour m'aider avec mon défaut d'élocution. Je pense sincèrement que vous m'avez vraiment donné les moyens de le surmonter et que si je continue vos exercices et à suivre vos instructions, je ne régresserai pas. Je pars de toute façon avec confiance. Une fois encore, tous mes remerciements[35]. »

Le *Renown,* emportant le duc et la duchesse, quitta Portsmouth le 6 janvier 1927. Le roi et la reine les avaient accompagnés à la gare Victoria. La séparation était d'autant plus triste qu'ils avaient dû dire au revoir à leur petite Elizabeth. « C'est le cœur lourd que je suis partie jeudi, et le bébé était si mignon quand elle jouait avec les boutons de l'uniforme de Bertie que j'en ai été très secouée », écrivit la duchesse à la reine[36]. Au long de leur périple, ils reçurent régulièrement des lettres leur rapportant les progrès de leur fille, ce qui les consola un peu de leur absence.

Bertie était également accablé par le sérieux de ses responsabilités officielles. Vingt-six ans plus tôt, son père, alors duc de Cornouailles et d'York, avait inauguré la fédération en ouvrant la première session du Parlement du Commonwealth à Melbourne. C'était maintenant au tour de son deuxième fils de suivre ses traces. « C'est la première fois que vous m'envoyez en mission en rapport avec l'Empire et je peux vous assurer que je ferai tout mon possible pour en faire le succès que nous espérons tous », écrivit-il à son père[37]. Décidé à s'acquitter au mieux de sa tâche, Bertie répéta les exercices que Logue lui avait préparés. Avec une énergie considérable, il s'appliqua à suivre son programme, alors que beaucoup de membres de son entourage profitaient de la chaleur tropicale pour se reposer.

Ils naviguèrent vers l'ouest, faisant escale à Las Palmas, en Jamaïque et au Panama. Dans une lettre démonstrative datée du 25 janvier et envoyée de Panama, le duc décrit comment il pratiquait ses exercices de lecture et les trois brefs discours qu'il avait tenus – un en Jamaïque et deux au Panama –, qui s'étaient tous bien passés en dépit de la chaleur étouffante.

> Depuis que je suis ici [...] je n'ai pas buté une seule fois sur un seul mot dans une conversation. Et quel que soit mon interlocuteur. Il m'est difficile de m'organiser pour ma lecture quotidienne, mais j'y parviens de temps à autre, surtout après la gymnastique, quand je suis hors d'haleine. Ce qui ne me dérange d'ailleurs pas.
>
> Je dois avouer que vos enseignements m'ont donné une grande confiance, et tant que je peux continuer et y penser tout le temps pendant les prochains mois, je suis sûr que vous constaterez que je n'ai pas régressé. Je ne pense plus à ma respiration ; cette fonction est solide, et même par gros temps, elle reste ferme quand je parle. Je m'efforce d'ouvrir la bouche, et j'ai en tout cas le sentiment qu'elle s'ouvre plus qu'avant. Vous vous souvenez de ma peur du toast au roi. Je m'en

acquitte tous les soirs au dîner à bord. Cela ne me cause plus aucun souci.

La lettre, manuscrite comme à son habitude, était signée : « Très sincèrement vôtre, Albert[38]. »

Patrick Hodgson, le secrétaire particulier du duc, tint lui aussi à assurer Logue des progrès réalisés par son élève. « Juste quelques lignes – par un temps très chaud – pour vous faire savoir que S.A.R. est en grande forme et qu'il entretient soigneusement l'amélioration de son discours, écrivit-il à la mi-février depuis le croiseur, au large des Fidji. Il a tenu de très bons discours à la Jamaïque et au Panama, et si, peut-être, il hésite un peu plus que quand vous êtes là, il est plein de confiance et dans l'ensemble, bien mieux que je ne le pensais en votre absence[39]. » Hodgson conclut en promettant d'écrire encore quand le duc se serait exprimé un peu plus en public.

Puis ils poussèrent plus à l'ouest vers la Nouvelle-Zélande. Le 22 février à l'aube, sous une pluie battante, ils franchirent la passe menant à la baie de Waitemata et au port d'Auckland. Les discours si redoutés l'attendaient. Bertie dut en prononcer trois. « Le dernier à la mairie était fort long, et je peux vous dire que j'ai été vraiment satisfait de la façon dont je m'en suis acquitté, car j'étais tout à fait confiant en moi-même et je n'ai pas du tout hésité, écrivit Bertie à sa mère cinq jours plus tard depuis Rotorua. Les enseignements de Logue fonctionnent toujours, mais bien sûr, quand je suis fatigué, cela reste un souci pour moi[40]. » Les semaines qui suivirent furent un tourbillon de dîners, de réceptions, de garden-parties, de bals et autres fonctions officielles dont le duc se tira avec distinction. Il n'eut qu'une contrariété quand, le 12 mars, la duchesse souffrit d'une angine et, sur le conseil de ses médecins, dut revenir à Wellington pour se reposer à Government House.

Le duc envisagea immédiatement d'annuler la deuxième partie de sa tournée sur l'île du Sud pour rentrer à Wellington avec elle. D'une nature extrêmement timide, il en était venu à dépendre énormément du soutien de son épouse. La duchesse suscitait un tel enthousiasme de la part des foules – avant-goût de ce que connaîtrait la princesse Diana plus de cinquante ans plus tard quand elle se rendrait en Australie et en Nouvelle-Zélande avec le prince Charles – que Bertie était convaincu que c'était elle que le public voulait voir en réalité.

Il tint cependant bon, et fut agréablement surpris en retour. Impressionnées par son sens du sacrifice, les foules lui réservèrent un accueil particulièrement chaleureux tandis qu'il poursuivait seul son voyage. Quand il retrouva la duchesse sur le *Renown* le 22 mars, il pouvait être fier de ce qu'il avait accompli, sans même qu'elle soit à ses côtés.

Mais c'était en Australie que l'attendait le plus grand des défis, quatre jours plus tard, quand ils débarquèrent sous un soleil radieux dans le port de Sydney. Bertie, apparemment, n'avait pas peur de l'épreuve qui s'annonçait. « J'ai désormais une grande confiance en moi et je ne broie plus du noir avant un discours comme autrefois, écrivit-il. Je sais quoi faire maintenant, et le fait de le savoir m'aide constamment[41]. »

Pendant les deux mois suivants, au cours desquels le couple se déplaça d'un État à l'autre, les événements se succédèrent, à commencer, bien sûr, par les discours. Un des moments les plus forts, sur le plan émotionnel, fut le discours que le duc dut tenir à Melbourne le 25 avril, pour commémorer l'Anzac Day, marquant le douzième anniversaire des débarquements de Gallipoli. Il s'en tira avec les honneurs.

Puis, le 9 mai, ce fut le clou de la tournée : l'inauguration du Parlement. Nerveux, le duc avait passé une mauvaise nuit, et il avait de lui-même accru son fardeau en proposant de prononcer un discours supplémentaire. On attendait un public si nombreux qu'il avait décidé de faire une courte déclaration à la foule à l'extérieur, au moment d'ouvrir avec une clé d'or les grandes portes du nouveau Parlement. Dame Nellie Melba entonna l'hymne national ; les troupes défilèrent tandis que des avions survolaient la scène en grondant – l'un d'entre eux, d'ailleurs, s'écrasa à un kilomètre et demi de la tribune, et le pilote fut tué. Mais malgré la présence de près de vingt mille personnes (tandis que, selon les estimations, deux millions d'autres l'écoutaient à la radio), le duc parvint à dominer ses nerfs. Ce fut, transmit au roi le général lord Cavan, son chef de cabinet, « un formidable succès et l'idée en revient uniquement à S.A.R.[42] ».

Quand il entra dans la petite salle du Sénat pour son discours officiel aux membres des deux Chambres, le duc fut aussitôt frappé par la chaleur, qui s'intensifia quand on alluma les lumières pour les photographes et les caméramen, dont les films seraient distribués par Pathé dans les salles de cinéma en Grande-Bretagne. « La lumière était si forte qu'elle a augmenté la température du Sénat de 18 à 26 degrés en vingt minutes, malgré le fait que, sur requête expresse, un tiers des lampes avaient été éteintes », rapporta Cavan[43]. Et pourtant, le duc continua, s'acquittant de ce que tous les membres de l'assistance considérèrent comme une remarquable prestation.

Au déjeuner officiel, les cinq cents invités se joignirent au duc pour un toast à son père, avec de l'orangeade et de la limonade – la loi interdisait toute consommation d'alcool à Canberra. Cette abstinence forcée ne suffit pas à ternir le sentiment de fierté et de soulagement du duc. On le perçoit dans une lettre qu'il envoya à son père, et où il loue l'aide que lui avait apportée Logue. « Je n'étais pas tellement nerveux quand j'ai fait le discours, parce que celui que j'avais tenu dehors s'était déroulé sans anicroche, et je n'ai pas hésité une seule fois, écrivit-il. J'étais soulagé, car je continue d'avoir peur de parler en public, bien que les leçons de Logue aient vraiment fait des miracles pour moi puisque je sais maintenant comment éviter et surmonter toute difficulté. J'ai tellement plus confiance en moi désormais, ce qui vient, j'en suis sûr, de ma capacité à enfin m'exprimer correctement[44]. » Le duc veilla également à faire savoir à Logue à quel point il était reconnaissant : le soir du discours, Hodgson envoya à son professeur un télégramme à son domicile de Bolton Gardens qui disait simplement : « Discours de Canberra grand succès tout le monde satisfait[45]. »

Le 23 mai, le duc et la duchesse reprirent enfin la mer pour rentrer en Grande-Bretagne, les oreilles résonnant encore de multiples félicitations. « Son Altesse Royale a profondément touché le peuple par sa jeunesse, sa simplicité et son port naturel, déclara au roi sir Tom Bridges, gouverneur d'Australie du Sud, tandis que la duchesse a été universellement saluée, et qu'elle nous laisse en charge d'un continent amoureux d'elle. Cette visite a fait plus de bien que nous ne saurions le dire, et a assurément retardé de vingt-cinq ans l'horloge de la désunion et de la déloyauté, du moins en ce qui concerne cet État[46]. »

L'aventure n'était pas encore tout à fait terminée. Trois jours après avoir quitté le port de Sydney, alors que le *Renown* faisait route dans l'océan Indien, un grave incendie se déclara dans une des salles des chaudières et manqua se communiquer à toutes les réserves de combustible du bâtiment. Le sinistre fut rapidement maîtrisé, mais il fut si sérieux qu'on envisagea un temps d'abandonner le navire.

Le duc et la duchesse débarquèrent à Portsmouth le 27 juin, ce qui donna aux gens du cru l'occasion de constater les progrès de Bertie lors d'un discours qu'il tint en réponse aux salutations du maire. Basil Brooke, contrôleur des comptes du duc, était présent, et il écrivit à Logue pour lui dire à quel point il avait été « vraiment impressionné » par ce qu'il avait entendu. « Il n'y a eu pratiquement aucune hésitation et j'ai trouvé cela franchement merveilleux, précisa-t-il. Je me suis dit que vous seriez heureux de le savoir[47]. »

Si les trois frères du duc l'accueillirent à Portsmouth, le roi et la reine les attendirent, son épouse et lui, à la gare Victoria. Pendant leur voyage de six mois, le couple royal avait parcouru plus de 45 000 kilomètres sur mer et plusieurs milliers sur terre. Ils avaient été reçus chaleureusement partout, preuve du respect que la monarchie inspirait encore tant en Australie qu'en Nouvelle-Zélande, et il ne faisait aucun doute que, par leur présence, ils avaient encore renforcé cette dévotion envers la Couronne et l'Empire.

De façon tout aussi importante, la tournée avait insufflé au duc une nouvelle confiance en ses propres capacités. Il était pleinement conscient du fait que sa prestation avait amélioré son image aux yeux du roi. Les conversations avec son père ne lui paraissaient plus aussi intimidantes qu'autrefois. « Je ne dois pas me vanter, et je préfère toucher du bois en écrivant ceci, mais je n'ai pas connu un moment difficile depuis que je suis en Écosse, écrivit-il à Logue le 11 septembre depuis Balmoral. Ici, j'ai beaucoup parlé avec le roi et je n'ai aucun problème. Et je peux aussi obtenir qu'il m'écoute, sans avoir à me répéter systématiquement[48]. » Le duc ajouta qu'il avait également rapporté au médecin du roi, lord Dawson de Penn, comment il était traité par Logue et qu'il avait pu constater la différence sur-le-champ. Et le duc de conseiller au médecin d'adresser tous ses patients bègues à Logue « et à personne d'autre[49] !!! ».

Lors d'un déjeuner à Mansion House, que la City donna pour fêter son retour, le duc parla pendant une demi-heure de façon plaisante, fluide et avec beaucoup de charme, narrant ses expériences pendant son voyage. Logue se dit que son patient non seulement était en train de surmonter ses problèmes, mais qu'il devenait même vraiment un orateur de premier rang. Cependant, aussi considérables qu'aient pu être les progrès accomplis en Australie, Bertie savait qu'il lui fallait encore travailler sur son bégaiement et ses discours en public. Aussi, quelques jours après son retour à Londres, il reprit ses visites régulières à Harley Street.

Lors des séances qui suivirent, le duc s'escrima sur les exercices de diction que Logue lui préparait, comme « Courons cueillir les coquets coquelicots avec la gaie brigade des grands dragons » et « De ses ciseaux, elle se saisit sans stupeur de six chardons ». Malgré l'énorme gouffre social qui les séparait, leur relation, de professionnelle, devint amicale, aidée en cela par le style franc et ouvert de l'Australien.

« La caractéristique la plus marquante des deux années que S.A.R. a passées avec moi est son énorme capacité à travailler, déclara Logue à Darbyshire, le biographe du duc. Dès que sa situation a commencé à s'améliorer, il a visualisé ce que serait une élocution parfaite, et il ne se satisfera que de cet idéal. En deux ans, il n'a pas raté un seul de nos rendez-vous – un record dont il peut à juste titre être fier. Il a compris que la volonté de guérir ne suffit pas, mais qu'elle nécessitait de l'acharnement, un dur labeur et des sacrifices, auxquels il a consenti sans rechigner. Aujourd'hui, il a atteint son "Paradis" de satisfaction et de confiance en sa propre diction. »

La duchesse aussi jouait un rôle important, quoique discret, en encourageant son mari. Si cela avait lieu essentiellement en privé, il était parfois donné à certains de s'en apercevoir en sa présence. Ainsi, un jour, le duc se leva pour prendre la parole après un déjeuner, et sembla plus à la peine que d'ordinaire. Il était sur le point d'abandonner quand les convives virent la duchesse tendre la main et lui serrer les doigts, comme pour l'encourager à poursuivre. Ce qu'il fit, comme toujours.

Chapitre six

En habit de cour, avec des plumes

Une foule impatiente attend devant les grilles
de Buckingham Palace

Les voitures étaient alignées pare-chocs contre pare-chocs, presque tout le long de l'avenue du Mall qui mène à Buckingham Palace. C'était le soir du 12 juin 1928, et un petit groupe de femmes, habillées sur leur trente et un, avec plumes et perles, allaient être présentées au roi George V et à la reine Mary. La plupart appartenaient aux classes supérieures de la société anglaise ; parmi elles se trouvait aussi Myrtle Logue.

C'était là un insigne honneur, mais aussi l'un des avantages dont jouissait désormais Lionel grâce à son travail. Le 20 décembre 1927, Patrick Hodgson, le secrétaire particulier du duc, avait écrit pour les informer que, dans l'année à venir, Myrtle serait présentée à l'une des séances de la Cour par l'épouse de Leo Amery, secrétaire des dominions. Le 28 mai arriva la « convocation » tant attendue du lord chambellan, les conviant à la première des deux séances royales qui se dérouleraient ce mois-là à Buckingham Palace.

Le carton stipulait que les dames devaient venir « en habit de cour, avec plumes et traîne » ; les messieurs qui les accompagnaient seraient vêtus en « habit de cour intégral ». La tenue de Myrtle était tout à fait adaptée : une robe de satin parcheminé sur du crêpe Georgette rose pâle, avec des bretelles en strass et une traîne d'étoffe argentée, reliée avec du tulle rose passant sur son épaule gauche pour se fixer sur son sein avec une boucle de diamant et se draper dans son dos jusqu'à sa hanche droite, où une autre boucle de diamant retenait le tout.

Six heures venaient de sonner lorsqu'elle s'engagea avec Lionel sur le Mall ; mais ils firent presque du surplace jusqu'à 20 h 30 quand, une à une, les voitures commencèrent à avancer doucement vers Buckingham Palace, où ils n'arrivèrent qu'à 21 heures. La cérémonie était censée commencer à 21 h 30. L'émerveillement que ressentait Myrtle face à cette grande occasion était teinté de la frustration d'avoir attendu si longtemps et d'avoir dû subir cette épreuve inattendue.

« L'attente sur le Mall était terrifiante, écrivit-elle lors d'un compte rendu de la journée, publié plus tard dans un journal australien. Cette "populace" qui se précipitait sur le marchepied de la voiture pour voir quelles chaussures nous portions ! C'était vraiment épouvantable, tous ces millions de gens, et si on avait le malheur de jeter un coup d'œil dans la rue, on se retrouvait à dévisager des jeunes hommes, ou même des messieurs plus âgés, qui suivaient dans leurs voitures et lorgnaient dans les nôtres. Heureusement que Lionel était avec moi, sinon je serais morte de peur et de colère. »

À 21 heures, on les laissa enfin entrer dans la somptueuse antichambre du palais, où le défilé de plumes, de voiles de tulle et de bijoux offrait un spectacle inoubliable. Après une nouvelle attente, d'environ une heure cette fois, le lord chancelier vint les chercher ; les hommes partirent patienter dans une autre antichambre, et les femmes se mirent en rang, leurs traînes jetées sur les épaules. Lorsqu'elles entraient dans la salle du Trône, les deux écuyers s'emparaient brusquement de leur traîne et les disposaient au sol en murmurant : « Une révérence pour le roi, une pour la reine. » L'une après l'autre, les dames entendirent leur nom annoncé, d'une voix si tonitruante qu'elles en sursautaient presque ; elles s'inclinaient alors devant le roi sans un sourire. Il répondait avec un hochement de la tête en considérant sérieusement chaque femme qui passait, et la reine faisait de même.

Puis, dans une grande fanfare de trompettes, tout fut terminé. Les messieurs qui se trouvaient dans la chambre à coucher en sortirent à reculons, bâton officiel en main ; le roi et la reine, accompagnés des pages qui transportaient leurs traînes, saluèrent à droite et à gauche tandis que les femmes tombaient à genoux dans une révérence et que les hommes se mettaient au garde-à-vous, têtes inclinées. Plus tard, Lionel et Myrtle, épuisés, regagnèrent les salles à manger, où l'on distribuait du poulet et du champagne. Après avoir posé pour les photographes, ils reprirent le chemin de la maison. « Je n'aurais jamais cru que ce serait une telle épreuve », raconta Myrtle, même si elle écrivit un mot à Hodgson pour le remercier de cette agréable soirée. Le 26 juillet, il les invita tous les deux à une garden-party.

À cette époque, le couple acheta un petit pavillon de vacances, Yolanda, sur l'île Thames Ditton, située sur la Tamise. Il était entouré de roses, et la pelouse s'avançait jusqu'au bord de l'eau. « Lionel a besoin d'un endroit paisible pour se reposer au printemps et en été, et nous en avions assez d'emmener les enfants sur le continent pendant un mois, où nous manquions la plus agréable des saisons en Angleterre ; alors nous avons décidé d'y rester pendant l'été, expliqua Myrtle. L'endroit est adorable ! Nous y sommes descendus toutes les semaines au printemps et en été. Nous pêchons, nageons, naviguons et "paressons" ; nous nous y plaisons beaucoup. »

Dans les mois qui suivirent, les journaux britanniques publièrent de plus en plus d'articles sur les progrès effectués par le duc ; Logue les découpait tous, et les collait dans un gros album vert qui est toujours resté dans la famille.

En rendant compte de la présence du duc à un repas organisé visant à collecter des fonds pour l'hôpital pour enfants de la reine, à Mansion House, le journal *The Standard* remarqua, le 12 juin 1928 : « Le duc a grandement progressé en tant qu'orateur, il ne marque presque plus d'hésitations. Son appel à aider les enfants témoignait d'une réelle éloquence. » Un journaliste du *North-Eastern Daily Gazette* aboutit à la même conclusion le mois suivant, après un discours prononcé par le duc lors d'un autre événement organisé pour l'hôpital, au Savoy cette fois. « L'un dans l'autre, je me demande si ses discours ne sont pas aussi bons que ceux du prince de Galles. Et ce n'est pas peu dire. Le duc a appris les deux plus grandes leçons d'un orateur : le mot d'esprit, et la brièveté. À ce dîner, il a osé une comparaison assez intéressante : il espérait que les intervenants suivants auraient l'effet d'une plumeuse électrique qu'il avait vue récemment à une foire agricole : cet appareil dépouillait un poulet de toutes ses possessions extérieures en un rien de temps. »

En octobre, l'*Evening News* broda sur le même thème : « Le duc d'York est de plus en plus à l'aise en public. Il est visiblement plus sûr de lui qu'il y a deux ans, et même qu'il y a quelques mois. Un entraînement continu se remarque lorsqu'on prend la parole en public. » Le *Daily Sketch* était impressionné par le fait que le duc se libérait « de plus en plus de ce défaut d'élocution qui avait jusqu'ici empêché d'apprécier à sa juste valeur son vrai don pour les phrases finies et pertinentes ». En écoutant la « musique » présente dans la voix du duc lors d'un discours donné au Stationer's Hall, un journaliste du *Yorkshire Evening News*, qui avait l'imagination plus fertile, se rappela d'autres exemples de grands orateurs ayant dû surmonter des difficultés similaires : « J'ai pensé à Démosthène et à sa victoire sur ses lèvres hésitantes ; à la conquête personnelle de M. Churchill ; à M. Disraeli, dont la première allocution avait été une humiliation ; à M. Clynes, qui, lorsqu'il était adolescent, se rendait dans une carrière pour s'entraîner à l'art du discours[50]. »

Tandis que les journalistes prenaient note des progrès d'élocution du duc, la façon dont il s'y était pris (et le rôle joué par Logue) demeurait un mystère pour ceux qui l'écoutaient parler, ce qui ne manquait pas d'amuser son enseignant. Dans un autre article de l'époque, intitulé « Comment le duc d'York s'est entraîné tout seul à bien parler », Logue a souligné les mots « s'est entraîné tout seul ». Dans un bref article du 28 novembre 1928, le *Star* attribua à l'écuyer du duc, le commandant Louis Greig, la victoire de Bertie sur sa « vieille difficulté à s'exprimer » ; Greig était devenu un ami intime dès leur première rencontre, près de deux décennies plus tôt, alors qu'il était assistant du médecin militaire à l'école navale d'Osborne.

Cependant, compte tenu du nombre de visites rendues par le duc à Harley Street et de la fréquente présence de Logue à ses côtés, ce ne serait qu'une question de temps avant que le secret ne soit dévoilé. Le 2 octobre 1928, Logue reçut une lettre de la part de Kendall Foss, correspondant au bureau londonien de l'United Press Associations, l'agence de presse américaine.

> Cher monsieur, commençait Foss, écrivant du bureau de l'agence sur Temple Avenue, à l'est de Londres,

Je crois savoir que vous êtes en possession des faits concernant la guérison du défaut d'élocution du duc d'York.

Si diverses informations circulent à ce sujet à Fleet Street, j'aimerais, naturellement, connaître la vérité avant de l'imprimer.

Par respect envers Sa Majesté, je vous écris pour prendre rendez-vous, dans l'espoir que vous aurez la bonté de nous communiquer les faits afin de publier un article exclusif aux États-Unis.

Dans l'attente d'une réponse favorable de votre part,

Kendal Foss, pour l'*United Press.*

Logue semble avoir appelé Hodgson pour lui demander son avis, mais on lui aurait répondu qu'il était « en vacances, perdu quelque part sur le continent ». Au cours des jours suivants, Foss passa quelques coups de fil à Harley Street ainsi qu'à Bolton Gardens. Le 10 octobre, Logue, exaspéré, lui écrivit une lettre : « Tout en vous remerciant pour votre courtoise missive du 2 octobre, il m'est tout à fait impossible de vous fournir des renseignements à ce sujet. »

Sans se laisser décourager pour autant, Foss poursuivit ses recherches. Son article finit par paraître le 1er décembre 1928, en première page du *Pittsburgh Press* et dans un certain nombre d'autres journaux américains. « Le duc d'York est l'homme le plus heureux de tout l'Empire britannique, commençait-il. Il ne bégaie plus… Le secret de son défaut d'élocution était bien gardé. Il en souffrait depuis l'enfance, et suit un traitement depuis deux ans, qui s'est révélé concluant. Pourtant, cette histoire n'a jamais été publiée au Royaume-Uni. » Le compte rendu qui suivait avait été, d'après Foss, « seulement obtenu après les enquêtes et investigations les plus minutieuses. En Grande-Bretagne, presque personne ne semble avoir été capable de nous renseigner ».

Foss raconta alors l'histoire de Logue, exposa ses techniques et comment il en était venu à travailler avec le duc. Il fit aussi remarquer que, dans le passé, quand le couple royal arrivait quelque part, la duchesse faisait un pas en avant pour parler à la place de son mari et lui épargner ainsi la gêne d'une hésitation. Désormais, dit-il, « elle reste en arrière, observant timidement l'homme dont elle est si manifestement fière ».

Selon lui, Logue aurait confirmé que le duc était son patient, tout en décrétant que le protocole professionnel lui interdisait d'en dire plus. Le secrétaire particulier du duc s'était montré tout aussi réticent à entrer dans les détails.

Tout cela ne diminua pourtant en rien les éloges du journaliste envers le travail de Logue. « De toute évidence, l'analyse de Logue était correcte, conclut Foss. Ceux qui n'ont jamais entendu le duc parler auparavant ne pourraient jamais soupçonner qu'il a un jour eu du mal à s'exprimer. À l'instar de Démosthène à Athènes, le duc a maîtrisé un handicap et est en passe de devenir un orateur accompli. »

C'en était fini de la discrétion. Le lendemain, le journal de Gordon, le *Sunday Express*, apporta sa propre version des faits… qui fit le tour du monde. « Les milliers de personnes qui ont entendu le duc d'York s'exprimer en public ont constaté la remarquable évolution de son élocution, disait le journal. Le *Sunday Express* peut aujourd'hui révéler le secret qu'il cachait. » L'article proposait ensuite les mêmes informations que celui de Foss, en remarquant comment ce qui était au début un léger bégaiement était devenu un défaut « dont l'ombre menaçante planait sur toute la vie du duc », le laissant littéralement sans voix lorsqu'il rencontrait des inconnus ; il s'était même mis à éviter les conversations.

Malgré son amitié avec Gordon, Logue ne lui en dit guère plus qu'à Foss. « De toute évidence, je ne peux pas parler du cas du duc d'York, ni de celui de tout autre patient, déclara-t-il au journal. Des reporters américains et britanniques m'ont posé des questions à ce sujet plusieurs fois au cours de l'année passée, et tout ce que je peux en dire, c'est que c'est très intéressant. » L'article du *Sunday Express* fut réimprimé et relayé par d'autres journaux, pas seulement en Grande-Bretagne mais ailleurs en Europe, notamment en Australie, où l'on releva la contribution de Logue avec une fierté compréhensible.

Peut-être en raison de cet épisode, le phénomène du bégaiement continua de passionner la presse. En septembre 1929, un débat fit rage dans les pages du *Times* et d'autres journaux nationaux : les scientifiques avaient établi que les femmes y étaient bien moins sujettes que les hommes. Il ne s'agissait pas là d'une « découverte » particulièrement surprenante : ceux qui travaillaient dans le domaine avaient noté depuis longtemps une prédominance de patients masculins. Cela n'empêcha pas les journaux d'y consacrer plusieurs rubriques éditoriales ; les lecteurs y relataient aussi leurs expériences… même s'ils n'étaient pas tous d'accord sur la raison de cet écart entre les deux sexes.

Logue découpait scrupuleusement les articles et les lettres dans les journaux pour les coller dans les pages de son album. Quand le *Sunday Express* lui demanda de se joindre à la discussion, il avança son opinion personnelle. Le numéro du 15 septembre la présenta avec le titre : « Pourquoi les femmes ne bégaient pas. Elles parlent sans écouter ».

« Tout d'abord, les hommes sortent plus souvent dans le monde ; les circonstances les rendent plus conscients de leur pensée, affirmait Logue. Les femmes bavardent souvent ensemble sans se préoccuper vraiment de ce que l'autre raconte. » Quant à celles qui souffraient malgré tout de ce défaut, elles faisaient leur possible pour le cacher, ajoutait-il. Il cita l'exemple d'une patiente de sa connaissance qui voyageait tous les jours du cœur de Londres à Earl's Court, où elle vivait, tout en achetant systématiquement un billet pour Hammersmith, car elle n'arrivait pas à prononcer le son « k » de « Court ». « Une autre s'efforçait toujours de donner la somme exacte pour prendre le bus, afin de dissimuler son problème. »

Le mois suivant, on eut confirmation que le duc avait réussi à maîtriser son bégaiement et pris en assurance, avec la publication d'un livre écrit par Taylor Darbyshire, un journaliste de la Press Association australienne qui les avait accompagnés, lui et sa femme, lors de leur séjour en Australie et en Nouvelle-Zélande. L'ouvrage de 287 pages se présentait comme « la biographie intime et officielle du second fils de Leurs Majestés le roi et la reine, écrite par un homme qui a eu des opportunités spéciales, et publiée avec l'approbation de Sa Majesté Royale » – ce que nous appellerions aujourd'hui une biographie autorisée.

Le livre, largement cité par les journaux, entrait en détail dans chaque aspect de la vie du duc jusque-là. Mais ce furent surtout les pages consacrées à son bégaiement et à son travail avec Logue qui passionnèrent la presse. Avec des gros titres comme « Comment le duc a fini par triompher », « Défaut d'élocution surmonté par son courage » et « L'homme qui a guéri le duc », ils se concentraient sur ce qu'un journal appela sa « lutte de jeunesse pour trouver sa place dans la vie publique ».

Cette fois, comme le duc avait donné son accord pour la publication, Logue s'autorisa à évoquer son rôle dans l'histoire, ainsi que les efforts fournis par son célèbre patient. « La vraie cause de ce problème d'élocution était que son diaphragme ne fonctionnait pas correctement, qu'il était en décalage avec son cerveau et son articulation ; il s'agissait donc d'une raison purement physique, révéla-t-il dans une interview retranscrite dans plusieurs journaux le 26 octobre. Dès qu'il a entamé des exercices vocaux, il y a eu une nette amélioration. »

« Je n'ai jamais eu de patient si constant ni si persévérant, poursuivait Logue. Il n'a jamais manqué un seul rendez-vous, et il m'a dit être prêt à faire n'importe quoi tant que cela le guérirait. » Logue affirma que le duc était désormais délivré de son défaut, « mais [qu']il continu[ait] des exercices physiques pour sa santé ». Le duc, dit-il, était « le patient le plus courageux et le plus déterminé que j'aie jamais eu ».

L'histoire du bégaiement du duc et de l'Australien peu orthodoxe qui le guérissait circula aussi au-delà des îles Britanniques. Le 2 décembre, le magazine *Time* intervint avec un bref article intitulé *Grande-Bretagne : G-G-G-Guérie* : « Pendant de nombreuses années, parler en public avait été une vraie torture pour le duc d'York. Il est bien connu qu'afin d'éviter de prononcer le mot "roi" en anglais, "K-K-K-King", il se réfère généralement à son père comme "Sa Majesté". Les spécialistes, qui avaient à l'esprit l'extrême timidité du duc dans sa jeunesse, se sont efforcés de traiter son bégaiement en se concentrant sur l'aspect psychologique, persuadés qu'il était de nature nerveuse. Les traitements se sont révélés inefficaces, Son Altesse Royale continuait de bredouiller. »

La semaine précédente, la revue avait relaté : « L'Angleterre se réjouit. Le duc est si proche de la guérison qu'il a pu dire “King” sans caquet préliminaire. Parmi les spécialistes, seul le Dr. Logue a su discerner que son problème était de nature physique, non mentale. Il a prescrit des massages et des exercices de la gorge. » On ne saurait trop dire où le magazine avait cru comprendre que Logue était médecin, même si ce titre l'aurait sans doute flatté.

Les progrès du duc se poursuivirent, malgré quelques inquiétudes concernant la santé de son père. En novembre 1928, lors de la commémoration de l'Armistice au cénotaphe de Whitehall, à Londres, le roi avait attrapé un mauvais rhume, qu'il négligea et qui dégénéra en septicémie. De toute évidence, il serait invalide pendant quelque temps, et le 2 décembre, on nomma six conseillers de l'État pour régler les affaires publiques ; le duc en fit partie, ainsi que sa mère et son frère aîné.

Édouard était alors absent, en visite en Afrique de l'Est. Bien que prévenu de l'état de son père, il ne reprit pas la route de Londres immédiatement, à la grande consternation de ses conseillers. Finalement convaincu du sérieux de la situation, il se hâta de rentrer. Pendant le voyage, il reçut une lettre du duc, témoignant du fait qu'en dépit de la grave maladie du roi aucun des deux frères ne s'était départi de son humour pour autant : « Il y a une charmante histoire qui circule dans les quartiers Est de Londres : apparemment, tu te dépêcherais de rentrer au cas où je prendrais le trône en ton absence, si jamais quelque chose arrivait à papa !! On se croirait au

Moyen Âge… » Cette lettre amusa tant Édouard qu'il la conserva et l'intégra à ses Mémoires.

Le roi subit une opération et, s'il fut encore en danger pendant quelque temps, commença à se remettre progressivement l'année suivante. Il faudrait cependant attendre le mois de juin avant qu'il ne recouvre des forces suffisantes pour prendre de nouveau part à des cérémonies publiques. Ces épisodes avaient mis le duc sous tension, en raison de ses inquiétudes pour son père, ainsi que des tâches supplémentaires qu'il devait assumer ; mais il ne se laissa pas démonter pour autant, comme il le révéla dans une lettre envoyée à Logue le 15 décembre 1928, où il le remerciait pour un livre offert pour son anniversaire :

« Je ne sais pas si vous l'avez envoyé pour me rappeler gentiment de passer vous voir plus souvent ou pas, mais votre aimable attention m'a fait plaisir. Comme vous pouvez l'imaginer, ces derniers temps mon esprit a été accaparé par d'autres choses, et d'ailleurs malgré toute cette tension mentale, mon élocution n'en a pas été affectée du tout. Alors tout va pour le mieux[51]. »

Ces livres d'anniversaire allaient devenir une sorte de tradition. Le 14 décembre, où qu'il soit, quoi qu'il fasse, Logue envoyait systématiquement un ou deux volumes soigneusement sélectionnés, et ce jusqu'à la fin de sa vie. Le duc, même après être devenu roi, répondait par une lettre de remerciement écrite de sa propre main, dans laquelle il parlait inévitablement de ses progrès d'élocution et évoquait brièvement les affaires quotidiennes. Logue conserva précieusement chacune de ces lettres, que l'on a retrouvées parmi ses documents.

Chapitre sept

Le calme avant la tempête

Beechgrove, la maison familiale des Logue à Sydenham

Les années 1930 furent en fin de compte la décennie la plus tumultueuse du XXe siècle. Le krach de Wall Street, en 1929, avait mis fin aux Années folles, les précipitant dans la Grande Dépression et entraînant une grande misère économique partout dans le monde. Il contribua à l'ascension d'Adolf Hitler qui, devenu chancelier allemand en janvier 1933, entama le processus qui allait mener au déclenchement de la Seconde Guerre mondiale, six ans plus tard.

Cependant, pour le duc, les six premières années de la décennie passèrent avec une certaine tranquillité. « C'était presque la dernière période d'apaisement qu'il connaîtrait, écrivit son biographe officiel ; un temps marqué par un heureux équilibre entre ses dures tâches au service de l'État, et son existence comblée d'époux et de père[52]. »

Mais de plus en plus, on demandait au duc qu'il joue un rôle dans le fonctionnement de la Couronne. Non content de servir en tant que conseiller d'État pendant la maladie de son père, il l'avait représenté au Danemark, en octobre 1928, à l'occasion des funérailles de Marie Dagmar, l'impératrice douairière de Russie, et en mars de l'année suivante, au mariage de son cousin, le prince héritier Olav de Norvège. Le même mois, il fut également nommé haut-commissaire de l'assemblée générale de l'Église d'Écosse. D'autres tâches et, inévitablement, d'autres discours allaient suivre.

Il y eut des changements aussi sur le plan familial : le 21 août 1930, naquit sa seconde fille, Margaret Rose ; en septembre de l'année suivante, le roi donna à son fils le Royal Lodge, dans le grand parc de Windsor, comme maison de campagne.

En grandissant, les deux princesses devinrent rapidement des stars médiatiques. De chaque côté de l'Atlantique, les journaux et revues abreuvaient leurs lecteurs d'articles et de photographies des deux filles, souvent d'ailleurs avec l'encouragement de la famille royale elle-même, qui n'était pas contre ce genre de publicité. Fait notable, le troisième anniversaire de la petite « Lilibet » – on appelait ainsi Elizabeth dans la famille – fut considéré comme une occasion suffisamment extraordinaire pour lui valoir de faire la couverture du *Time*, le 21 avril 1929, alors que son père n'était même pas héritier du trône.

Pendant ce temps, la situation personnelle de Logue évoluait aussi. En 1932, il quitta Bolton Gardens avec Myrtle pour s'installer sur les hauteurs de Sydenham Hill, un quartier où l'on trouvait essentiellement des villas victoriennes entourées de généreux jardins, et qui offraient de magnifiques vues de la ville. Leur maison, Beechgrove, au 111, Sydenham Hill, une grande demeure des années 1860 peut-être un peu défraîchie, comportait trois étages et vingt-cinq chambres. Elle se trouvait à quelques rues du Crystal Palace, l'immense édifice de verre à la structure métallique qui avait abrité l'Exposition universelle de 1851 ; d'abord érigé à Hyde Park, il avait été déplacé au sud-est de Londres à la fin de l'Exposition. Quand le Crystal Palace fut détruit par un spectaculaire incendie en novembre 1936, attirant des centaines de milliers de personnes, Logue et Myrtle furent aux premières loges.

À l'époque, Laurie était un solide gaillard de plus de vingt ans, qui mesurait près d'un mètre quatre-vingts et avait un physique athlétique hérité de sa mère. Il était parti à Nottingham pour apprendre l'hôtellerie chez Messes Lyons. Son frère, Valentine, étudiait la médecine à l'hôpital St. George, qui se situait alors à Hyde Park Corner ; Antony, le plus jeune, fréquentait Dulwich College, à environ deux kilomètres et demi de là. Il fallait plusieurs serviteurs pour s'occuper de la maison, mais l'espace additionnel fut utile à la famille, qui prit des pensionnaires pour arrondir ses fins de mois.

À la grande joie de Myrtle, la maison était dotée d'environ deux hectares de jardin, avec des rhododendrons et une étendue boisée à l'extrémité qui, si les rumeurs étaient vraies, avait servi à enterrer les morts à l'époque de la peste. Il y avait aussi un court de tennis. En souvenir de sa terre natale, elle réussit à faire pousser des gommiers et des acacias australiens, même si c'était à l'intérieur d'une serre et non à l'air libre, où le climat frais de Londres ne leur aurait pas été des plus profitables.

À l'époque, la relation qu'entretenait Logue avec le duc éveillait en lui des émotions conflictuelles. Comme tout enseignant, il devait ressentir une certaine fierté en constatant ses résultats ; pourtant, plus son élève progressait, moins il avait besoin de ses services. L'orthophoniste s'efforçait néanmoins de maintenir le contact, lui écrivant régulièrement et continuant de lui envoyer ses félicitations, ainsi qu'un livre à l'occasion de son anniversaire. Des lettres rédigées par le duc, ainsi que des brouillons de celles qu'il avait écrites lui-même étaient tous fidèlement collés dans son album-souvenir.

Le 8 mars 1929, par exemple, Logue lui écrivit pour lui demander comment se passaient ses discours : « C'est l'époque où j'enquête auprès de mes patients pour savoir s'ils ont de bons résultats, si leur élocution est satisfaisante et si elle ne leur pose pas de problème. Comme je vous ai toujours traité comme n'importe quel autre patient, j'espère que cela ne vous dérangera pas. » Cinq jours plus tard, le duc répondit que, malgré une épidémie de grippe chez lui, « lors des quelques occasions de prises de parole en public, tout s'est bien passé[53] ».

En septembre, le duc écrivit à Logue du château de Glamis, en réponse à sa lettre de félicitations suite à la naissance de Margaret Rose : « Nous avons attendu longtemps, mais tout s'est très bien déroulé. Ma petite dernière se porte comme un charme, et elle a de bons poumons. Mon épouse va merveilleusement bien, alors je n'ai aucun souci de ce côté. Je m'exprime convenablement ; mes inquiétudes n'ont pas affecté mon élocution. » Puis, en décembre, il y eut les remerciements habituels après son anniversaire pour « le petit "liiivre", qui est parfait à tous égards et ne prend pas de place dans la poche ».

Les conseillers du duc s'intéressaient aussi grandement à son travail avec Logue, comme le révèle cette lettre écrite par Patrick Hodgson, le secrétaire particulier du duc, envoyée le 8 mai 1930 :

> Cher Logue,
>
> Si vous pouviez persuader le duc de discuter davantage lorsqu'il se rend à des fonctions officielles, vous rendriez un grand service. Tout va bien au dîner, mais lorsqu'on lui présente de nouvelles personnes, il se contente de leur serrer la main et de rester parfaitement muet. Je pense que c'est entièrement dû à la

timidité, mais cela fait mauvaise impression sur les inconnus. Je sais qu'il a peur d'aller vers les gens et de ne pas réussir à parler ; mais si vous pouviez le convaincre qu'il lui serait bénéfique de faire cet effort, cela nous aiderait beaucoup, car il sera confronté à de nombreuses situations de ce genre cet été.

Mais en dépit de ses tentatives, Logue voyait le duc de moins en moins souvent ; il exhortait pourtant son patient royal, par lettres interposées, à trouver le temps de venir en consultation. S'il y eut effectivement un rendez-vous en mars 1932, celui-ci n'aurait pas de suite avant deux ans.

« Vous devez vous demander où je suis passé, écrivit le duc le 16 juin 1932 de Rest Harrow, à Sandwich, dans le Kent, où il passait une semaine de détente avec sa famille. Vous vous souvenez qu'en mars, je vous avais fait savoir que j'étais fatigué et que je ne me sentais pas très bien. J'ai vu un médecin qui m'a dit que mes intestins s'étaient affaissés, que mes muscles inférieurs étaient faibles, et que j'étais donc malade. À présent, avec des massages et une ceinture, je vais mieux, mais il faudra du temps pour retrouver une bonne santé. Avant, je me plaignais de ma respiration “trop basse”, comme je l'appelais ; comme ces muscles étaient faibles, j'avais l'impression que mon diaphragme n'était pas maintenu. À présent, je respire plus facilement avec l'aide de la ceinture, et je parle bien mieux avec peu d'efforts. »

Le duc conclut sa lettre en promettant de passer le voir bientôt, tout en l'avertissant qu'il était occupé et que ce ne serait pas possible dans l'immédiat. D'ailleurs, la visite n'eut pas lieu cette année-là, ni la suivante ; comme le duc prenait de l'assurance, leurs séances devenaient moins nécessaires.

En septembre, le duc étudia les immenses progrès effectués depuis ses premières consultations avec Logue. Il avait toujours des appréhensions lorsqu'il devait s'exprimer en public, et parlait lentement et posément, « mais rien n'arrive pendant un discours qui m'inquiète davantage ». Les hésitations aussi étaient moins nombreuses ; Logue lui conseilla de ne plus marquer de temps d'arrêt entre les mots, mais plutôt entre les groupes de mots.

La Grande Dépression commençait à faire des ravages : à la fin de l'année 1930, le chômage en Angleterre avait plus que doublé, passant de 1 à 2,5 millions de sans-emploi, soit l'équivalent d'un cinquième de la population active. Même la famille royale ressentait le besoin de faire des sacrifices (quoique surtout symboliques). L'un des premiers gestes du roi après que Ramsay MacDonald, le chef du parti travailliste, avait formé son gouvernement national en août 1931, fut de réduire la liste civile de 50 000 livres sterling tant que l'urgence se ferait sentir. Pour sa part, le duc arrêta la chasse et ferma son écurie. « Ce fut un grand choc pour moi de me rendre compte qu'avec les restrictions économiques, je devrais apprendre à me passer de la chasse, écrivit-il à Ronald Tree, maître des Pytchley Hounds, dans le Northamptonshire, où il avait chassé lors des deux saisons précédentes tout en louant Naseby House[54]. Et je dois vendre mes chevaux aussi. C'est pire que tout, ce sera terrible de me séparer d'eux. »

Ceux qui, comme Logue, devaient travailler pour vivre, souffraient encore plus. En un temps où tout le monde se serrait la ceinture, les services qu'il proposait n'étaient pas considérés comme indispensables. S'il s'appliquait à ne pas donner l'impression de profiter de ses relations royales, il est certain que celles-ci l'aidèrent néanmoins à garder la tête hors de l'eau en des temps si difficiles. Le duc, grandement reconnaissant envers Logue pour tout ce qu'il lui avait apporté, le recommandait régulièrement à ses amis.

La couverture médiatique dont profita Logue grâce au *Sunday Express* de décembre 1928 semble aussi avoir aidé ses finances, comme il le mentionna dans une lettre adressée au duc en février : « Depuis Noël, j'ai reçu plus de cent lettres de gens partout dans le monde qui me demandent de les prendre comme patients. Certaines sont sur le ton de l'humour, mais toutes font de la peine[55]. » Malgré cette légère reprise, en 1932, la récession économique l'avait sérieusement ébranlé, comme il le confia au duc en janvier : « Cette année a été très dure pour moi, car de nombreuses personnes ont perdu leur emploi. »

Entre-temps, Logue s'était apprêté à ouvrir une nouvelle clinique, projet dont il fit part au duc dans sa lettre annuelle d'anniversaire, en décembre 1932. Bertie ne cacha pas son enthousiasme : « J'ai été très intéressé d'entendre parler de votre nouvelle clinique, répondit-il le 22 décembre. Je pense que vous avez raison de vous lancer seul, et j'ai l'impression que beaucoup de personnes vous connaissent maintenant comme la seule personne capable de guérir durablement les défauts d'élocution. Je parle souvent de vous, et communique votre adresse quand on me la demande. » Le duc termina sa lettre par la formule : « En espérant vous revoir bientôt. »

Mais ce ne fut pas le cas ; en mai 1934, Logue écrivit de nouveau pour déplorer leur manque de contact, tout en le félicitant pour ses progrès vocaux. Une semaine plus tard, le duc répondit : « Je suis désolé de ne pas vous avoir vu depuis si longtemps (deux ans, comme vous le dites), mais j'ai très peu souvent ressenti le besoin de me tourner vers vous. Je sais que c'est ce que vous voulez, mais en même temps je me sens ingrat de n'être pas venu vous voir. » Il continuait ainsi : « Ma ceinture a fait des merveilles au cours de ces deux années, et maintenant je l'ai enfin fait couper sous le diaphragme, ce qui me permet de respirer sans le soutien dont j'avais besoin avant[56]. »

Bien qu'occupé, le duc promit de passer le voir bientôt. « Avez-vous toujours votre cabinet à Harley Street ? Car je pourrais encore gravir ces marches, je crois », écrivit-il.

Ils finirent effectivement par se revoir en 1934, mais ce rendez-vous resta exceptionnel.

Pendant ce temps, Logue continuait d'émerger de l'ombre. Après la parution du livre de Darbyshire, un article parut sur lui dans le quotidien *News Chronicle* du 4 décembre 1930, sous la rubrique *Journal intime d'un homme du monde*. Son auteur, qui signait du pseudonyme Quex, était impressionné par l'aspect juvénile de cet homme qui venait de fêter son cinquante-cinquième anniversaire : « Ses yeux bleus ont l'éclat de la jeunesse. Il a les cheveux épais et brillants, le teint d'un écolier, presque aucune ride sur le visage, et cet éclat qui est plus anglais qu'australien. »

« Eh bien, répliqua Logue. J'avoue pouvoir encore courir plus d'un kilomètre, même si l'idée ne m'enchante guère ; et vous savez, on reste toujours jeune d'esprit quand on se fait des amis fidèles. »

En revenant sur sa carrière, il remarqua : « Ce qu'il y a de vraiment extraordinaire, c'est le nombre de personnes qui n'entendent jamais vraiment leur propre voix. J'ai enregistré une demi-douzaine de patients avec un gramophone. Ils parlent dans le combiné, et quand les voix sont reproduites, il est surprenant de constater combien sont incapables de retrouver le disque qu'ils ont enregistré. De toute évidence, chez l'individu lambda, la mémoire visuelle est plus développée que l'orale. »

Logue prétendait que sa puissance d'observation était telle que, même s'il était hors de portée de voix, il lui suffisait de regarder un groupe de personnes pour savoir lesquelles souffraient de problèmes d'élocution, « du moment qu'elles se comportent normalement, qu'elles ne restent pas immobiles et qu'elles effectuent leurs gestes habituels ».

Logue exposa ses théories plus en détail dans un article paru dans le *Daily Express* du 22 mars 1932. Intitulé « Votre voix est peut-être votre chance », ce texte faisait partie d'une série de « Discussions sur la santé et la maison ». On n'y trouva aucune allusion à sa relation professionnelle avec le duc, mais ses lecteurs devaient certainement être au courant. « Le plus gros défaut de l'élocution moderne est sa rapidité », écrivit Logue.

> On croit à tort que l'activité est synonyme d'accomplissement ; il s'agit en vérité d'un mauvais usage de l'énergie. Elle est l'ennemie de la beauté.
>
> La voix anglaise est l'une des plus belles au monde, mais elle est souvent gâchée par une mauvaise élocution. Peu sont ceux qui saisissent à quel point elle peut être un atout. Gladstone n'a-t-il pas dit : « Le temps et l'argent dépensés dans l'amélioration de la voix rapportent bien plus que tout autre investissement » ?

C'est là une affirmation osée, mais je suis bien de cet avis.

Peu de personnes connaissent leur propre voix, car il est difficile de s'« entendre ». Je conseille donc à tous ceux qui peuvent se le permettre de s'enregistrer. On est souvent surpris, car on n'en a pas l'habitude. Les défauts d'élocution font partie des grands fléaux de la civilisation ; ils sont presque inconnus chez les peuplades indigènes. Les nerfs sont grandement responsables de ces troubles. La voix est une indication certaine, non seulement de la personnalité, mais aussi de la condition physique. J'ai étudié les voix toute ma vie, et je peux distinguer les particularités physiques d'une personne simplement en l'entendant parler, même si je suis dans une autre pièce.

Chaque patient requiert une gestion légèrement différente, ainsi qu'une analyse personnalisée de son état psychologique. Les conditions qui insuffleront suffisamment d'assurance à un homme pour surmonter son défaut pourront faire surgir ce même défaut chez un autre.

Il m'est arrivé d'avoir deux frères comme patients. L'un s'exprimait facilement en famille, mais ne pouvait s'adresser à des inconnus. L'autre n'avait aucun problème avec les personnes qu'il ne connaissait pas, mais du mal avec des amis ou des parents. Tous deux furent guéris grâce à des méthodes différentes, bien que les défauts fussent quasiment identiques. Les hommes ont presque le monopole des problèmes d'élocution. La proportion est d'une femme pour cent hommes.

Lorsqu'une femme a un défaut de ce genre, il est généralement assez important ; mais, si elle s'efforce de le surmonter, elle y arrive presque toujours. Je crois que c'est surtout dû à son pouvoir de concentration qui, je l'ai toujours soutenu, est plus grand que celui d'un homme.

Le bégaiement est l'un des défauts d'expression les plus répandus ; on peut presque toujours le guérir. En fait, sauf dans de rares cas de malformations physiques, la plupart de ces problèmes peuvent être résolus du moment que le patient y est déterminé. Mais, sans cette volonté de s'améliorer, tout traitement est sans espoir. Il m'est déjà arrivé de dire à des patients : « Je ne peux rien faire pour vous », [mais], si le patient coopère, même des cas extrêmes d'aphonie (perte totale de la voix) peuvent être traités.

En 1935, afin d'apporter plus de respectabilité à sa profession, Logue fonda la Société britannique des orthophonistes. Il envoya un exemplaire du bulletin inaugural au duc, qui répondit, enthousiaste, le 24 juillet 1935 : « Je suis si heureux d'apprendre que vous ayez enfin pu concrétiser votre rêve, et j'espère que ce sera un succès. »

L'objectif avoué de la Société était d'« établir la profession d'orthophoniste dans des conditions satisfaisantes en Angleterre et outre-mer, d'améliorer et de maintenir une qualité acceptable de conduite professionnelle, en relation étroite avec la profession médicale ». Plusieurs de ses membres, à l'instar de Logue, étaient des enseignants avec une expérience de praticien privé ; certains travaillaient dans des hôpitaux. Plus tard, la Société allait ouvrir une École hospitalière nationale d'orthophonie où, après avoir passé deux ans à étudier la phonétique, la pédiatrie, l'orthodontie ou les maladies de l'oreille, du nez et de la gorge, les étudiants recevraient le titre d'auxiliaire médical (en orthophonie).

Inévitablement, compte tenu du nombre de personnes atteintes de bégaiement (et du découragement qu'en éprouvent beaucoup à trouver une solution), le domaine attirait de nombreux charlatans désireux de s'enrichir. Le conseil exécutif s'alarma notamment en apprenant l'existence, à l'été 1936, des activités d'un certain Ramon H. Wings, soi-disant « spécialiste de la méthode allemande de traitement du bégaiement et du balbutiement », qui plaçait d'immenses affiches dans les stations de métro, sur les panneaux d'affichage et dans la presse, promettant cours et conseils gratuits. Ses conférences attiraient des auditoires d'un millier de personnes, en quête d'un remède sûr et rapide pour leurs ennuis.

Une fois les patients séduits, on leur offrait une consultation gratuite, puis un forfait de dix cours au tarif de dix guinées. Ils étaient ensuite divisés en groupes de vingt à cent personnes ; après quelques sessions, les meilleurs d'entre eux enseignaient eux-mêmes, et organisaient parfois à leur tour de grandes rencontres publiques, en une sorte d'effet boule de neige. Après les dix cours, Wings déménageait dans une autre ville et recommençait le même processus. L'un dans l'autre, il s'agissait d'une entreprise plutôt lucrative.

Ces promesses d'une guérison rapide irritèrent les membres du conseil exécutif, qui jugeaient que les patients nourriraient ainsi des espoirs irréalistes. Il est vrai que de telles sessions de groupe, menées par un chef charismatique, pouvaient parfois, grâce au pouvoir de la suggestion, entraîner une nette amélioration de « certains cas névrotiques », rendant possibles les témoignages élogieux mis en avant par les publicités. Mais de tels progrès restaient temporaires. Des problèmes comme le balbutiement, le bégaiement, le zézaiement, la fente palatine et le retard de langage ne pouvaient être traités qu'avec le temps, et en consultations individuelles. Le conseil ne s'inquiétait pas seulement pour les patients ; il se faisait aussi du souci quant aux effets d'une concurrence aussi déloyale sur ses propres membres. En effet, la Société leur interdisant toute publicité, ils ne pouvaient se constituer une clientèle que grâce aux recommandations de la profession médicale.

Dans une lettre adressée au sous-secrétaire d'État du département de l'immigration datée du 2 octobre 1936, la Société exigeait d'agir contre Wings. « M. Wings perçoit entre 5 000 et 10 000 livres par an, et la majeure partie de cette somme provient de l'exploitation de personnes crédules et ignorantes, affirmait-elle. Si rien n'est fait pour arrêter rapidement cette concurrence déloyale et réduire le nombre croissant de soi-disant spécialistes offrant des consultations gratuites, les orthophonistes britanniques de notre Société n'auront plus que leur travail bénévole et leurs interventions à l'hôpital. Les patients, déçus par une prétendue guérison, mettent souvent des années avant de faire de nouveau confiance à quelqu'un susceptible de résoudre leur problème. » On ne sait si l'État finit par intervenir.

En décembre de la même année, le duc écrivit de nouveau à Logue, après que celui-ci l'avait félicité pour une de ses allocutions : « Dans l'ensemble, je suis très satisfait des progrès que je continue de faire. Je me donne beaucoup de mal pour répéter mes discours, je dois encore changer quelques mots à l'occasion. Je me défais progressivement de cette "peur" ; parfois, le processus est très lent. Cela dépend vraiment de comment je me sens, et du thème du discours. »

Maintenant que le duc avait accompli autant de progrès, il est possible que Logue, désormais âgé de cinquante-cinq ans, se soit résolu à l'idée que leur travail ensemble était plus ou moins terminé. Mais il aurait eu tort. La vie du duc était sur le point de changer du tout au tout, et celle de Logue aussi.

Depuis la maladie de George V, en 1928, on s'inquiétait pour sa santé ; en février 1935, une récidive de ses ennuis bronchiques nécessita une période de repos à Eastbourne. Le roi se rétablit suffisamment pour prendre part aux festivités de son jubilé d'argent au mois de mai, où il sembla éprouver une réelle surprise face à l'accueil enthousiaste des foules. « Je n'avais aucune idée qu'ils pensaient cela de moi, dit-il en rentrant d'une traversée des quartiers est de Londres. Je commence à croire qu'ils doivent m'aimer pour qui je suis[57]. » Lorsqu'il apparut à Spithead en juillet pour passer la flotte en revue, de nombreuses personnes dans l'assistance furent convaincues qu'il continuerait de régner pendant plusieurs années.

Mais toute amélioration restait relative. Le roi, qui venait de fêter son soixante-dixième anniversaire, était souffrant, et lorsqu'il revint de Balmoral à l'automne, ses proches remarquèrent que sa santé s'était sérieusement dégradée. La mort de sa jeune sœur, la princesse Victoria, au petit matin du 3 décembre, fut pour lui un choc terrible ; fait exceptionnel, il faillit à son devoir et annula la cérémonie d'ouverture du Parlement. À Noël, il se rendit à Sandringham à l'occasion des festivités habituelles et fit son discours à l'Empire, mais les auditeurs perçurent sa santé défaillante.

Le soir du 15 janvier 1936, le roi se rendit dans sa chambre à Sandringham, en se plaignant d'un rhume ; il ne la quitterait jamais plus vivant. Il s'affaiblit de jour en jour, sombrant régulièrement dans l'inconscience. « Je me sens très mal », écrivit-il dans la dernière entrée de son journal intime. Le 20 au soir, ses médecins, sous la houlette de lord Dawson de Penn, publièrent un bulletin dont les paroles allaient devenir célèbres : « La vie du roi tire paisiblement à sa fin. »

Cette fin eut lieu à 23 h 55, à peine une heure et demie plus tard, précipitée par Dawson, qui avoua dans des notes médicales (rendues publiques seulement un demi-siècle plus tard) lui avoir administré une injection létale de cocaïne et de morphine. Il avait agi, apparemment, afin d'empêcher son patient de souffrir davantage et pour épargner trop de tension à la famille, mais aussi dans le but de s'assurer que le décès serait annoncé dans l'édition matinale du *Times* et non dans les « journaux moins convenables du soir ». À Londres, l'épouse de Dawson, contactée par son époux au téléphone, aurait conseillé au quotidien de retarder sa publication. Le lendemain matin, le journal annonça : « Une fin paisible à minuit ».

Le duc était accablé de chagrin. Les conséquences qu'aurait cet événement sur sa propre existence étaient dramatiques. S'il accomplissait déjà sa part de tâches royales, il était jusque-là plus ou moins resté à l'arrière-plan. Maintenant que son frère allait accéder au trône sous le nom d'Édouard VIII, Bertie devenait l'héritier présomptif, ce qui impliquait qu'il devrait s'occuper de nombreuses activités dont s'était chargé Édouard. « Tout ce que nous savions, dans la salle de classe du 145, Piccadilly, c'était que brusquement, nous voyions beaucoup moins le bel oncle David aux cheveux dorés, écrivit Marion “Crawfie” Crawford, la nounou des enfants. Il passait moins souvent pour jouer avec ses nièces. »

Chapitre huit

Les 327 jours d'Édouard VIII

Édouard VIII, au début de son bref règne

Aucun souverain britannique ne fut accueilli avec autant de bienveillance qu'Édouard, le fils aîné de George V, lors de son accession au trône. Que ce soit en raison de son courage, de sa beauté ou de son souci avoué de l'homme (et de la femme) ordinaire, le nouveau roi semblait incarner tout ce qu'il y avait de meilleur au XXe siècle. « Il est doué d'un vrai intérêt… pour toutes sortes de personnes et de situations, et il est riche d'une curiosité qui est aussi admirable que touchante chez tout homme, et inestimable chez un souverain : l'étude du genre humain », s'enthousiasmait *The Times* le 22 janvier 1936. Toutefois, son règne allait durer moins d'un an, et s'achèverait par l'une des plus grandes crises que la monarchie britannique ait jamais dû essuyer, contraignant son jeune frère à accepter un trône dont il n'avait jamais voulu et pour lequel il n'avait pas été préparé.

S'il fut remarqué dès son jeune âge pour son charme et sa beauté, Édouard avait toujours été un jeune homme réservé. Puis, en 1916, quand il eut vingt-deux ans, deux de ses écuyers le présentèrent à une prostituée expérimentée à Amiens qui, d'après un compte-rendu, « balaya d'un geste son extraordinaire timidité[58] ». Dès lors, il sembla s'efforcer de rattraper le temps perdu.

À l'instar de son grand-père, Édouard VII, Édouard adorait la vie nocturne londonienne. Diana Vreeland, une échotière spécialisée dans la mode, qui avait des relations, le qualifia de « prince doré », en déclarant que toutes les femmes de sa génération étaient amoureuses de lui[59]. Édouard ne montra que peu d'intérêt pour les tentatives de ses parents guindés de lui trouver une épouse convenable, et préféra s'adonner à des aventures extraconjugales, dont la plus scandaleuse, qui dura seize ans, fut avec Freda Dudley Ward, l'épouse d'un membre libéral du Parlement. Après avoir mis fin à cette relation en se contentant de ne plus répondre à ses coups de fil, le prince commença à fréquenter Thelma, lady Furness, l'épouse américaine du vicomte Furness, magnat de la navigation, et sœur jumelle de Gloria Vanderbilt. Le couple eut une brève aventure.

C'est dans la maison de son mari, à Burrough Court, près de Melton Mowbray, en 1930 ou 1931 (selon le compte rendu auquel on se fie), que Thelma présenta le prince à son amie intime, Mme Wallis Simpson. Cette élégante trentenaire plutôt séduisante était née Bessie Wallis Warfield en 1896, dans une ancienne famille de Pennsylvanie qui avait connu un revers de fortune, lui laissant des penchants opportunistes. En 1916, à vingt ans seulement, elle s'était mariée avec Earl Winfield Simpson, un aviateur américain ; mais celui-ci étant porté sur la boisson, ils divorcèrent en 1927. Un an plus tard, elle gravit les échelons de la haute société en épousant Ernest Simpson, un homme d'affaires américain installé à Londres qui connaissait du beau monde.

Comme le duc de Windsor s'en souviendrait plus tard dans ses Mémoires, leur relation débuta curieusement. Cherchant un sujet de conversation quelconque, il lui avait demandé si, en tant qu'Américaine, elle souffrait du manque de chauffage central pendant son séjour en Grande-Bretagne. Sa réponse l'avait surpris.

« Je suis désolée, monsieur, avait-elle rétorqué, l'air moqueur, mais vous m'avez déçue.

– Comment cela ? avait répondu le prince.

– Toutes les femmes américaines qui visitent votre pays se voient poser la même question. J'espérais quelque chose de plus original de la part du prince de Galles[60]. »

Son approche directe plut à Édouard, qui passait le plus clair de son temps entouré de flagorneurs. Leur amitié du début se mua en relation amoureuse lorsque Thelma rentra aux États-Unis en janvier 1934, afin de rendre visite à sa sœur. Puis, pendant l'été, le prince invita Wallis et son mari à une croisière à bord du *Rosaura*, un ferry de 700 tonnes converti depuis peu en yacht de luxe par lord Moyne, politicien et homme d'affaires dont la famille avait fondé la compagnie de brassage de bière Guinness. Ernest dut décliner l'invitation, car il partait en voyage d'affaires aux États-Unis, aussi Wallis embarqua seule. C'est là, affirma-t-elle plus tard, qu'elle et le prince « franchirent cette frontière indéfinissable entre l'amour et l'amitié[61] ».

Le fait que le prince de Galles ait une maîtresse, une Américaine mariée qui plus était, ne posait pas vraiment problème, car les mentalités avaient évolué depuis l'époque où le futur Édouard VII courait les jupons dans tout Londres. Du moment qu'elle restait l'amante. Mais Édouard semblait peu enclin à distinguer, comme son prédécesseur, les femmes susceptibles de partager son lit et celles provenant d'un milieu propice à en faire des reines. Des ennuis se profilaient à l'horizon.

Après son couronnement, la popularité d'Édouard grandit, ainsi que son amour de tout ce qui était moderne et en vogue. Au sud du pays de Galles, lors d'une visite dans des villages d'exploitation houillère particulièrement frappés par la Grande Dépression, il charma la foule en déclarant qu'il fallait « faire quelque chose ». Ses proches furent moins éblouis : il congédia de nombreux officiels du palais qu'il considérait comme les symboles d'un ordre ancien, et aliéna beaucoup de ceux qui restaient en réduisant leurs salaires afin d'équilibrer les finances royales… tout en dépensant des sommes astronomiques dans l'achat de bijoux pour Wallis chez Cartier et Van Cleef & Arpels.

Édouard était souvent en retard à ses rendez-vous, qu'il annulait même parfois à la dernière minute, ce qui avait le don d'exaspérer les ministres. Les fameuses boîtes rouges, qui contenaient les documents de l'État sur lesquels les monarques étaient censés travailler respectueusement, étaient rendues en retard, et les documents n'avaient souvent pas été lus ou étaient marqués de taches de verre à whisky. Pour la première fois, le ministère des Affaires étrangères dut filtrer les documents qu'il lui envoyait. Édouard en eut vite assez de ce qu'il décrivait comme « la corvée incessante du quotidien d'un roi » ; l'avertissement de George V selon lequel, en tant que monarque, son fils aîné « s'effondrerait en un an » commençait à prendre la valeur d'une prophétie.

Le roi était distrait, et la source de sa distraction n'était pas difficile à deviner. Pourtant, il se trouvait face à une sérieuse impasse : Wallis Simpson n'était pas prête à partir ; et de toute façon, il ne l'aurait pas laissée faire. Cherchant à résoudre la quadrature du cercle, on évoqua la possibilité d'en faire la duchesse d'Édimbourg, ou de contracter un mariage morganatique, à savoir une union où aucun des titres et privilèges du mari ne seraient transmis à la femme ni aux enfants, même si ce genre d'union n'avait encore jamais eu lieu en Grande-Bretagne. On suggéra aussi qu'Édouard laisse son destin entre les mains de son pays, ce qui ne manqua pas d'affoler les partis politiques[62].

Stanley Baldwin, le Premier ministre conservateur, ainsi que d'autres membres du monde politique jugeaient que Mme Simpson n'avait pas l'étoffe d'une reine, et ils craignaient que les gouvernements des dominions ne soient du même avis. En tant que chef de l'Église d'Angleterre, Édouard ne pouvait épouser une femme déjà divorcée deux fois et dont les ex-maris étaient toujours en vie. La rumeur circulait qu'elle exerçait un contrôle sexuel sur lui ; on suggéra qu'elle n'avait pas un, mais deux autres amants, en plus d'Édouard. Certains avancèrent même qu'elle était un agent nazi.

Tant que Wallis était mariée à Ernest, la liaison restait de l'ordre du scandale, et on évitait la crise politique ou constitutionnelle. Mais les affaires progressaient de ce côté-là aussi. Bien qu'il y eût peu de doutes que ce fût l'adultère de Wallis avec le roi qui précipitât la rupture de son mariage, il était de coutume chez les messieurs soucieux d'éviter une trop grande honte à leurs épouses d'endosser le rôle du coupable. Ernest avait choisi le 21 juillet, le huitième anniversaire de son mariage, pour se faire prendre en flagrant délit par le personnel de l'hôtel de Paris, à Bray, sur la Tamise, près de Maidenhead, avec une certaine Mlle « Buttercup » Kennedy. Le mois suivant, le roi et Mme Simpson partirent faire une autre croisière, cette fois à l'est de la Méditerranée, à bord du yacht à vapeur le *Nahlin*. Leur voyage fut très suivi par la presse américaine et européenne ; leurs homologues britanniques gardèrent le silence.

Quand l'affaire fut portée au tribunal, le 27 octobre, aux assises d'Ipswich (choisies pour éviter qu'une audience à Londres attire trop d'attention médiatique), ce fut Wallis qui divorça d'avec son mari pour adultère plutôt que le contraire. La ville n'avait jamais vu pareille histoire[63]. L'épouse « bafouée » traversa majestueusement

Ipswich dans une Buick canadienne conduite par le chauffeur du roi, à une telle vitesse que la voiture d'un cameraman, qui la suivait à plus de cent kilomètres heure, se trouva distancée. Le tribunal était sous haute surveillance : toutes les équipes de journalistes avaient été renvoyées de la ville, et deux photographes s'étaient fait détruire leurs appareils photo à coups de matraque. L'accès à la salle d'audience était également restreint : le maire, un magistrat d'Ipswich, n'y fut admis qu'après avoir argumenté avec ses propres officiers de police. Tous les sièges en face de Mme Simpson, debout à la barre des témoins, étaient vides. Seules quelques places auxquelles elle tournait le dos furent occupées.

Les membres du personnel de l'hôtel de Paris montèrent alors à la barre pour raconter le matin où, en apportant son thé à M. Simpson, ils l'avaient trouvé au lit avec une femme qui n'était pas Mme Simpson. Dix-neuf minutes plus tard, l'affaire était entendue, et Wallis avait obtenu son jugement provisoire de divorce, aux frais de son mari. Lorsqu'elle quitta le tribunal, la police verrouilla les portes derrière elle pendant cinq minutes, afin de retenir la presse. Sa Buick fila hors d'Ipswich aussi vite qu'elle était arrivée, et la police barra la route derrière elle avec une de ses voitures, bloquant la circulation pendant dix minutes.

Édouard et Wallis n'étaient cependant toujours pas libres de se marier. D'après la loi sur les divorces de l'époque, le jugement ne serait pas définitif avant six mois… ce qui signifiait que, officiellement, elle serait sous la surveillance d'un procureur du roi jusqu'au 27 avril 1937. Si, au cours de cette période, on la trouvait dans une situation compromettante avec un homme, on pourrait la traîner de nouveau au tribunal ; dans le cas où la décision aurait été en sa défaveur, on lui interdirait à tout jamais de divorcer d'avec son mari dans un tribunal anglais. Ce n'était cependant qu'une formalité. Comme le *Time* le relata, quelque trente-six heures après avoir obtenu son jugement, Wallis « soupait gaiement au palais avec le roi et quelques amis ». Après quoi, Édouard « l'escorta » jusque chez elle, à Cumberland Terrace.

Mais désormais l'horloge tournait, et le gouvernement se trouvait face à un dilemme. Tandis que les journaux américains offraient des comptes rendus salaces n'épargnant aucun détail, la presse britannique continuait de faire preuve d'une extraordinaire réserve. *The Times*, journal de référence, relata malgré tout le divorce, mais seulement à la fin d'une rubrique consacrée aux actualités provinciales. Si jamais des journaux américains ou d'autres pays parvenaient en Grande-Bretagne, les colonnes relatant la liaison royale étaient noircies, des pages entières déchirées.

Mais l'affaire ne pouvait être étouffée éternellement, notamment en raison du fait que des Britanniques voyageaient à l'étranger, où ils lisaient ou entendaient à la radio ce qui se passait chez eux. Le 16 novembre, Édouard invita Baldwin à Buckingham Palace et l'informa qu'il comptait épouser Mme Simpson. S'il pouvait le faire tout en restant roi, alors « très bien », dit-il… mais si les gouvernements de la Grande-Bretagne et de ses dominions s'y opposaient, il était « prêt à partir ».

Le roi avait cependant quelques sympathisants notables de son côté, parmi lesquels Winston Churchill, futur Premier ministre de l'Angleterre de guerre, qui fut hué à la Chambre des communes lorsqu'il se déclara en faveur d'Édouard. « Quel crime le roi a-t-il commis ? demanda Churchill plus tard. Ne lui avons-nous pas prêté serment d'allégeance ? Ne sommes-nous pas liés par ce serment ? » Au début, du moins, il sembla aussi être d'avis que la relation d'Édouard avec Mme Simpson tournerait court, tout comme ses liaisons antérieures[64].

Logue observa certainement le déroulement des événements dramatiques de décembre 1936 avec autant de surprise et d'horreur que les autres sujets du roi Édouard. Ses relations avec le duc d'York avaient également été mises entre parenthèses, bien qu'il reçût une invitation pour se rendre à une garden-party le 22 juillet, à Buckingham Palace.

Les Logue connurent aussi de nouveaux changements : en septembre, Laurie, le fils aîné, adjoint du département des glaces au Lyons, épousa Josephine Metcalf, de Nottingham. Valentine, leur fils médecin qui avait cinq ans de moins que Laurie, travaillait désormais à l'hôpital St. George, où on lui avait décerné le prestigieux prix de chirurgie Brackenbury. « J'aurais aimé qu'il fasse le même métier que moi, mais il est déterminé à devenir chirurgien », écrivit Logue au duc.

Entre-temps, il n'avait pas abandonné l'idée de raviver le lien royal. Le 28 octobre, le lendemain du jour où Wallis Simpson avait obtenu son jugement provisoire, Logue rédigea une nouvelle lettre au duc pour suggérer un rendez-vous. « C'est en juillet 1934 que j'ai eu l'honneur de discuter la dernière fois avec Votre Altesse Royale, écrivit-il, et bien que je suive tout ce que vous faites et dites avec le plus grand intérêt, c'est tout autre chose que de vous voir en personne, et je me demandais si vous auriez pu libérer un peu de temps dans votre emploi du temps très chargé pour venir à Harley Street… simplement pour s'assurer que toute la "mécanique" fonctionne convenablement[65]. »

Le duc avait de bonnes excuses pour ne pas avoir répondu à la proposition de Logue : la crise survenue concernant la liaison de son frère avec Mme Simpson allait atteindre son paroxysme et, pour l'instant au moins, il y avait des affaires plus pressantes que son problème d'élocution.

Le 3 décembre, la presse britannique rompit le silence auquel elle s'était astreinte. Le catalyseur fut pour le moins étrange : dans un discours donné à l'occasion d'une conférence dans une église, Alfred Blunt, évêque de Bradford, avait déclaré que le roi avait besoin de grâce divine ; dans le public, un journaliste interpréta, à tort, cette affirmation comme une allusion peu voilée à la liaison du roi. Lorsque son compte rendu fut transmis par la Press Association, l'agence de presse nationale, les journaux y virent le signe qu'ils attendaient tous : ils pouvaient enfin rendre compte de la vie amoureuse du monarque.

Au cours des mois précédents, seul un petit nombre de Britanniques était au courant de se qui se passait. Les journaux rattrapèrent rapidement le temps perdu, et remplirent leurs pages d'articles relatant des réunions de crise au palais, de clichés de Mme Simpson et de l'opinion des passants sur le sujet. « Ils ont beaucoup en commun, commençait un portrait enthousiaste du couple royal dans le *Daily Mirror* du 4 décembre. Ils aiment tous deux la mer, adorent nager, le golf et le jardinage. Et ils n'ont pas tardé à découvrir qu'ils s'aimaient aussi. »

Les York venaient de passer quelques jours en Écosse. En descendant du train de nuit à la gare d'Euston, le matin du 3 décembre, ils tombèrent sur des affiches de journaux annonçant : « Le mariage du roi ». Profondément choqués, ils prirent conscience des implications que cela entraînerait pour eux. Quand le duc parla à son frère, il le trouva « en état d'excitation intense ». Apparemment, le roi n'avait pas encore tranché ; il évoqua l'idée de mettre son sort entre les mains du peuple, et de passer un peu de temps à l'étranger[66]. En attendant, il demanda à Wallis de partir, pour sa propre sécurité. Elle recevait des lettres d'insulte, et des briques avaient été jetées à travers les fenêtres de la maison qu'elle louait à Regent's Park. On craignait que le pire ne restât à venir.

Le même jour, le duc tenta de joindre son frère, qui se terrait à Fort Belvedere, sa retraite à Windsor Great Park, mais sans succès. Il multiplia les coups de fil au cours des jours suivants, mais le roi refusait de le voir, déclarant qu'il ne savait toujours pas ce qu'il allait faire. Malgré l'immense impact qu'aurait sa décision sur son jeune frère, Édouard ne lui demanda pas son avis.

De nombreuses personnes passent leur vie professionnelle à rêver d'une promotion, mais le duc, lui, n'avait aucune envie de devenir roi. Pris d'un mauvais pressentiment, il était « muet et brisé », et « dans un terrible état d'inquiétude, car David refuse de le voir ou de l'appeler au téléphone », affirma la princesse Olga, l'épouse du prince Paul de Yougoslavie et sœur de la duchesse de Kent[67]. Le soir du dimanche 6 décembre, le duc appela le Fort ; on lui répondit que son frère était en conférencc, ct qu'il le rappellerait plus tard. Il ne le fit jamais.

Enfin, le jour suivant, il l'invita à passer au Fort après le dîner. « L'affreux suspense de l'attente était fini, écrivit le duc dans son compte rendu de l'événement. Je l'ai trouvé [le roi] en train de marcher en long et en large dans la pièce, et il m'a informé de sa décision de partir[68]. » En rentrant chez lui ce soir-là, le duc apprit que sa femme avait contracté la grippe. Elle resta au lit les jours suivants, tandis que des événements dramatiques se déroulaient autour d'elle. « Bertie et moi sommes au désespoir, la tension est terrible, écrivit-elle à sa sœur May. Chaque journée dure une semaine ; notre seul espoir reste l'affection et le soutien de notre famille et de nos amis[69]. »

Les événements se précipitèrent. Lors du dîner du 8 décembre, qui réunissait notamment le duc et le Premier ministre, le roi fit savoir que sa décision était prise. D'après le compte rendu de Baldwin, il « a simplement arpenté la pièce en disant : "C'est la femme la plus merveilleuse au monde." ».

Le duc était d'humeur sombre. C'était là un dîner, écrivit-il plus tard, « que je ne suis pas près d'oublier ».

Le 10 décembre, à 10 heures du matin, dans le salon octogonal de Fort Belvedere, le roi signa l'acte d'abdication où il promettait de « renoncer au trône, pour moi et mes descendants ». L'authenticité du document fut certifiée par le duc, qui lui succédait désormais sous le nom de George VI, ainsi que par leurs deux jeunes frères, les ducs de Gloucester et de Kent.

Le soir même, après un dîner d'adieux en famille au Royal Lodge, l'homme qui n'était plus roi s'adressa à la nation, du château de Windsor. Il fut présenté par sir John Reith, directeur général de la BBC, comme « Son Altesse Royale le prince Édouard ». « Il m'est devenu impossible de continuer de porter le lourd fardeau de la responsabilité royale et de m'acquitter des devoirs d'un roi, comme j'aurais aimé le faire, sans l'aide et le soutien de la femme que j'aime », déclara-t-il. Édouard sera resté sur le trône tout juste 327 jours, le règne le plus court depuis celui, contesté, de Jane Grey, près de quatre siècles plus tôt.

Ayant regagné Royal Lodge pour dire au revoir à sa famille, il partit juste après minuit et se rendit à Portsmouth, où le destroyer HMS *Fury* l'attendait pour l'emmener en exil, de l'autre côté de la Manche. Prenant conscience de l'énormité de son acte, il passa la nuit à boire et à marcher de long en large dans le carré des officiers, dans un état de vive agitation. Le duc de Windsor – c'est ainsi qu'il serait désormais connu – traversa la France pour gagner l'Autriche, où il attendrait jusqu'à ce que le divorce de Wallis soit définitif, au mois d'avril.

Le 12 décembre, à son Conseil d'accession, le duc d'York, à présent le roi George VI, affirma son « adhésion aux principes stricts du gouvernement constitutionnel et… la résolution d'œuvrer avant tout pour le bien du Commonwealth britannique des nations ». Sa voix était basse et claire mais, inévitablement, ses mots étaient ponctués d'hésitations.

Deux jours plus tard, Logue joignit ses félicitations à celles des autres lors de ses habituels vœux d'anniversaire. « Je vous offre mes vœux très humbles mais très sincères pour votre accession au trône, écrivit-il. C'est un autre de mes rêves devenu réalité, et il est très agréable. » Voyant le moyen de renouer d'anciens liens, il ajouta : « Puis-je me permettre d'écrire à Votre Majesté à l'occasion de la nouvelle année, et vous proposer mes services[70] ? »

Les journaux accueillirent la résolution de la crise et l'arrivée du nouveau roi avec enthousiasme. Bertie n'avait peut-être pas le charme ni le charisme de son frère aîné, mais il était sérieux et digne de confiance. Il avait aussi l'avantage d'avoir à ses côtés une épouse belle et populaire, ainsi que deux jeunes filles dont chaque fait et geste avait été suivi par la presse depuis leur naissance. « Le monde entier les adore aujourd'hui », déclara le *Daily Mirror* dans un article sur Elizabeth et Margaret, qu'il appelait « les grandes petites sœurs ».

Certains observateurs étrangers se permirent plus de cynisme. « Ni le roi George, ni la reine Elizabeth n'a mené une existence où un quelconque événement aurait pu éveiller l'intérêt du public britannique, et cette dernière semaine s'est déroulée exactement comme la plupart de leurs sujets le souhaitaient. En effet, un Calvin Coolidge* est entré à Buckingham Palace, avec Shirley Temple comme fille », commenta le *Time*[71].

Le roi était toujours menacé par son problème d'élocution. Grâce à Logue, il avait fait d'immenses progrès depuis son intervention humiliante à Wembley une décennie plus tôt, mais n'était pas pour autant guéri de sa nervosité. Pour des raisons évidentes, on avait décidé de ne pas attirer l'attention sur ce problème ; Logue fut donc consterné lorsque Cosmo Lang, l'archevêque de Canterbury, fit allusion à son bégaiement dans un discours le 13 décembre, deux jours après l'abdication.

Lang, une figure très influente, choqua les esprits de nombreux auditeurs en s'attaquant à l'ancien roi qui, dit-il, avait trahi la haute confiance placée en lui pour s'adonner à « un désir de bonheur personnel ». « Ce qu'il y a d'encore plus triste et étrange, c'est qu'il n'ait pas cherché ce bonheur en accord avec les principes chrétiens du mariage, mais au sein d'un cercle social dont les exigences et le mode de vie sont étrangers aux meilleurs instincts et traditions de son peuple, tonna l'archevêque. Que ceux qui appartiennent à ce cercle sachent qu'aujourd'hui, ils essuient les reproches de la nation qui a aimé le roi Édouard. »

Le caractère direct des commentaires de l'archevêque suscita une réaction furieuse de la part de plusieurs personnes, qui écrivirent aux journaux ; il peina aussi le duc

* Calvin Coolidge fut le trentième président des États-Unis (1923-1929).

de Windsor, qui entendit ces nouvelles au château d'Enzesfeld, en Autriche, où il séjournait avec le baron et la baronne Eugen Rothschild.

Mais ce que l'archevêque avait à dire sur le nouveau roi était plus grave encore : « Dans ses manières et son expression, il est plus calme et réservé que son frère. Et permettez-moi ici d'ouvrir une parenthèse qui ne sera peut-être pas inutile. En l'écoutant, son peuple remarquera de brèves hésitations occasionnelles dans son discours. Mais il les maîtrise désormais parfaitement, et ceux qui l'écoutent ne ressentent pas de gêne, car celui qui parle n'en éprouve aucune. »

Manifestement, l'archevêque pensait bien faire. Lors d'un discours à la Chambre des lords le lendemain, il loua les « qualités remarquables » du nouveau roi : sa « franchise, sa simplicité, son dévouement assidu à ses devoirs publics » ce qui, même s'il ne l'énonça pas ainsi, contrastait clairement avec le frère auquel il succédait.

Les remarques de l'archevêque Lang furent reprises par la presse. « Les membres du conseil privé du souverain se sont vu poser la même question par leurs proches : "Est-ce qu'il bégaie ?" relata le *Time* du 21 décembre. Aucun membre de ce conseil n'a pu déclarer que Sa Majesté ne balbutiait plus. »

Bien que la presse britannique s'abstînt de discuter de telles affaires, les commentaires de Lang permirent d'alimenter une rumeur allant à l'encontre du nouveau roi et de son aptitude à régner. Elle s'intensifia lorsqu'il annonça en février qu'il repoussait un *darbâr* de couronnement en Inde, initialement prévu par son frère, à l'hiver suivant, en raison des lourdes tâches et responsabilités qu'il avait dû endosser depuis son accession inattendue au trône. Mais pour certains, c'était là un signe de faiblesse et de fragilité ; parmi les sympathisants du duc de Windsor, qui étaient de moins en moins nombreux, on suggéra que Bertie n'aurait peut-être pas les épaules pour survivre à l'épreuve du couronnement, et encore moins à la pression royale.

En Australie, cette accession au trône avait poussé les journaux à recentrer l'attention sur le rôle qu'avait joué l'un des leurs dans la guérison du problème d'élocution de Bertie. Cependant, on trouva une rare opinion contradictoire dans la rubrique du courrier des lecteurs du *Sydney Morning Herald*, le 16 décembre 1936 ; un certain H. L. Hullick, secrétaire honorifique du Club des bégayeurs de l'État de Nouvelle-Galles du Sud, s'indignait contre le diagnostic de Logue selon lequel le problème du roi était de nature physique.

> Je suis tout à fait en mesure, écrivait Hullick, de déclarer qu'aucun bégaiement n'a de cause physique. Cette théorie a été abandonnée au XIXe siècle ; quelle que soit l'époque, ce fut toujours une mauvaise estimation, sans aucun fondement logique. Le bégaiement est un dysfonctionnement émotionnel, et à moins qu'on n'en tienne compte lors du traitement, les problèmes vocaux ne peuvent être résolus.
>
> Ayant moi-même bégayé toute ma vie avant d'être guéri très récemment, j'apprécie mieux que quiconque la lutte que Sa Majesté a dû mener pour surmonter son défaut, et je ne lui en porte que plus de respect. Je ne connais pas ce M. Lionel Logue, mais j'ai entendu parler d'au moins quatre autres messieurs qui affirment également avoir guéri le duc d'York de son bégaiement.

La lettre de Hullick entraîna une réponse animée de plusieurs autres correspondants, notamment d'une certaine Esther Moses et d'Eileen M. Foley de Bondi, dont la lettre fut publiée le 24 décembre :

> Nous aimerions informer le secrétaire du Club des bégayeurs de quelques faits concernant M. Lionel Logue, de Harley Street, anciennement d'Australie du Sud, et de son traitement incontestablement réussi de Sa Majesté, le roi George VI, alors duc d'York.
>
> Lors d'une visite à Londres en 1935 et 1936, nous avons été les invitées privilégiées de M. et Mme Logue dans leur maison privée à Sydenham Hill, et sommes donc en position de pouvoir prouver à votre correspondant que, sans doute aucun, M. Logue a guéri Sa Majesté de son bégaiement, après que tous les autres spécialistes eurent échoué.
>
> Pour justifier cette affirmation, nous avons consulté des lettres personnellement rédigées par Sa Majesté à M. Logue, où il le remercie avec gratitude pour le succès de son traitement. Il l'a soigné juste avant la visite royale en Australie du duc et de la duchesse d'York, en mai 1927, et a grandement contribué à la réussite de leur séjour.
>
> Beaucoup de mérite est attribué à Sa Majesté la reine Elizabeth, qui, pendant tout le voyage, a mis en application les instructions que M. Logue lui avait données. Votre correspondant écrit qu'il a entendu parler d'au moins « quatre autres messieurs » qui déclarent avoir « guéri le duc de son bégaiement ». Peut-il, lui ou un seul de ces quatre hommes, avancer des preuves similaires de la réussite de leur traitement ?

Chapitre neuf

À l'ombre du couronnement

Le château de Windsor en 1937

Le 15 avril, Logue reçut un appel lui demandant de rendre visite au roi, au château de Windsor, quatre jours plus tard. On ne lui révéla pas le but de la rencontre, mais celui-ci n'était pas trop difficile à deviner. « Bonjour, Logue, je suis si heureux de vous voir, dit le roi qui, vêtu de gris rayé de bleu, s'avançait avec un sourire. Votre aide me sera précieuse. » Logue, professionnel comme toujours, constata avec plaisir que la voix de son ancien patient avait gagné en profondeur, tout comme il l'avait prédit tant d'années auparavant.

La raison de cette invitation ne tarda pas à s'imposer. Le 12 mai, après cinq mois de règne, Bertie serait couronné à l'abbaye de Westminster. L'événement serait d'envergure, éclipsant le jubilé de George V en 1935, ou même son couronnement, auquel Logue lui-même avait assisté plus de deux décennies plus tôt, lors de son voyage autour du monde. Dans les rues, les villes étaient toutes décorées, les boutiques londoniennes rivalisaient pour manifester la plus grande loyauté possible envers le monarque. D'immenses foules étaient attendues dans la capitale.

Quant au roi, son plus grand souci restait la cérémonie en elle-même, en particulier les réponses qu'il devrait donner dans l'abbaye. Serait-il capable de prononcer les paroles appropriées sans trébucher ? Il était aussi très intimidé par le discours à l'Empire prévu en direct sur les ondes de Buckingham Palace le même soir.

À l'approche de l'événement, le roi se laissait gagner par l'anxiété. L'archevêque lui suggéra de consulter un nouvel orthophoniste, mais Dawson, son médecin, rejeta l'idée, car il avait toute confiance en Logue. Le roi se rangea à son avis. Alexander Hardinge, qui avait été le secrétaire particulier d'Édouard VIII et qui exerçait désormais la même fonction auprès de son successeur, proposa de prendre un verre de whisky ou « un autre stimulant » avant de parler ; l'idée fut, elle aussi, rejetée.

Lors de leur première réunion préparatoire, professeur et patient passèrent en revue le texte que le roi devait prononcer le soir, et y apportèrent des altérations considérables. Logue fut ravi de constater que le roi, bien qu'un peu raide de la mâchoire, était en excellente santé et, se souvint-il, « déterminé à faire de son mieux ».

Avant de partir, Logue lui fit remarquer qu'il semblait se porter à merveille, ce à quoi le souverain répondit qu'il n'aurait pas pu accepter cette position douze ans plus tôt. La conversation porta aussi sur Cosmo Lang, et ses observations fâcheuses sur les problèmes vocaux du roi. C'était, décréta Logue, « une chose terrible qu'avait faite l'archevêque », d'autant que toute une jeune génération ne savait même pas que son monarque eût un problème d'élocution.

« Vous aussi, vous en avez après lui ? demanda le roi en riant. Vous devriez entendre ce qu'en dit ma mère[72]. »

Ces inquiétudes commencèrent à s'estomper lorsque le souverain, accompagné des membres de la famille royale et de Lang, se rendit, le vendredi 23 avril, à l'inauguration d'un monument en l'honneur de son père, où il prononça son premier discours royal. Logue, qui assista à la cérémonie, constata avec une agréable surprise que bon nombre de personnes exprimaient ouvertement leur stupéfaction d'entendre le monarque s'exprimer si bien. Il fut particulièrement satisfait en observant un des spectateurs glisser à son épouse : « L'archevêque n'a pas dit qu'il avait un défaut d'élocution, chérie ? » Sa femme répliqua, ce qui ne manqua pas d'amuser Logue : « Tu ne devrais pas croire tout ce qu'on te dit, mon chéri, même si c'est l'archevêque. » Le lundi suivant, le roi descendit à Greenwich pour l'ouverture d'une nouvelle salle. Il eut droit à un merveilleux accueil et prononça son discours presque à la perfection, même si Logue perçut qu'il avait du mal avec le mot *falling* (« tomber »). Deux jours plus tard, à Buckingham Palace, il y eut une autre prise de parole en public, cette fois en remerciement d'un cadeau reçu du Népal. Ce fut, se rappela Logue, « un mauvais discours », qui comportait quelques mots particulièrement difficiles.

Néanmoins, le défi essentiel restait à venir : le 4 mai, à 17 h 45, Logue rencontra sir John Reith afin de s'assurer que le micro était bien installé. Il avait été disposé sur un bureau de façon à permettre au roi de parler debout, ce qu'il préférait. Le monarque l'avait testé en prononçant quelques mots du discours qui serait diffusé. Il y avait eu aussi un filage à l'abbaye, où il avait constaté avec amusement que chacun semblait savoir ce qu'il faisait, sauf les évêques.

Quelques instants plus tard, les deux princesses arrivèrent en disant : « Papa, papa, on t'entend ! » Elles écoutaient dans une pièce voisine, où un haut-parleur avait été installé pour retransmettre les voix des deux hommes. Après être restées quelques minutes, les petites filles souhaitèrent timidement « bonne nuit » à Logue, lui serrèrent la main et partirent se coucher.

Le roi continua de s'entraîner au cours des jours suivants, mais avec des résultats inégaux. Le 6, après une séance peu concluante, il frisa l'hystérie ; la reine, qui l'écoutait, réussit à le calmer. « C'est un brave type, écrivit Logue en parlant du roi, il a simplement besoin qu'on prenne soin de lui. » Le lendemain, avec l'assistance de Reith et Wood (l'ingénieur du son de la BBC), il enregistra une version du discours. Le roi, écœuré, constata que son débit était trop lent. Ils essayèrent encore, mais il se mit à tousser au milieu du texte, alors ils firent une nouvelle tentative. « Plutôt satisfait, il est parti déjeuner plein d'entrain, avec son sourire habituel, écrivit Logue. Il s'exprime toujours bien devant la reine. »

Le 7 mai, Reith, qui s'intéressait de près au discours, signala à Logue que tous les disques de gramophone enregistrés ce matin-là se trouvaient dans une boîte scellée, laissée à un certain M. Williams au palais. Il suggéra d'effectuer un disque composite de toutes ces versions, « qui donnerait un discours plus ou moins parfait, en prenant des bouts de la première et de la troisième tentative, afin qu'il n'y ait plus rien à redire ». Reith pensait que cette démarche serait non seulement utile dans le cas où il y aurait un problème le 12, mais que l'enregistrement pourrait aussi être utilisé pour des retransmissions prévues dans l'Empire toute la nuit et le lendemain, et être aussi transmis à HMV*, pour la vente d'un nouveau gramophone.

Dans sa réponse, Logue insista sur le fait que la décision finale revenait à Hardinge, mais ajouta : « Il est essentiel d'avoir un bon enregistrement sous la main, en cas d'accident, de perte de voix, etc., et avec le remanie-

* His Master's Voice (La voix de son maître) était le nom d'un label de musique anglais appartenant au groupe EMI.

ment que vous suggérez, ce troisième disque devrait donner lieu à une excellente version. »

Si ces enregistrements représentaient une bonne police d'assurance en quelque sorte, le roi fut plus encouragé encore par les comptes rendus élogieux dans les journaux, le lendemain d'un discours prononcé à Westminster Hall. C'était, en convint Logue, « heureux qu'il n'ait pas eu à s'exprimer dans un micro. Ses problèmes viennent en partie de son horreur de cet objet, certainement depuis son retour d'Afrique du Sud, lorsqu'il a fait son premier discours au stade de Wembley. La blessure de ce terrible échec n'a jamais vraiment cicatrisé ».

Il n'y aurait pas ce micro tant redouté dans l'abbaye, mais impossible d'y échapper pour le discours du soir. Logue ne savait trop s'il valait mieux qu'une dizaine de personnes soient présentes, ou qu'il se trouve seul avec le roi. « Quand il s'agit d'un discours ordinaire, il est presque parfait, s'exprime très bien, s'amuse ; mais il redoute le micro », écrivit-il dans son journal intime.

Logue décida que la salle du premier étage, en face du bureau du roi, serait parfaite pour l'enregistrement, car elle était très calme, et donnait sur la cour principale. Un intendant avait découvert un vieux bureau au sous-sol ; on l'avait recouvert de feutre, et surélevé son couvercle incliné grâce à deux blocs de bois, jusqu'à ce que le dessus soit horizontal. Entre les deux, on avait disposé deux micros dorés et une lumière rouge. « Nous avons essayé assis à une petite table, mais il est plus à l'aise debout, écrivit Logue. C'est un vaillant combattant, et si un mot ne sort pas comme il faut, il me regarde avec un air affligé avant de continuer. Il n'y a que très peu de choses qui ne vont pas chez lui ; son seul vrai problème est cette "peur". »

Le même jour, Logue reçut un appel de son ami John Gordon, alors éditeur du *Sunday Express* depuis six ans. À l'approche du couronnement, les spéculations sur la réussite du roi à réciter son texte allaient bon train, et les journaux s'intéressaient de nouveau à son problème d'élocution, ainsi qu'au soutien apporté par Logue. Gordon lui lut un article sur le roi qui, au soulagement de Logue, ne mentionnait pas son nom. Même après tant d'années, il s'efforçait encore d'éviter la lumière des projecteurs.

Une heure plus tard, Gordon l'appela pour lui dire qu'un certain M. Miller, reporter du *Daily Telegraph*, avait envoyé un article sur le roi au *Sunday Express* qui commençait par ces lignes : « Un homme aux yeux noirs et aux cheveux gris, âgé de 60 ans, un Australien, assiste constamment le roi, dont il est le plus grand ami. Ils s'appellent tous les jours, etc. »

C'était, fit valoir Logue, « complètement faux. Très calomnieux, et cela sera très préjudiciable. John m'a demandé s'il avait mon autorisation pour agir. J'ai dit bien sûr que c'était vraiment dommage qu'on écrive de telles choses. John l'a envoyé chercher et lui a dit que l'article était faux, qu'il ferait beaucoup de dégâts. Il a flanqué une peur bleue à M. Miller, et a déclaré que s'il l'envoyait à un journal, il ne serait jamais plus publié. M. Miller a laissé l'article à John, en promettant que ça n'arriverait plus jamais. John m'a appelé pour me raconter la bonne nouvelle. Dieu merci ».

Le matin du lundi 10, deux jours avant le couronnement, Logue se rendit au palais. Le roi, de toute évidence tendu, avait des poches sous les yeux. « Il m'a dit qu'il ne dormait pas très bien, et que ses proches ne comprenaient pas ce qui clochait, rapporta Logue. Je pense qu'il a les nerfs à vif. »

Ce soir-là, à 8 heures, il y eut un nouveau rebondissement. Logue reçut un coup de fil l'informant qu'il figurait sur la liste de distinctions honorifiques du couronnement pour ses services rendus au roi. N'en croyant rien au début, il appela Gordon, qui confirma. Plus tard, il se rendit avec sa famille chez Gordon, où ils fêtèrent l'événement en débouchant une bouteille de champagne. Manifestement aux anges, Logue termina son compte rendu de la journée dans son journal de la façon suivante : « Tout est splendide. M.V.O. » – *Member of the Victoria Order*, Membre de l'ordre de Victoria.

Quand Logue vit le roi l'après-midi suivant, il le remercia pour ce grand honneur. Le roi sourit et déclara : « Ce n'est rien. Vous m'avez aidé. Je compte récompenser ceux qui m'ont aidé. » Puis il sortit la médaille de son tiroir, la montra à Logue et dit : « Portez ceci demain. » La reine éclata de rire et félicita Logue.

Logue et le roi écoutèrent l'enregistrement qu'ils avaient fait de son discours. Il était de qualité suffisante pour être diffusé, mais Logue espérait ne pas avoir à s'en servir. « S.M. [Sa Majesté] s'améliore de jour en jour, il apprend à maîtriser son anxiété, et sa voix commence à prendre de belles tonalités, consigna-t-il dans son journal. J'espère qu'il ne sera pas trop ému demain. S.M. a proposé de prier ce soir. C'est vraiment un chic type, et j'espère qu'il fera un merveilleux roi. »

Chapitre dix

Après le couronnement

George VI et la reine Elizabeth en route pour la cérémonie d'ouverture du Parlement, le 12 octobre 1937

La cérémonie du sacre et le discours à l'Empire furent un triomphe pour le roi, comme le firent remarquer les journaux du lendemain matin. « Lente, posée et claire, sa voix n'a trahi aucun signe de fatigue », commenta le *Daily Telegraph.* Un pasteur écrivit de Manchester au *Daily Mail* pour exprimer son ravissement à « l'écoute de la voix du roi et de la pureté de sa diction ». Il poursuivit : « Elle a toute la profondeur de celle de son père, et une douceur supplémentaire qui la rend plus impressionnante encore pour l'auditeur. Je crois que je n'ai jamais entendu un exemple plus proche de l'"anglais standard". Il n'y avait aucune trace d'un quelconque accent. »

Ceux qui l'écoutèrent de l'étranger furent agréablement surpris par l'aisance avec laquelle s'exprimait ce monarque prétendument muet. Le journaliste chargé de rendre compte des émissions de radio pour le *Detroit Free Press* fut déconcerté par cette voix claire qu'il entendit sortir des ondes en provenance de Londres. « Maintenant que le couronnement est terminé, les auditeurs se demandent ce qu'il est advenu de ce défaut d'élocution que le roi George VI est censé avoir, écrivit-il. Il n'était pas perceptible de toute la cérémonie, et après l'avoir entendu prononcer son discours, de nombreuses personnes le comparent au président Roosevelt, qui a une voix parfaitement radiophonique. »

Maintenant que le couronnement était derrière lui, le roi put enfin se détendre. Il n'était pas encore complètement guéri de ses problèmes d'élocution, mais commençait progressivement à les dompter. Pendant ce temps, Logue souffrait d'un épuisement nerveux, comme le révéla le *Time*, et on apprit qu'il avait quitté Londres pour un long repos. À son retour, il aida le roi à préparer les divers discours qui faisaient désormais presque partie de son quotidien.

Si ces allocutions se déroulèrent plutôt bien, le personnel du roi continuait de s'inquiéter pour ses problèmes d'expression, et était perpétuellement en quête de traitements. Le 22 mai, sir Alan « Tommy » Lascelles, le secrétaire particulier adjoint du roi, écrivit à Logue à propos d'une lettre qu'il avait reçue d'un certain A. J. Wilmott s'adressant au courrier des lecteurs du *Times*, où il expliquait que contraindre des enfants gauchers à se servir de leur main droite pouvait entraîner des problèmes, dont certains défauts d'élocution comme le bégaiement.

Dans sa réponse, quatre jours plus tard, Logue reconnut qu'une telle pratique pouvait mener à un dysfonctionnement, susceptible de disparaître si le patient se remettait à utiliser sa main gauche. Il ajouta cependant qu'il était déjà trop tard pour le roi. « Passé dix ans, il devient de plus en plus difficile de changer les habitudes du patient, et j'ai rarement entendu parler d'un cas où on a atteint des résultats satisfaisants en milieu de vie. » Bizarrement, il suggéra aussi qu'il serait peut-être possible d'obtenir un « soulagement temporaire » (souvent confondu avec une vraie guérison) en « empruntant un accent américain ou cockney » ; c'était vraisemblablement parce que, comme H. St. John Rumsey, un autre orthophoniste, l'avait fait remarquer, cette façon de parler entraînerait une plus grande concentration sur les voyelles plutôt que sur les redoutables consonnes. Ce genre d'option n'était cependant guère envisageable pour le roi, même si certaines personnes prétendaient avoir entendu un nasillement transatlantique dans l'élocution de son frère aîné lorsqu'il était monarque.

Logue en conclut que « malheureusement, en ce qui concerne les défauts d'élocution, où tout dépend tellement du tempérament et de la personnalité individuelle, on pourra toujours vous présenter un cas contraire. C'est pour cette raison que je n'écris pas de livre ».

Lors d'une réunion le 20 juillet, Hardinge déclara que le roi s'exprimait bien, mais qu'il était épuisé. Logue en convint, en ajoutant qu'il était dommage que sa surcharge de travail l'empêche d'avoir plus de temps pour lui. Cette impression se confirma lorsqu'il vit le roi plus tard dans la journée : il avait l'air exténué, et ils discutèrent longuement de son estomac fragile et de ses effets sur son élocution.

« Ils ne comprennent vraiment pas le roi, écrivit Logue dans son journal intime ce jour-là. Moi, qui le connais si bien, je sais quel travail il peut abattre tout en s'exprimant parfaitement ; mais si vous lui en donnez trop, sa fatigue influera sur son point faible, à savoir son expression. C'est idiot de leur part de le surcharger ainsi. Il va finir par s'écrouler, et ce sera leur faute[73]. »

Cette crainte d'un effondrement tombait à point nommé : on n'était qu'à quelques mois de la cérémonie d'ouverture du Parlement et, bien qu'il ne s'agît pas d'une épreuve semblable à celle du couronnement, elle représentait malgré tout un défi. On se posait aussi des questions sur la période des fêtes annuelles : le roi suivrait-il la tradition, établie par son père, de s'adresser par radio aux peuples de l'Empire ?

La cérémonie d'ouverture, où le souverain devrait lire le programme du gouvernement de Neville Chamberlain (Premier ministre depuis le mois de mai), était évidemment un événement incontournable dans l'exercice de ses fonctions royales. Cela ne l'empêcha pas de s'en inquiéter. Il ne pouvait oublier le talent avec lequel George V s'était adressé au Parlement dans le passé, et il avait peur de ne pas être à la hauteur, comme le fit remarquer Logue après un entretien le 15 octobre, lorsqu'ils lurent le texte ensemble. « Il s'inquiète encore du fait que son père était si doué pour ce genre de choses, écrivit Logue dans son journal intime. Comme je le lui ai déjà expliqué, il lui a fallu des années avant d'atteindre ce niveau d'excellence. »

Le roi progressait plutôt bien sur le texte lui-même, qui était de 980 mots, et il lui fallait dix à douze minutes pour le lire en entier. Mais il y avait un autre défi : celui de le réciter avec une lourde couronne sur la tête. Quand Logue vint pour une répétition la veille de la cérémonie, il fut surpris de trouver le roi assis sur sa chaise, en train de relire son discours, la couronne sur la tête.

« Il l'avait mise pour voir jusqu'où il pouvait se pencher à gauche ou à droite sans qu'elle tombe, écrivit Logue dans son journal le 25 octobre. Elle lui va si parfaitement qu'il n'y a aucune raison de s'inquiéter. » Après deux essais réussis, le roi posa la couronne.

Les deux hommes furent satisfaits de sa performance, même si son père ne quittait pas ses pensées. « Je ne l'ai jamais entendu parler si bien, et ne l'ai jamais vu si heureux, ni si en forme, écrivit Logue. Si le roi fait une bonne prestation demain, cela lui fera énormément de bien. Il n'y a aucune raison pour qu'il n'y arrive pas. Ce n'est que son complexe d'infériorité par rapport à son père qui le rend nerveux et l'inquiète. Sa voix était magnifique ce soir. »

Le discours au Parlement fut une belle réussite, et l'édition du week-end du *Sunday Express* le qualifia même de triomphe : « Il s'est exprimé lentement, mais sans hésitation, ni bégaiement. Le rythme qu'il s'est sagement imposé a insufflé aux mots de la dignité et une réelle beauté. » Le journal remarqua aussi que le roi avait pris de l'assurance au fil du discours, et qu'il avait même levé les yeux pour regarder son auditoire. « Nul besoin d'être devin pour comprendre ce qui se passait dans la tête de la reine, concluait l'article. Quand le roi a terminé, elle n'a pas pu dissimuler la fierté dans ses yeux. »

Restait encore la question importante du discours de Noël. Le 25 décembre 1932, George V avait lancé ce qui deviendrait une tradition : l'adresse radiophonique à la nation. Assis à un bureau, sous les escaliers de Sandringham, il avait lu les paroles écrites pour lui par Rudyard Kipling, le grand poète impérial, auteur du *Livre de la jungle*. « Je m'adresse de ma maison et de mon cœur à vous tous, à tous mes peuples à travers l'Empire, aux hommes et aux femmes isolés par les neiges, le désert ou la mer, où seules les voix des ondes peuvent les atteindre, les hommes et les femmes de chaque race et couleur, qui voient dans la Couronne le symbole de leur unité », déclara-t-il.

George V s'exprima une nouvelle fois à la radio en 1935, où il évoqua non seulement son jubilé d'argent, mais aussi deux autres événements royaux de l'année : le mariage de son fils, le prince Henry, duc de Gloucester, et la mort de sa sœur, la princesse Victoria. Ces diffusions, qui avaient un ton très légèrement religieux, visaient à présenter le monarque comme le chef d'une grande famille comprenant non seulement le Royaume-Uni, mais aussi l'Empire ; plus d'un demi-siècle plus tard, sa petite-fille, Elizabeth, s'efforcerait de faire de même. Ses discours du

25 décembre, d'abord à la radio puis à la télévision, allaient devenir un élément important du rituel de Noël pour des dizaines de millions de ses sujets.

Mais George VI et ses proches ne voyaient pas le discours sous cet angle. Jugeant qu'il ne s'agissait pas d'une tradition nationale, mais tout simplement d'une décision personnelle prise par son père, le roi n'avait aucune intention de l'imiter. L'année précédente, son frère ayant abdiqué seulement deux semaines plus tôt, personne n'attendait de lui qu'il s'exprime sur les ondes le jour de Noël. Mais en décembre 1937, la situation était différente, et on réclamait notamment dans l'Empire que le nouveau roi s'adresse à ses sujets. Des milliers de lettres commencèrent à affluer à Buckingham Palace, réclamant un discours.

Toutefois, le roi se montrait encore réticent ; il était toujours aussi agité avant toute intervention en public, surtout s'il devait s'adresser seul dans un micro à des dizaines, voire des centaines de millions de personnes. Il semblait aussi penser qu'en donnant un tel discours il empiéterait d'une certaine manière sur la mémoire de son père.

Le 15 octobre, lors d'une réunion où Logue était présent, Hardinge proposa que le roi prenne la parole dans l'église le matin de Noël. Mais l'idée fut abandonnée par crainte d'offenser d'autres confessions. Le palais commençait à se faire à l'idée que le roi devrait délivrer un bref message à l'Empire, et après une entrevue le 4 novembre, quand Logue travailla avec lui sur quelques discours de routine, Hardinge lui soumit un brouillon qu'il déclara être plutôt bon.

Logue avait pourtant d'autres soucis. La rumeur erronée, mais persistante, courait que la princesse Margaret, désormais âgée de sept ans, souffrait du même défaut que son père. L'orthophoniste suggéra à Hardinge que, lors de sa prochaine apparition dans un film d'actualités, elle prononce quelques paroles (comme « Viens, maman », « Où est Georgie ? », ou, simplement, qu'elle appelle le chien), « tout ce qui montrera qu'elle peut parler, et mettre fin une bonne fois pour toutes à la rumeur selon laquelle elle aurait du mal à s'exprimer ».

Novembre passa ; le monarque fit un bon discours en l'honneur de Léopold III, roi des Belges. Par ailleurs, il subit sans se laisser perturber un incident pendant la commémoration de l'Armistice, au cénotaphe de Whitehall, où un ancien militaire échappé d'un asile psychiatrique avait interrompu les deux minutes de silence en criant : « Quelle hypocrisie ! »

Quand Logue retrouva le roi le 23 novembre, ils parlèrent longuement de Noël, et le souverain lui révéla qu'il n'avait pas encore vraiment tranché. Mais une chose était claire : même s'il finissait par prononcer ce discours, il ne s'agirait pas de rétablir une longue tradition. Logue ne lui fit aucun reproche ; ils convinrent que la décision finale serait prise la semaine suivante. « Il descend à Sandringham, et ensuite dans le duché de Cornouailles ; il va y réfléchir en chemin, écrivit Logue. Je pense que ce serait une bonne idée de faire une petite déclaration le jour de Noël, mais certainement pas tous les ans. »

Malgré la pression, le roi était d'humeur enjouée ; au dîner, il plaisanta sur le protocole officiel, en évoquant notamment le casse-tête qu'était le placement des ambassadeurs de pays hostiles les uns à côté des autres. Il rit aussi en lisant à Logue quelques vers sur son frère et Wallis - Simpson, et récita ceux-ci en gloussant : « S'occupait de l'État le jour, et de Mme Wally la nuit. »

Le jour de Noël 1937 se leva sur une aube brumeuse ; on avait annoncé du brouillard. Laurie Logue se leva tôt et emmena son père à la gare de Liverpool Street, afin de prendre le train pour Wolferton, la station la plus proche de Sandringham, dans le North Norfolk, où le roi passait Noël en famille.

C. J. Selway, responsable des passagers de la zone sud de la compagnie ferroviaire britannique London & North Eastern Railway, s'était occupé des préparatifs pour son voyage. Selway avait envoyé à Logue un aller-retour en troisième classe, ainsi qu'un permis l'autorisant à voyager en première classe dans les deux sens. Un compartiment avait été réservé pour lui en première classe, au nom de M. George, dans le train de 9 h 40. Le chef de gare vint s'assurer qu'il était monté à bord et lui souhaiter bonne chance. Logue était censé regagner Londres dans le train de 18 h 50.

À cause des nappes de brouillard, ils perdirent du temps entre Cambridge et Ely, mais le train entra à toute vapeur dans la gare de King's Lynn avec seulement un quart d'heure de retard. Deux stations plus loin, à Wolferton, un chauffeur royal attendait Logue sur le quai. Ayant ramassé un grand sac postal de la Royal Mail qui contenait le courrier pour Sandringham, ils prirent le chemin du domaine.

« Rien n'aurait pu être plus charmant ou plus doux que l'accueil chaleureux qui m'a été réservé », se rappela Logue. Une vingtaine d'invités étaient rassemblés dans la salle de réception, d'un beau bois de chêne clair sculpté, avec neuf mètres de plafond et une estrade pour les musiciens. Avant le déjeuner, le roi fit les présentations. Alors qu'ils s'apprêtaient à passer à table, une femme vêtue d'une robe bleu clair s'avança vers lui, tendit la main et dit : « Vous êtes monsieur Logue, je suis très heureuse de faire votre connaissance. » Logue s'inclina devant sa main tendue. Comme il l'inscrivit dans son journal intime, il avait eu « le privilège de rencontrer enfin une des femmes les plus merveilleuses qu'il m'ait jamais été donné de voir : la reine Mary ».

Avant de passer à la salle à manger, les invités firent une halte dans la salle des écuyers, où une maquette présentait le plan de table à l'aide de cartes de visite blanches. Logue constata avec plaisir qu'il serait assis entre la reine et la duchesse de Kent. Le roi était placé en face.

Le déjeuner, se rappela Logue, « était plutôt informel : joyeux, et très amusant ». À 14 h 30, ils regagnèrent la magnifique salle de réception. Mais il ne s'agissait pas uniquement d'une occasion sociale : ils avaient du pain sur la planche. Il rejoignit le roi dans son bureau, la même pièce d'où son père défunt s'était adressé à l'Empire cinq ans plus tôt ; ils discutèrent du texte et passèrent en revue la procédure pour s'assurer que tout était en place. Ensuite ils descendirent dans le grand hall, traversèrent la salle de réception et entrèrent dans la salle d'enregistrement.

La table ovale dont s'était servi George V pour prononcer son discours radiophonique avait été poussée dans un coin. Au centre de la pièce, il y avait un grand bureau avec deux micros, et la lumière rouge au centre. Le roi, avait remarqué Logue, était toujours plus à l'aise et moins gêné dans son expression lorsqu'il pouvait aller et venir ; les clichés de lui en train de poser assis à une table le faisaient toujours rire.

Logue ouvrit la fenêtre afin de laisser entrer l'air frais. Puis il rejoignit R. H. Wood, de la BBC, qui se trouvait dans une pièce voisine. Cet homme tranquille aux cheveux clairs en savait certainement plus sur l'art de la diffusion en extérieur que quiconque en Grande-Bretagne.

C'était Wood qui avait planifié l'installation des micros pour le couronnement, ainsi que pour le discours du soir. Il avait aussi été en charge des aspects techniques de la dernière allocution radiophonique de George V, pour laquelle il avait apporté deux micros, des lumières clignotantes et des amplificateurs en cas de panne. Six hommes l'accompagnaient, avec tout l'équipement nécessaire : des instruments, un téléphone et un grand haut-parleur qui leur permettrait d'écouter l'enregistrement du discours relayé par la BBC. Le roi était censé commencer à 15 heures précises.

Malgré le brouillard et l'obscurité, tout le monde semblait plein d'entrain. Logue et le roi retournèrent vers le micro pour faire un essai. Ils l'entendirent résonner dans le grand combiné situé dans la pièce d'à côté. Alors on l'éteignit, et le reste de la famille royale et leurs invités s'entassèrent dans la nursery pour y suivre la diffusion.

À 14 h 55, le roi alluma une cigarette et se mit à arpenter la pièce. Wood essaya de mettre la lumière rouge en marche pour vérifier qu'elle fonctionnait, et ils synchronisèrent leurs montres. Une minute avant de commencer, le roi jeta sa cigarette dans la cheminée et attendit, mains jointes derrière le dos. La lumière rouge clignota quatre fois ; il s'avança vers le micro. L'ampoule s'éteignit quelques instants, puis s'alluma complètement, et il se mit à parler de sa belle voix modulée.

« Nombre d'entre vous doivent se souvenir des discours de Noël des années précédentes, quand mon père s'adressait à ses peuples, en Angleterre et outre-mer, en tant que chef vénéré d'une grande famille… »

Il parlait trop vite : près de cent mots par minute, au lieu des quatre-vingt-cinq préconisés par Wood. Il avait aussi du mal à en prononcer certains, son débit étant trop rapide.

« Ses paroles ont apporté le bonheur dans les foyers et les cœurs des auditeurs partout dans le monde », poursuivit le roi. Logue constata avec satisfaction que son débit ralentissait.

Plus loin dans le discours – c'était un ajout que les journaux ne manquèrent pas de relever –, il insista sur le fait qu'il s'agirait d'une occasion unique, et non d'une tradition : « Je ne puis aspirer à prendre sa place ; je ne pense pas non plus que vous aimeriez me voir poursuivre, sans la modifier, une tradition qui lui était si personnelle. »

Le roi continua au même rythme, marquant une pause bien sentie vers la fin. Au bout de trois minutes et vingt secondes précisément, ce fut fini. « Il a voulu trop insister sur deux mots », nota Logue.

Mais au roi, il déclara : « Puis-je être le premier à vous féliciter, Sire, pour votre premier discours de Noël. » Le roi lui serra la main, lui décocha, selon Logue, « son charmant sourire d'écolier », et dit : « Allons à l'intérieur. »

Ils regagnèrent la salle de réception, où la famille royale et les invités affluaient de la nursery. Ils s'attroupèrent autour du roi et le félicitèrent à leur tour. Il était 15 h 20 ; la famille royale et les visiteurs commencèrent à se disperser. Certains allèrent dans leur chambre, d'autres partirent se promener. Le roi, sa femme et sa mère regagnèrent la salle de Wood pour écouter la diffusion.

La reine Mary, âgée de soixante-dix ans, était aussi fascinée par l'équipement qu'une petite fille et, après avoir serré la main des hommes, elle demanda qu'on lui en explique le fonctionnement. Puis le téléphone sonna. Wood décrocha et déclara : « Londres est prêt à nous repasser l'enregistrement, Votre Majesté. » La reine Mary s'assit devant le micro, et Logue se mit debout, une main sur la chaise. Le roi était adossé au mur ; la reine, le rouge aux joues et le visage animé, se tenait dans l'embrasure de la porte.

C'est alors que résonnèrent les premières mesures de l'hymne britannique, *God Save the King,* et ils entendirent de nouveau le discours. Quand ce fut terminé, la reine Mary les remercia tous et demanda à Wood : « Est-ce que vous faisiez tout cela quand mon défunt mari prononçait son discours, est-ce que vous étiez tous ici ? »

« Oui, Votre Majesté », répondit Wood.

« Et je n'en savais rien », répliqua Mary, un peu tristement, selon Logue.

En traversant la salle où se trouvaient les micros, sa belle-fille, la reine Elizabeth, arrêta l'orthophoniste et, posant une main sur son épaule, lui dit : « Monsieur Logue, je pense que Bertie et moi ne vous remercierons jamais assez pour ce que vous avez fait. Regardez-le. Je crois que je ne l'ai jamais vu aussi heureux. »

Logue, saisi d'émotion, eut du mal à retenir ses larmes. Ils entrèrent alors dans la salle de réception, où il s'assit avec le roi et la reine devant la cheminée pendant près d'une heure, et discuta de tout ce qui était survenu au cours des sept mois depuis le couronnement.

Juste avant l'heure du thé, le roi se leva. « Oh, Logue, j'aimerais vous parler », dit-il. Logue le suivit dans la bibliothèque. Le souverain ramassa sur le bureau une photo signée de lui, de la reine et des petites princesses en robe de couronnement, ainsi qu'une boîte. À l'intérieur se trouvait une magnifique réplique d'une blague à tabac argentée, et une paire de boutons de manchettes dorés sur émail noir, frappés des armes royales et de la couronne.

Logue était trop ému pour parler, mais le roi lui tapota le dos. « Je ne pourrai jamais assez vous remercier pour tout ce que vous avez fait », dit-il.

Le goûter fut tout aussi informel que le déjeuner : la reine était assise à une extrémité de la table, lady May Cambridge à l'autre. Plus tard, ils descendirent tous dans la grande salle de bal décorée, où Logue eut un aperçu du rituel hautement organisé qu'était l'échange de cadeaux. Au centre de la salle se trouvait un grand sapin de Noël qui s'étirait jusqu'au plafond, magnifiquement orné. Partout dans la salle, on avait disposé d'immenses tables à tréteaux recouvertes de papier blanc. D'environ un mètre de largeur, elles étaient ponctuées tous les mètres par un ruban bleu, qui allouait à chacun un mètre carré. Des étiquettes nominales, en commençant par le roi et la reine, indiquaient où se trouvaient les cadeaux destinés à chaque personne.

Le roi avait offert à la reine un joli diadème de saphir, mais Logue fut frappé par la simplicité de la procédure et par les autres cadeaux, notamment ceux destinés aux enfants. Ensuite, ils chantèrent tous ensemble la chanson populaire *Ring a Ring o' Roses* avec les deux princesses et les autres enfants royaux.

Pour Logue, le temps passa presque comme dans un rêve ; à 18 h 30, le commandant Lang, l'écuyer, lui fit remarquer que s'il voulait prendre son train pour Londres, il fallait partir immédiatement, car il y avait du brouillard. Plus tôt dans l'après-midi, la reine lui avait proposé de rester passer la nuit s'il le désirait, mais Logue ne tenait pas à s'éterniser. Et puis, il avait lui-même des invités qui l'attendaient chez lui, à Sydenham.

Pendant ce temps, le roi, son épouse et sa mère s'étaient rendus dans une salle voisine pour distribuer les présents au personnel et aux gens du domaine ; mais quand l'écuyer leur murmura que Logue était sur le départ, ils prirent congé pour lui dire au revoir.

Alors Logue s'inclina profondément au-dessus des mains des deux reines, et elles le remercièrent de façon charmante pour tout ce qu'il avait fait, et le roi lui serra la main en disant combien il appréciait le fait qu'il ait sacrifié son propre dîner de Noël. « Enfin, dit-il, comme il n'y a pas de wagon-restaurant dans le train, j'ai demandé qu'on vous prépare un panier garni. »

Dehors, le brouillard recouvrait tout. Le conducteur réussit néanmoins à atteindre Wolferton à temps, et Logue monta bientôt à bord du train pour Londres, non sans son panier garni contenant un magnifique repas de Noël et les compliments du roi. En dépit du brouillard, le train arriva à Liverpool Street trois minutes en avance. Laurie, qui avait quitté son propre dîner de Noël, attendait son père pour le ramener chez lui. À 22 h 45, Logue fut accueilli dans sa maison, où tous les invités semblèrent ravis de le voir. Ainsi se termina ce qu'il décrivit comme « une des journées les plus merveilleuses de toute mon existence ».

Myrtle ne rejoignit pas son mari à Sandringham. Au printemps, elle avait commencé à souffrir d'une inflammation de la vésicule biliaire, et le 5 juillet elle avait dû subir une opération. Le chirurgien avait retiré quatorze calculs, « de quoi composer un jardin de rocaille », comme elle l'écrivit à son frère Rupert. Elle passa plus de trois semaines à l'hôpital avant d'être libérée, mais fit une rechute dix jours plus tard, quand un fragment de calcul qui n'avait pas été retiré se mit à bouger. La voyant vaciller d'une crise à l'autre, Lionel commença à s'affoler à l'idée de perdre la femme qui avait été à ses côtés pendant la majeure partie de sa vie d'adulte. En mars, ils avaient fêté leurs trente ans de mariage, « un temps terriblement long à passer avec une seule femme, et pourtant, avec le recul, il y a peu de choses que j'aimerais changer, écrivit-il. Cette période a été merveilleuse ; ma femme a toujours été derrière moi pour me donner la petite poussée en avant dont j'avais besoin ».

Les médecins de Myrtle, voulant lui épargner l'hiver anglais, lui prescrivirent quelques mois en Australie pour récupérer. Elle partit le 4 novembre 1937 de Southampton, rejoignant les 499 passagers à bord du *Jervis Bay* de 8 640 tonnes de l'Aberdeen and Commonwealth Line. Elle arriva à Fremantle, en Australie-Occidentale, le 5 décembre, passa quatre semaines à Perth, puis poursuivit vers l'est du pays. Elle n'était pas censée retourner en Grande-Bretagne avant avril de l'année suivante.

C'était la première fois que Myrtle retrouvait sa terre natale depuis qu'elle était partie avec Lionel, plus de dix ans plus tôt. Grâce au succès de son mari et à ses relations royales, on l'accueillit comme une célébrité : invitations à des soirées, des concerts et des récitals, et elle fut l'invitée d'honneur du gouverneur de l'État de Victoria, lord Huntingfield, et de son épouse, à la Government House. Les journalistes affluèrent pour interviewer la femme décrite comme « l'épouse de l'orthophoniste du roi George », et les journaux rendirent compte de ses allées et venues, ses fréquentations et ses tenues. Myrtle semblait ravie de cette gloire qui rejaillissait sur elle, même si elle eut peur pour sa santé à plusieurs occasions ; une fois, elle fut si mal en point qu'on pensa devoir l'emmener en ambulance à Adélaïde, mais elle se remit au point d'être « un peu jaune mais capable de continuer ».

Lors d'une interview accordée à un journal et publiée sous le titre « Les Australiens prospèrent à Londres », Myrtle dressa un portrait rose de l'existence qu'elle menait avec ses compatriotes en métropole, faisant remarquer que nombre d'entre eux avaient acquis une certaine notoriété à Londres. « J'attribue ce phénomène à leur confiance en eux et au fait qu'ils n'ont pas peur, déclara-t-elle. Ils sont tout à fait capables et savent s'adapter, et semblent retomber sur leurs pieds à chaque tournant de la vie. » Elle décrivit aussi comment sa propre « charmante maison » à Sydenham Hill était devenue un « point de chute » pour les Australiens en visite en Angleterre.

Si Lionel était toujours aussi discret lorsqu'il s'agissait d'évoquer son travail, son épouse ne put s'empêcher de parler du roi, se vantant du fait qu'il l'avait personnellement invitée, avec son mari, au sacre. Le souverain, dit-elle à un intervieweur, est « le travailleur le plus acharné au monde », un homme doté d'« une immense force et vitalité », ce qui lui permet d'accomplir un travail colossal. Elle évoqua chaleureusement son « sourire particulièrement heureux, son large sourire » et son « merveilleux sens de l'humour ».

« Si tous les patients de mon mari avaient le cran et la détermination du roi, ils obtiendraient cent pour cent de guérisons, dit-elle à un autre journaliste. Sa Majesté vient fréquemment chez nous, il est des plus charmants. Les princesses aussi ; elles ne sont pas gâtées du tout, bien que Margaret Rose soit la plus joyeuse des deux ; Elizabeth paraît plus responsable. »

« Elles s'expriment magnifiquement bien, sont simples et modestes, ajouta-t-elle. Mon mari se rend au palais tous les soirs en ce moment, et les petites princesses viennent toujours dire "Bonne nuit, papa"[74]. »

On n'a jamais vraiment su ce que pensait le mari de Myrtle de ces indiscrétions. Mais il n'a pas dû vraiment les désapprouver, car les coupures de journaux où figuraient les citations de son épouse avaient toutes été soigneusement collées dans son album-souvenir.

Chapitre onze

Sur le sentier de la guerre

George VI et la reine Elizabeth en route pour le Canada, 1939

Alors que Myrtle effectuait sa tournée triomphale en Australie, l'Europe marchait inexorablement vers la guerre. Pendant plusieurs années, Hitler, à la poursuite de son *Lebensraum*, avait principalement porté son attention sur les pays en bordure de l'Allemagne, surtout composés de germanophones. En 1935, par plébiscite, la région de la Sarre fut rattachée à l'Allemagne. Puis, début 1938, se produisit l'*Anschluss* de l'Autriche. La Tchécoslovaquie, avec sa grande population germanophone, majoritaire surtout dans certaines régions des Sudètes, constituait désormais une cible tentante. Ce pays enclavé était aussi cerné sur trois côtés. Lorsque, au printemps et à l'été 1938, certains Allemands des Sudètes commencèrent à réclamer l'autonomie ou même l'union avec l'Allemagne, Hitler s'en servit comme d'un prétexte pour agir.

La Tchécoslovaquie avait beau posséder une armée bien entraînée, son gouvernement savait que celle-ci ne serait pas de taille face à la puissante machine de guerre allemande. Les Tchèques avaient besoin du soutien de l'Angleterre et de la France, mais Londres et Paris s'apprêtaient à les abandonner à leur sort. En septembre, Chamberlain rencontra Hitler dans son repère de Berchtesgaden, où ils s'entendirent pour que l'Allemagne annexe les Sudètes, du moment qu'une majorité de ses habitants votaient en faveur d'un plébiscite. Ce qui restait de la Tchécoslovaquie recevrait alors des garanties internationales de son indépendance. Mais quand Chamberlain retrouva le dirigeant nazi à Bad Godesberg, près de Bonn, le 22 septembre, Hitler balaya leur précédent accord.

Chamberlain était encore en Allemagne lorsque Logue retrouva le roi le lendemain. Ils devaient se voir pour un discours que devait faire le souverain à l'occasion du lancement du *Queen Elizabeth*, le 27 septembre. George VI, naturellement préoccupé par la situation internationale qui empirait, demanda à Logue ce que pensaient les gens ordinaires de l'éventualité d'une guerre. Comme tant d'hommes de sa génération, il avait été si horrifié par le massacre de la Première Guerre mondiale qu'il semblait préférer n'importe quoi – même une conciliation avec un chef nazi – à un nouveau conflit total. « Vous seriez étonné, Logue, de voir combien de personnes souhaiteraient plonger ce pays dans la guerre, sans en peser les conséquences », lui dit-il.

Même si le roi avait pensé autrement, il n'aurait pas pu y faire grand-chose : l'influence du monarque avait considérablement décliné au cours des trente dernières années. Pendant la première décennie du siècle, son grand-père Édouard VII avait activement participé à la politique étrangère, aidant à ouvrir la voie à l'Entente cordiale avec la France en 1904. À l'inverse, George VI n'aurait guère l'occasion d'influer sur la politique menée par Chamberlain et ses ministres.

Ainsi, au petit matin du 30 septembre, Chamberlain et son homologue français, Édouard Daladier, signèrent avec Hitler et Mussolini ce qui serait connu comme les accords de Munich, permettant à l'Allemagne d'annexer les Sudètes. De retour à Londres, face à des foules jubilantes, Chamberlain agita un exemplaire des Accords à l'aérodrome de Heston, à l'ouest de Londres, en affirmant sa conviction selon laquelle il s'agissait de « la paix pour notre temps ». Nombreux furent ceux qui le crurent.

Mais Munich n'empêcha pas la guerre, qui ne fut que différée. Au cours des mois qui suivirent, Logue continua de voir le roi et devint un fréquent visiteur de Buckingham Palace ; le souverain ne pouvait plus se rendre à Harley Street, comme il l'avait fait quand il était duc d'York.

Le premier défi du roi fut le discours qu'il devait prononcer lors de la cérémonie d'ouverture du Parlement, le 8 novembre 1938. Il se préparait aussi à faire un voyage important : un séjour de plus d'un mois au Canada, censé débuter début mai 1939. Ce serait le premier effectué par un monarque régnant ; il revêtirait peut-être même davantage d'importance que son séjour en Australie et en Nouvelle-Zélande qui avait marqué le début de son association avec Logue, plus d'une décennie plus tôt. Dans son discours, il comptait confirmer son acceptation d'une invitation lancée par le président Franklin D. Roosevelt : en effet, celui-ci lui proposait d'effectuer une brève visite personnelle de l'autre côté de la frontière, aux États-Unis. Il ne s'agissait pas uniquement de raffermir les liens de la Grande-Bretagne avec les deux puissances nord-américaines, mais aussi de consolider les sympathies face à un conflit imminent avec l'Allemagne nazie.

On avait demandé à Logue de se rendre au palais à 18 heures, le 3 novembre, afin de réviser le discours avec le roi. Il arriva quinze minutes en avance et passa voir Alexander Hardinge, qui lui montra le texte. En le lisant, l'orthophoniste fut ravi de constater que le roi allait accepter l'invitation de Roosevelt. « Je considère qu'il s'agit d'un des plus grands gestes en faveur de la paix mondiale qui aient jamais été faits, écrivit-il dans son journal intime. Bien sûr, de nombreux citoyens américains protesteraient en disant qu'il s'agit d'une tactique politique, mais ils voient la politique ou l'argent partout. »

Tandis qu'il lisait, Eric Mieville, le secrétaire particulier adjoint du roi, entra et se lança dans une longue discussion avec Hardinge afin de déterminer s'il serait avisé ou non que le roi emmène des représentants de la cour avec lui au Canada. Incapables de prendre une décision, ils se tournèrent vers Logue pour lui demander son opinion de « colonial ». Celui-ci se souvenait affectueusement de la visite de George V, encore duc d'York, à Adélaïde, alors que lui-même était encore enfant. « Plus il y aura de pompe, mieux ça vaudra, leur dit-il. Ils ont tenu compte de mon avis, et lord Chamberlain ne saura probablement jamais que c'est l'opinion du colonisé Lionel Logue qui lui a permis de prendre part à cette visite canadienne. »

Le roi avait l'air fatigué, ce qui était peut-être compréhensible, compte tenu du fait qu'il avait dû se lever à 4 heures du matin pour aller à la chasse aux canards à Sandringham. Mais Logue, lui, le trouva plutôt en forme. Ils lurent le discours deux fois : pour la première, il fallut treize minutes ; la seconde n'en nécessita que onze. Comme le texte restait complexe, ils fixèrent deux autres rendez-vous pour mieux se préparer. Avant de partir, quelques minutes avant 19 heures, la princesse Margaret, alors âgée de presque huit ans, entra pour souhaiter bonne nuit à son père. « C'est très beau de les voir jouer ensemble, pensa Logue. Lorsqu'elle est dans la pièce, il ne voit plus qu'elle. »

Logue revit le roi le matin de la cérémonie d'ouverture du Parlement pour une dernière relecture : « Un bel effort, malgré le fait qu'il y ait un terrible excès de mots, écrivit-il dans son journal. Il lui a fallu onze minutes exactement, et il serait intéressant de voir en combien de temps il le prononcera. » Logue ne put se rendre au Parlement, mais le capitaine Charles Lambe, un des officiels du roi qui serait présent à la Chambre, promit de noter la durée du discours et de l'appeler immédiatement après. Lambe rapporta plus tard qu'il lui avait fallu treize minutes, avec quatre hésitations.

Au grand soulagement de Logue, mais surtout du roi lui-même, il fut décidé qu'il n'y aurait pas de discours de Noël cette année-là ; celui de l'année précédente avait été exceptionnel, uniquement à l'occasion de l'année du couronnement. Mais ce soulagement fut de courte durée : lors de sa visite en Amérique du Nord, le roi devrait prononcer un certain nombre de discours, le plus important étant à Winnipeg le 24 mai, jour de la célébration annuelle de l'Empire. Cette journée avait été lancée pour la première fois en 1902, le jour de l'anniversaire de la reine Victoria, décédée l'année précédente ; elle était censée rappeler aux enfants ce que cela signifiait d'être les « fils et les filles d'un glorieux Empire ». En un temps de grande tension internationale comme celui-ci, elle offrait l'opportunité de montrer la solidarité des membres de l'Empire envers la mère patrie.

Tous ces discours impliquaient nécessairement un certain nombre de sessions avec Logue. Une lettre envoyée du palais le 10 mars, par exemple, confirmait des rendez-vous pour le 16, le 17 et le 20. Des visites aussi fréquentes signifiaient que l'orthophoniste commençait aussi à voir la famille du roi plus souvent. Lors de la première de ces trois entrevues, la princesse Margaret Rose les interrompit de nouveau, et séduisit Logue par son charme, tout comme sa mère. « Quelle chère petite bonne femme, avec ses yeux vifs qui ne laissent rien passer, consigna-t-il dans son journal intime. Elle revenait tout juste d'une leçon de danse, et nous a montré comment, en faisant les derniers pas de la danse écossaise, ses petites chaussures lui ont écorché les jambes et, après sa démonstration, elle a demandé si "on pouvait y faire quelque chose". »

Le mois suivant, Logue croisa l'impressionnante figure qu'était la reine Mary, la reine mère, alors âgée d'un peu plus de soixante-dix ans. En longeant le couloir incurvé pour rejoindre le roi, il remarqua qu'un des valets se mettait au garde-à-vous. Quelques pas plus loin, il vit deux femmes avancer vers lui, l'une d'elles marchant avec une canne. Le cœur de Logue tressaillit dans sa poitrine lorsqu'il comprit brusquement de qui il s'agissait.

« J'ai reculé vers le mur et les ai saluées ; arrivées en face de moi, elles se sont arrêtées – et j'ai eu peur que mon cœur ne fasse de même, relata Logue dans son journal, de ce ton fébrile qu'il adoptait toujours lorsqu'il rencontrait des femmes royales. La reine s'est approchée lentement, et en tendant une main a dit : "Je vous connais, vous êtes venu à Sandringham. Bien sûr, vous êtes Logue, je suis très heureuse de vous revoir." »

Plus tard, lorsqu'il raconta au roi combien il avait été impressionné de ce que sa mère l'eût reconnu, le souverain répondit : « Oui, elle est vraiment merveilleuse. »

Le départ du roi et de la reine était prévu pour le 5 mai 1939, à bord du paquebot RMS *Empress of Australia*, de la Canadian Pacific, avant d'entamer un trajet de douze jours à travers le nord de l'Atlantique. L'après-midi précédent, Logue avait été convoqué au palais. Il avait donné à Tommy Lascelles, qui devait les accompagner, des conseils sur la façon d'aider le roi à se préparer à un discours radiophonique. Il avait insisté sur le fait que, contrairement à l'impression donnée par toutes les photographies où on le voyait assis devant un micro, il préférait rester debout. À cette occasion (comme pour le voyage australien), il n'était pas question que Logue se joigne au groupe royal, et il ne l'aurait d'ailleurs pas voulu. « Mon merveilleux patient se porte merveilleusement bien, et il va passer un séjour merveilleux au Canada, écrivit-il à son beau-frère Rupert. Il n'y a aucune raison pour que j'y aille. »

Puis, quelques minutes plus tard, il reçut le message : « M. Logue est attendu », et on l'emmena voir le roi. Logue se souvint que le souverain était trop fatigué pour se lever et relire ses discours, mais qu'il était souriant et semblait plutôt heureux. Ils étaient en train de travailler ensemble le texte d'un discours destiné au Québec, lorsqu'une porte dissimulée dans le mur s'ouvrit, laissant entrer la reine, vêtue d'une superbe tenue brune, accompagnée des deux princesses.

Comme c'était leur dernière soirée avec leurs parents, Elizabeth et Margaret supplièrent qu'on les laisse veiller et jouer dans la piscine. La reine se joignit à elles et, après de nombreuses supplications, du genre « Allez, papa, c'est notre dernière nuit », le roi finit par céder, à la condition que tout soit fini à 18 h 30.

Puis il se tourna vers Logue et dit : « Racontez-leur cette fois où vous avez plongé sur ce requin. » Alors, Logue expliqua que, quand il avait environ cinq ans et qu'il vivait à Brighton, sur la côte sud de l'Australie, il avait l'habitude avec d'autres enfants de courir vers la digue au saut du lit, abandonnant leur pyjama en chemin, afin de faire la course et d'être le premier dans l'eau.

Ce matin-là, le jeune Logue fut le premier, et il plongea de l'extrémité de la digue avec un cri joyeux, dans l'eau claire et scintillante. « Tandis que je me retournais dans les airs, là, en dessous, dans environ trois mètres d'eau, il y avait un petit requin qui dormait du sommeil du juste, poursuivit-il. Je ne pouvais pas revenir en arrière, et j'ai percuté l'eau avec un bruit effrayant avant de me précipiter vers le débarcadère, m'attendant à perdre une jambe à tout moment. Le malheureux requin, certainement plus effrayé que moi, avait déjà dû parcourir une dizaine de kilomètres. » Pendant que Logue racontait son histoire, les princesses, les yeux écarquillés et les mains serrées, le fixaient, captivées.

Une fois que les filles furent parties à la piscine, Logue serra la main de la reine, lui souhaita un bon voyage et un bon retour. « Eh bien, j'espère qu'on ne devra pas travailler trop dur, répondit-elle. Nous avons déjà hâte d'être rentrés. »

De nouveau seul avec le roi, Logue le fit relire les discours une fois de plus. « Le roi s'est exécuté on ne peut mieux, nota-t-il dans son journal. S'il ne se fatigue pas trop, je suis certain qu'il s'en sortira parfaitement. En partant, je lui ai souhaité bonne chance ; il m'a remercié et m'a dit : Merci beaucoup, Logue, pour tout le mal que vous vous êtes donné, je suis extrêmement chanceux d'avoir à mes côtés un homme qui comprend si bien les voix et les discours. »

La traversée vers le Canada n'eut pas lieu sans incidents : pendant l'hiver, la banquise avait dérivé bien plus au sud que d'habitude, il y avait un brouillard épais, et le navire manqua percuter un iceberg. Comme quelqu'un à bord le fit remarquer au malheureux capitaine, ils ne se trouvaient pas loin de l'endroit où, à la même saison, en 1912, le *Titanic* avait coulé.

Le roi et la reine débarquèrent au Québec le 17 mai, quelques jours plus tard que prévu, et se soumirent à un emploi du temps très chargé qui les emmena à travers le pays. Presque partout, ils furent accueillis avec enthousiasme. L'un des Premiers ministres provinciaux dit à Lascelles : « Vous pouvez rentrer chez vous et dire au Vieux Monde qu'après aujourd'hui, affirmer que le Canada est un pays isolationniste ne serait qu'une idiotie[75]. » Une semaine plus tard, il y eut le discours du jour de l'Empire, retransmis en Grande-Bretagne à 20 heures. Après l'avoir écouté, Logue envoya un télégramme à Lascelles, alors à bord du train royal, à Winnipeg.

« Discours à l'Empire très grande réussite, voix magnifique, débit évocateur, quatre-vingts atmosphères minimum. Veuillez transmettre mes félicitations à Sa Majesté. Cordialement, Logue. »

L'étape américaine du voyage, qui commença le soir du 9 juin, revêtait, si possible, encore plus d'importance pour le roi : des membres de la famille royale avaient déjà visité les États-Unis, mais c'était la première fois qu'un souverain britannique régnant foulait la terre de ce pays. Un tapis rouge fut déroulé sur le quai de Niagara Falls, dans l'État de New York, et le train royal bleu et argenté traversa la frontière ; le roi et la reine furent accueillis par Cordell Hull, le secrétaire d'État, et son épouse.

Le président Roosevelt était parfaitement conscient de la symbolique de son invitation. Si l'étape canadienne du voyage royal avait pour but de renforcer la solidarité du Commonwealth, la présence du roi au sud du 49e parallèle apporterait des preuves puissantes de la force de l'amitié liant les îles Britanniques et les États-Unis.

L'accueil réservé au couple royal dans les rues de Washington fut extraordinaire. Environ 600 000 personnes le suivirent de la gare, Union Station, vers le Capitole, pour descendre Pennsylvania Avenue jusqu'à la Maison-Blanche, malgré des températures avoisinant les 34 °C. « Au cours de ma longue existence, j'ai assisté à de nombreux événements importants à Washington, mais je n'ai jamais vu une telle foule comme celle assemblée sur la route entre Union Station et la Maison-Blanche », écrivit Eleanor Roosevelt, l'épouse du Président, dans son journal intime. Elle ajouta, à propos du couple royal : « Ils savent se faire des amis, ces jeunes gens[76]. »

Pour le roi, le clou de la visite fut les vingt-quatre heures qu'il passa avec la reine à Hyde Park, la maison de campagne de Roosevelt sur les berges de l'Hudson, dans le comté de Dutchess, à New York. Si le drapeau royal flottait au mât, les hommes mirent toute formalité de côté et parlèrent franchement de la situation et de son impact sur leurs pays respectifs.

Les deux couples sympathisèrent aussi sur un plan plus personnel ; ils burent des cocktails et pique-niquèrent à midi. Le roi enleva sa cravate, savoura une bière et goûta à cette fameuse spécialité culinaire américaine : le hot-dog. Les Roosevelt, nota le magazine *Time*, avaient « développé un sentiment paternel et maternel envers ce jeune couple sympathique ». Le roi et la reine semblaient ravis de leur séjour. « Ils forment une famille si charmante et unie, et vivent à l'anglaise lorsqu'ils viennent dans leur maison de campagne », écrivit la reine à sa belle-mère[77]. Wheeler-Bennett, le biographe officiel du roi, spécula que Roosevelt, qui était confiné sur une chaise roulante en raison d'une polio, et le roi, avec ses difficultés d'élocution, s'étaient rapprochés par « ce lien tacite qui unit ceux qui ont triomphé d'un handicap physique ».

Le roi et la reine repartirent chez eux le 15 juin de Halifax, à bord du paquebot *Empress of Britain*. Il n'y avait aucun doute quant à l'impact qu'avait eu leur visite sur la relation de la Grande-Bretagne avec le Nouveau Monde, mais aussi sur l'amour-propre du roi – ce que la presse des deux côtés de l'Atlantique ne manqua pas de faire remarquer. « Plus que tout, ce voyage a eu une grande influence sur George VI lui-même, commenta le *Time* quatre jours plus tard. Il y a deux ans de cela, il a endossé ses responsabilités presque sans préavis, s'attendant à jouer toute sa vie le rôle du jeune frère discret. Les journalistes qui l'ont suivi sur ce long circuit, de Québec à Halifax, ont été frappés par la nouvelle assurance acquise par George suite à cette épreuve. »

Cette idée fut reprise plus tard par le biographe officiel du roi. Ce voyage « l'avait fait sortir de lui-même, lui permettant de s'ouvrir à de nouvelles perspectives et de lui faire découvrir de nouvelles idées. Il marqua la fin de sa période d'apprentissage en tant que monarque, lui donna plus d'assurance et de confiance en lui[78] ».

Cette nouvelle aisance s'était reflétée dans les discours prononcés pendant la visite royale. « Je n'ai jamais entendu le roi, ou quiconque d'ailleurs, s'exprimer de manière si efficace, si émouvante, écrivit Lascelles à Mackenzie King, le Premier ministre du Canada. Un ou deux passages l'ont si profondément ému que j'ai eu peur qu'il ne s'effondre. Ce sentiment spontané a donné plus de force à son allocution… Ces dernières semaines, qui ont culminé en son effort final d'aujourd'hui, l'ont catégoriquement établi comme un orateur exceptionnel[79]. »

Les sujets britanniques du roi eurent le loisir d'apprécier sa nouvelle assurance lors d'un déjeuner au Guildhall de Londres, le vendredi 23 juin, le jour où il regagna la capitale avec la reine, recevant un accueil triomphal. Le roi avait câblé un message à Logue du navire pour qu'il soit au palais à 11 h 15. L'orthophoniste était arrivé avec suffisamment d'avance pour s'entretenir brièvement avec Hardinge, qui lui révéla que le roi était fatigué mais en pleine forme.

Comme toujours, Logue trouva le roi un peu nerveux, mais celui-ci ne tarda pas à se détendre et à afficher son sourire caractéristique en discutant du voyage. « Roosevelt a grandement éveillé son intérêt, un homme tout à fait charmant, a-t-il dit », écrivit Logue. Ils passèrent en revue le discours, que Logue trouva trop long ; réfléchissant, comme d'habitude, au contenu au-delà des mots, il décréta aussi que le texte aurait dû comporter plus de références au séjour aux États-Unis. Le roi prit note de ses conseils, mais comme le discours devait être prononcé à peine quelques heures plus tard, il manquait de temps pour le modifier.

Quelque sept cents personnalités en vue avaient été invitées au Guildhall, où tous savourèrent un déjeuner de huit plats, arrosé de deux marques de champagne 1928 et de porto millésimé. « C'est vraiment dommage qu'on n'ait pas fait un film en couleurs de cette scène, commenta le *Daily Express*. On aurait pu ainsi conserver pour la postérité une image de tout le pouvoir exécutif de Grande-Bretagne, tassé sur quelques mètres carrés de tapis bleu. »

En s'exprimant avec une grande émotion, le roi décrivit comment sa visite avait consolidé les liens entre l'Angleterre et le Canada. « Partout, bien sûr, j'ai vu le symbole de la Couronne britannique ; mais par-dessus tout, j'ai pu observer les institutions qui se sont développées, siècle après siècle, avec ce puissant essor qui caractérise ce pays, sous l'égide de cette Couronne », dit-il à son public, qui l'interrompit plusieurs fois en l'acclamant bruyamment.

Logue, qui suivit le discours à la radio, fut impressionné. Lascelles l'appela à 16 h 15, « pour dire à quel point tout le monde était satisfait du discours, particulièrement le roi ».

Le verdict de la presse fut tout aussi encourageant. William Hickey, dans sa rubrique du *Daily Express*, déclara qu'il s'agissait d'« un discours admirable et harmonieux », avec quelques touches personnelles qui donnaient l'impression que le roi l'avait rédigé lui-même. Et il l'avait bien prononcé. « Le roi s'est tant amélioré sur ce point depuis les premiers jours de son règne qu'on ne saurait se rendre compte de son défaut aujourd'hui », décréta le journaliste, en ajoutant qu'il avait développé l'art oratoire qui consiste à laisser juste assez de temps pour les applaudissements qui ponctuaient son discours.

Le mois suivant, le roi exprima sa propre réaction aux éloges de plus en plus nombreux sur ses talents d'orateur dans sa réponse à une lettre de félicitations envoyée par son vieil ami, sir Louis Grieg : « Cela me change du temps où, quand je parlais, j'avais l'impression de vivre "l'enfer[80]". »

Chapitre douze

« Tuer le peintre en bâtiment autrichien »

Green Park changea considérablement d'aspect
durant la Seconde Guerre mondiale

Le dimanche 3 septembre 1939, l'inéluctable finit par se produire : sir Neville Henderson, ambassadeur de Grande-Bretagne à Berlin, transmit un dernier message au gouvernement allemand l'avertissant que si, avant 11 heures le matin même, il n'avait pas retiré ses troupes de Pologne – où elles étaient entrées depuis deux jours –, l'Angleterre déclarerait la guerre à l'Allemagne. Berlin resta sourd à cet ultimatum et, à 11 h 15, la voix tremblante d'émotion, Neville Chamberlain annonça à la radio que l'Angleterre était désormais en état de guerre contre l'Allemagne. La France fit de même quelques heures plus tard.

Pour la première fois de son histoire, la Chambre des communes se réunit un dimanche pour entendre Chamberlain. L'une des premières décisions du Premier ministre fut de remanier le gouvernement et de rappeler Winston Churchill au poste de premier lord de l'Amirauté, qu'il occupait durant la Grande Guerre. Anthony Eden, qui avait démissionné en février 1938 pour marquer son désaccord avec la politique d'apaisement du Premier ministre, fut nommé secrétaire d'État aux Dominions. Chamberlain était alors âgé de soixante-dix ans et souffrait déjà du cancer qui l'emporterait un peu moins d'un an plus tard ; ce n'est toutefois que contraint et forcé qu'il donnerait sa démission pour céder la place à Churchill, de cinq ans son cadet.

L'orage de la guerre avait grondé durant tout l'été. Avec l'annonce, le 22 août, de la signature d'un pacte de non-agression entre l'Allemagne et l'Union soviétique, le spectre de la guerre s'était encore rapproché, Hitler étant désormais libre d'envahir la Pologne et de concentrer ses forces sur son front occidental. Trois jours plus tard, l'Angleterre signait un traité avec le gouvernement de Varsovie, lui assurant aide et assistance en cas d'agression. Chamberlain n'en continua pas moins de négocier avec Hitler, même s'il refusa d'écrire personnellement au chef nazi ainsi que le roi le lui avait suggéré. Pour beaucoup de gens, le pire était encore l'incertitude.

Le 28 août 1939, Logue fut convoqué au palais. Alexander Hardinge était exceptionnellement présent, en manches de chemise. Il faisait une chaleur accablante, un temps plus typique, pour Logue, de son Australie natale que de son pays d'adoption. « Une des journées les plus étouffantes et les plus pénibles dont je puisse me souvenir et qui m'a davantage rappelé Sydney ou Ceylan que n'importe quel coin d'Angleterre », écrit-il dans son journal.

Logue remarqua que l'impasse internationale semblait plonger le roi et ses conseillers dans le même désarroi que le reste du pays. « Je suis allé voir le roi et ses premiers mots ont été : “Bonjour, Logue, dites-moi, sommes-nous en guerre ?” Je répondis que je ne savais pas, ce à quoi il répliqua : “Vous ne savez pas, le Premier ministre ne sait pas et moi-même, je ne sais pas.” Il est profondément inquiet et trouve la situation tout à fait invraisemblable. Si seulement nous savions comment tout cela va tourner. » De retour chez lui, Logue était toutefois convaincu que « la guerre [n'était] pas loin ».

Le 1er septembre, les troupes allemandes envahirent la Pologne. « L'Angleterre envoie un dernier avertissement, proclamait la une du *Daily Express* le lendemain matin. Cessez les hostilités et retirez les troupes de Pologne ou c'est la guerre. » La réponse à cette sommation se trouvait juste en dessous, en plus petits caractères : « Nous n'accepterons aucun ultimatum, annonce Berlin. »

Cela faisait plusieurs mois que le gouvernement préparait le pays et la population civile à l'éventualité d'une guerre et notamment à des bombardements massifs sur les principales villes. Près de 827 000 écoliers et un peu plus de 100 000 enseignants et assistants furent évacués de Londres et d'autres grandes villes en direction des campagnes. Quelque 524 000 autres enfants, plus jeunes, partirent également avec leurs mères. Des sirènes d'alerte aérienne et des ballons captifs furent installés pour protéger les villes. Les fenêtres des maisons devaient être recouvertes de papier de couleur sombre. Des tranchées furent percées dans les parcs ainsi que des abris antiaériens. Ceux qui possédaient un jardin y creusèrent des « abris Anderson », sorte de tunnel dont le toit en tôle ondulée était recouvert de terre. Il était recommandé de creuser jusqu'à au moins un mètre de profondeur.

On redoutait tout particulièrement les armes chimiques. Les gaz de combat avaient fait des ravages dans les tranchées de la Première Guerre mondiale, et l'on craignait que les Allemands n'en fassent usage contre les populations civiles. Dès qu'il eut déclaré la guerre, le gouvernement fit distribuer près de 38 millions de masques à gaz en caoutchouc noir et lança une grande campagne de propagande. « Hitler n'enverra pas d'avertissement, ayez toujours votre masque à gaz sur vous », conseillait un de ces messages. Toute personne circulant sans masque encourait une amende.

Chez les Logue, comme partout ailleurs, on se préparait au pire. À partir du 1er septembre au soir, tous les lampadaires restèrent éteints la nuit et chaque foyer dut calfeutrer ses fenêtres afin de ne pas faciliter la tâche aux bombardiers allemands. Le cadet de la famille, Tony, jeune homme athlétique aux cheveux bruns bouclés qui s'apprêtait à fêter ses dix-neuf ans, revint de la bibliothèque du quartier avec un rouleau de papier noir et s'appliqua à empêcher tout rai de lumière de s'échapper de la maison. Par chance, toutes les pièces étaient équipées de volets. Myrtle, qui les avait en horreur et avait longtemps songé à les faire retirer, était à présent bien heureuse de n'en avoir rien fait.

Manquant de papier pour recouvrir toutes les fenêtres, Tony en laissa une sans protection dans la salle de bains. Ce détail paraissait sans importance. Ce soir-là pourtant, alors qu'elle venait de se laver les dents et s'apprêtait à aller se coucher, Myrtle entendit frapper à la porte. Elle ouvrit et deux hommes de la défense passive lui demandèrent en termes courtois d'éteindre la lumière. Myrtle n'avait jamais dormi dans une chambre aussi sombre. Elle se sentait comme « une chrysalide dans un cocon de ténèbres ».

La famille fut toutefois confrontée à un autre problème plus urgent : Thérèse, leur fidèle cuisinière, vivait à Londres depuis dix ans mais était d'origine bavaroise. « Oh, madame, me voilà bien attrapée, il est trop tard pour partir ! » s'écria-t-elle, le visage baigné de larmes. Cet après-midi-là, les deux femmes avaient entendu l'ordre de mobilisation générale à la radio. Thérèse avait alors téléphoné à l'ambassade d'Allemagne et appris qu'un dernier train partirait à 10 heures le lendemain matin. Elle s'était empressée de faire ses bagages.

Dans la maison des Logue, comme partout ailleurs dans le pays, ce climat d'appréhension était heureusement ponctué de moments plus légers. « La bonne a transformé une situation grave en scène des plus comiques, écrivit Logue. Son fils, Ernie, a été envoyé à la campagne hier ; alors qu'elle descendait l'escalier, elle s'est exclamée : "Dieu merci, mon petit Ernie a été excavé !" »

Loin d'être enthousiastes à l'idée de repartir en guerre vingt ans à peine après la fin de la précédente, les Anglais savaient au moins à quoi s'en tenir après la déclaration du 3 septembre de Chamberlain. « C'est un énorme soulagement après toute cette tension, nota Logue. Il y a une volonté universelle de tuer le peintre en bâtiment autrichien. » Dans son journal – qu'il tiendra soigneusement durant sept ans et demi –, le roi exprimait un sentiment similaire : « Au moment où l'horloge a sonné les onze coups fatidiques ce matin, j'ai ressenti un certain soulagement à l'idée que ces dix jours d'intenses négociations avec l'Allemagne à propos de la Pologne – qui avaient semblé par moments prendre un tour favorable avec l'engagement de Mussolini pour la paix – étaient désormais derrière nous[81]. »

De son côté, Myrtle s'absorba dans des activités plus prosaïques : elle prépara quatre kilos et demi de confiture de quetsches et mit trois kilos et demi de haricots à saler. Guerre ou pas guerre, il faudrait bien manger. Laurie et sa femme Joséphine – Jo pour la famille – étaient là eux aussi. Myrtle s'inquiétait pour eux : Jo devait accoucher de son premier enfant à la fin du mois (faisant par la même occasion de Lionel et Myrtle des grands-parents). Dans le journal qu'elle commença à tenir à cette époque, Myrtle espérait que Jo ne serait pas « excavée » à son tour.

Quelques minutes à peine après l'annonce de Chamberlain, le son des sirènes de défense antiaérienne – encore peu familier – retentit à travers la capitale. Logue appela Tony, qui réparait son vélo dans le garage, pour qu'il l'aide à fermer tous les volets de la maison. Depuis une fenêtre, ils virent les ballons de barrage s'élever dans les airs, un « spectacle fantastique » aux yeux de Logue. À quelques kilomètres de là, le roi et la reine furent tout aussi surpris d'entendre le terrifiant hurlement des sirènes. Tous les deux se regardèrent en disant : « Ce n'est pas possible. » C'était pourtant bien la réalité et ils descendirent, le cœur battant, s'abriter au sous-sol. Là, raconte la reine, ils se sentirent « pétrifiés et horrifiés et [s'assirent] en attendant les bombes[82] ».

Aucune ne tomba cette nuit-là, et, près d'une demi-heure plus tard, l'alerte était levée. Le couple royal regagna sa demeure, tout comme ceux qui avaient la chance d'avoir accès à un abri. Il s'agissait de la première d'une longue série de fausses alertes, les raids aériens tant redoutés ne commençant véritablement qu'avec le *Blitz*, soit presque un an plus tard.

La première nuit de la guerre commença comme toutes les autres. La seule différence que Myrtle nota fut l'absence de programmes à la radio où l'on ne passa que des disques. À 3 heures du matin, une deuxième alerte aérienne retentit, et tous se précipitèrent dans la petite cave de la maison. « Nous ne ressentons que de l'irritation, écrit Myrtle dans son journal. C'est une chose étrange de voir comment nous réagissons. Nous ne sommes ni effrayés ni pris de panique, seulement profondément agacés d'être dérangés de la sorte. »

Le pays en était à sa troisième nuit de couvre-feu et l'obscurité provoquait le désordre le plus total dans une ville peu habituée aux ténèbres. Les hôpitaux étaient pleins, non de blessés de guerre mais de gens victimes d'accidents : il y avait ceux qui avaient été renversés par des voitures aux phares voilés, ceux qui s'étaient cassé une jambe en sautant d'un train pour atterrir sur un quai qui n'était pas là, ou encore ceux qui s'étaient tordu la cheville en trébuchant sur un obstacle invisible. Trois ans après avoir obtenu son diplôme, Valentine était devenu chirurgien militaire à l'hôpital St. George, où la situation ne faisait pas exception : il passa toute la première nuit de la guerre à opérer des gens victimes d'accidents dans les rues de Londres.

Maintenant que la guerre était déclarée, Logue savait qu'il aurait un rôle important à jouer auprès du roi. Hardinge l'avait appelé le lundi précédent, 25 août. « Tenez-vous prêt à venir au palais », lui avait-il dit. Logue ne lui avait pas demandé pourquoi. Il était prêt nuit et jour, l'assura-t-il, même si malgré son grand désir de voir et de parler au roi, il espérait sincèrement ne pas être appelé, ne sachant que trop bien ce que cela signifierait.

Le 3 septembre vers midi, Logue reçut le coup de téléphone tant redouté. Eric Mieville, secrétaire particulier du roi depuis 1937, lui expliqua que le roi devait s'adresser à la nation à 18 heures ce jour-là et que sa présence était requise. Laurie conduisit son père en ville, et Logue arriva au palais à 17 h 20.

En ville, tout semblait normal à l'exception des ballons qui renvoyaient des reflets d'un « beau bleu argenté » dans le ciel. Après avoir déposé son père au palais, Laurie fit immédiatement demi-tour pour arriver à la maison à temps pour le discours. Logue laissa son chapeau, son parapluie et son masque à gaz dans le Privy Purse Hall et grimpa l'escalier.

Le roi accueillit Logue dans son bureau privé, la pièce où ils travaillaient habituellement devant être préparée pour la photographie après le discours. Il avait revêtu son uniforme d'amiral avec toutes ses décorations.

Ensemble, ils relurent le discours. Ce message, d'après le biographe officiel du roi, était « l'expression d'une foi en des valeurs simples [...] qui donna du courage au peuple anglais peut-être mieux que quiconque en cette veille de conflit et le rassembla dans l'objectif de la victoire[83] ». Logue parcourut le texte, insérant des pauses entre certains mots pour en faciliter la lecture. Il changea également certains termes comme *« government »* qui aurait pu poser problème au roi et fut remplacé par *« ourselves »* ainsi que *« call »*, transformé en « *summon* ».

Logue fut frappé par la tristesse que trahissait la voix du roi alors qu'il lisait. Il s'efforça de le divertir, lui rappelant la nuit de la veille de son couronnement où ils avaient passé une heure avec la reine dans cette même pièce à répéter le discours qu'il devait prononcer le lendemain et qu'il redoutait autant que celui qu'il tenait à présent dans ses mains. Ils rirent et repensèrent un moment à tout ce qui s'était passé depuis ces deux ans et demi. Puis, une porte s'ouvrit à l'autre bout de la pièce et la reine entra, « aussi royale que charmante », notera Logue en pleine adoration. Elle était « la femme la plus belle qu'[il ait] jamais vue », pensa-t-il en s'inclinant sur sa main.

Plus que trois minutes avant le discours, il était temps d'aller dans la salle d'enregistrement. Alors qu'ils traversaient le couloir, le roi fit signe à Frederick Ogilvie – successeur de John Reith à la tête de la BBC depuis 1938 – de se joindre à eux. La pièce venait juste d'être refaite et offrait un cadre chaleureux qui contrastait avec la gravité du moment. Le roi était conscient de l'importance de ce discours qui serait entendu par des millions de personnes dans tout l'Empire.

Au bout d'une cinquantaine de secondes, le voyant rouge s'alluma. Logue regarda le roi s'approcher du micro et lui sourit. Alors que 18 heures sonnaient à l'horloge de la cour, le roi pinça les lèvres en une sorte de rictus et commença à parler, la voix tremblante d'émotion.

En cette heure solennelle, peut-être la plus fatidique de notre histoire, j'envoie à tous les foyers de tous mes peuples, d'Angleterre et d'outre-mer, ce message, adressé à chacun d'entre vous avec la même ferveur que si je pouvais passer le pas de votre porte et vous parler en personne.

Pour la seconde fois dans l'existence de la plupart d'entre nous, nous sommes en guerre. Inlassablement, nous nous sommes efforcés de trouver une solution pacifique aux différends qui nous opposent à ceux qui sont aujourd'hui nos ennemis. Nos efforts sont restés vains. Nous avons été entraînés de force dans ce conflit. Nous avons aujourd'hui le devoir, avec nos alliés, de nous dresser contre un principe qui, s'il devait l'emporter, serait fatal à tout ordre civilisé dans le monde.

Il s'agit du principe qui permet à un État avide de pouvoir de mépriser ses traités et ses engagements solennels ; qui autorise l'usage de la force ou de la menace contre la souveraineté et l'indépendance d'autres nations. Un tel principe, débarrassé de tout faux-semblant, n'est que l'expression de cette doctrine primitive qui veut que la force fasse loi. Si ce principe s'imposait dans le monde, la liberté de notre propre pays et celle de toutes les nations du Commonwealth britannique seraient en péril. Bien pire encore, les peuples du monde deviendraient esclaves de la peur, et tout espoir de paix partagée ou de sécurité par la justice et la liberté entre nations disparaîtrait.

Tel est le suprême défi que nous devons relever. Au nom de tout ce que nous chérissons, et pour la paix et l'ordre du monde, il serait impensable que nous nous dérobions devant cette épreuve.

C'est à ce noble dessein que j'appelle aujourd'hui mon peuple d'Angleterre et mes peuples d'outre-mer, qui feront de notre cause la leur. Je leur demande de rester calmes, fermes et unis dans cette épreuve. La tâche ne sera pas aisée. Des jours sombres nous attendent et la guerre ne peut plus se limiter au champ de bataille. Nous ne pouvons faire le bien qu'en fonction de l'idée que nous nous en faisons et humblement remettre notre cause entre les mains de Dieu. Si chacun d'entre nous y reste résolument fidèle, prêt à tous les efforts et les sacrifices nécessaires, alors, avec l'aide de Dieu, nous vaincrons.

Dieu nous bénisse et nous protège.

Une fois que le roi eut fini et que le voyant rouge se fut éteint, Logue lui tendit la main et dit : « Félicitations pour votre premier discours de guerre. » Son épreuve à présent terminée, le roi répondit simplement : « J'imagine que je vais devoir en faire beaucoup d'autres. » Alors qu'ils sortaient de la pièce, la reine, qui les attendait à l'entrée, dit à son mari : « C'était bien, Bertie. »

Le roi se dirigea à son bureau pour la photographie officielle et Logue resta avec d'autres dans le couloir. « Bertie n'a pratiquement pas dormi la nuit dernière, il était tellement inquiet. Mais maintenant que nous avons pris cette décision importante, il est beaucoup mieux », lui confia la reine.

Le roi les rejoignit, et alors que Logue s'inclinait devant la reine pour prendre congé, celle-ci lui dit : « Je vais devoir m'adresser aux femmes. M'aiderez-vous à préparer mon discours ? » Logue répondit que ce serait pour lui un grand honneur.

Signe de l'importance de ce discours, les journaux du lendemain indiquèrent que le roi avait « consenti » à ce que le texte soit imprimé à 15 millions d'exemplaires et envoyé avec un fac-similé de sa signature à chaque foyer britannique. Cet envoi massif n'eut toutefois jamais lieu : les responsables estimèrent que cette opération nécessiterait 250 tonnes de papier, déjà en réserve limitée, et l'administration postale s'alarma du fardeau que cela représenterait pour ses effectifs déjà réduits. Il fut décidé que les 35 000 livres que coûterait cette opération pouvaient être dépensées à des fins plus utiles, d'autant plus que la presse avait déjà publié le discours dans son intégralité, accompagné d'une photo du roi vêtu pour l'occasion de son uniforme d'amiral. Comme d'habitude, on l'y voyait assis à son bureau alors que, comme toujours, il avait prononcé son discours debout.

De nouvelles restrictions apparurent au cours des jours et des semaines suivantes. L'essence commença à être rationnée à partir du 25 septembre, chaque foyer ne recevant plus que vingt-sept litres par mois. Du jour au lendemain, Londres prit des allures de village campagnard. Les rationnements de nourriture, de combustible et autres produits furent instaurés au début de l'année 1940. Les Logue avaient de la chance : le bois situé au bout de leur jardin leur assurait suffisamment de combustible, et ils avaient largement la place de cultiver leurs propres fruits et légumes. En outre, Valentine était fin tireur et ramenait souvent du lapin pour le dîner.

Les Logue eurent également un heureux événement à célébrer : le matin du 8 septembre, Jo, la femme de Laurie, accoucha d'une petite fille prénommée Alexandra. À la même époque, Tony, dont la bonne humeur avait toujours égayé la maisonnée, se préparait à partir pour l'université de Leeds où il devait suivre son frère aîné à l'école de médecine (son premier choix s'était porté sur Londres mais la guerre avait bouleversé ses projets). Non sans tristesse, ses parents le conduisirent à la gare de King's Cross, le 5 octobre. « Son départ me prive de bien des joies », confiera Myrtle dans son journal.

Avec ou sans guerre, la cérémonie d'ouverture du Parlement était prévue au mois de novembre et le roi comptait sur Logue pour l'aider à surmonter cette épreuve. Le bruit courut que le roi n'apparaîtrait pas en public et que le programme du gouvernement serait lu par le lord chancelier.

Le roi fut finalement présent le jour dit, mais cette cérémonie n'en fut pas moins unique en son genre. Composante majeure de ce genre d'événement, le cérémonial et les costumes d'apparat passèrent à la trappe. Le roi et la reine se rendirent au palais de Westminster en voiture – et non en carrosse –, accompagnés d'une suite réduite au minimum. Le roi était vêtu d'un uniforme de la marine et la reine portait une robe de velours et une fourrure ornée de perles pour se protéger du froid. Pour les commentateurs, la sobriété et la solennité de cette cérémonie contrastaient vivement avec les vulgaires fanfares accompagnant les apparitions publiques du Führer.

Ce discours, qui en temps de paix aurait dû présenter les propositions législatives du gouvernement, fut bref et concis : « La guerre réclame l'énergie de tous mes sujets », commença le roi. Il déclara ensuite aux parlementaires qu'il leur serait demandé « des financements supplémentaires pour la conduite de la guerre », mais ne dit rien d'autre des intentions du gouvernement.

Un autre grand discours attendait le roi cette année-là : le message de Noël. À l'heure où le pays était en guerre, tout le monde était conscient – y compris le roi – qu'il ne pouvait pas ne pas s'adresser à ses sujets. Il fut donc décidé que le roi enverrait un message personnel à son peuple à la fin de l'émission *Round the Empire*, sur la BBC dans l'après-midi du 25 décembre.

Il n'était pas facile de trouver le ton juste pour ce discours : alors même que le conflit entrait dans son quatrième mois, la situation n'avait guère évolué, du moins pour la population civile. L'opinion publique avait plus que jamais l'impression de vivre une « drôle de guerre ». En dépit de quelques fausses alertes, tout était calme sur le front de l'Ouest, et les raids aériens que l'on redoutait tant n'avaient toujours pas commencé. Bon nombre d'enfants qui avaient été évacués vers les campagnes étaient revenus chez eux. Les seuls véritables combats se déroulaient sur mer et ils n'étaient pas favorables à l'Angleterre : le 13 octobre, un sous-marin allemand parvint à franchir les défenses britanniques à Scapa Flow, au nord-est des côtes écossaises, et à couler le cuirassé *Royal Oak* qui se trouvait alors au mouillage. Plus de 830 marins périrent dans cette attaque. Dans l'Atlantique Nord, les navires britanniques chargés d'approvisionnements vitaux étaient harcelés par la marine allemande. Parmi les rares succès de la flotte britannique, on peut citer la destruction du cuirassé de poche *Graf Spee* lors de la bataille du Rio de la Plata, au large de l'Uruguay.

En résumé, l'Angleterre était tout sauf mobilisée. Il régnait un climat d'apathie et de contentement que le roi entreprit de combattre. Il parla de ce qu'il connaissait directement : de la Royal Navy, « sur qui s'étaient déchaînées, au cours des quatre derniers mois, la violence et la fureur d'une guerre incessante » ; de l'armée de l'air dont les pilotes « ajoutaient chaque jour de nouveaux lauriers à ceux de leurs aînés », et enfin du corps expéditionnaire britannique en France. « Leur tâche n'est pas aisée, dit-il. Ils attendent, et l'attente est une épreuve pour les nerfs et pour la discipline. »

« Une nouvelle année commence, poursuivit-il. Nous ne savons pas ce qu'elle nous réserve. Qu'elle amène la paix et nous serons tous reconnaissants. Qu'elle amène la guerre et nous ne faiblirons pas.

« En attendant, je crois que nous pouvons tous trouver un message d'encouragement dans ces quelques lignes que je souhaite vous adresser pour finir. »

Le roi cita alors, apparemment de sa propre initiative, quelques vers d'un poème jusque-là inconnu et qu'il venait juste de recevoir. Il avait été écrit par Minnie Louise Haskins, professeur à la London School of Economics, et avait fait l'objet d'une publication privée en 1908.

« "Je dis à l'homme qui gardait l'entrée de l'année : Donne-moi une lumière pour trouver mon chemin à travers l'inconnu. Et il me répondit : Entre dans les ténèbres et mets ta main dans la main de Dieu. Cela sera pour toi plus utile qu'une lumière et plus sûr qu'un chemin familier."

« Que cette main puissante nous guide et nous soutienne tous. »

Le roi avait redouté ce message de Noël, comme presque tous ses autres grands discours. « C'est toujours une épreuve pour moi et je ne commence à profiter des joies de Noël qu'une fois qu'elle est terminée », écrivit-il ce jour-là dans son journal[84]. Il est toutefois indéniable

Un des premiers discours publiques de George VI en tant que roi en 1937.

La famille Logue se reposant près des courts de tennis de Beechgrove, à Sydenham Hill. *De gauche à droite : invitée non identifiée, Antony, Lionel, invitée non identifiée, Valentine, Myrtle.*

La famille royale en habits de couronnement. Le roi George VI et la reine Elizabeth avec leurs deux filles, la princesse Elizabeth et la princesse Margaret. Le roi donna à Lionel Logue ce portrait encadré comme présent.

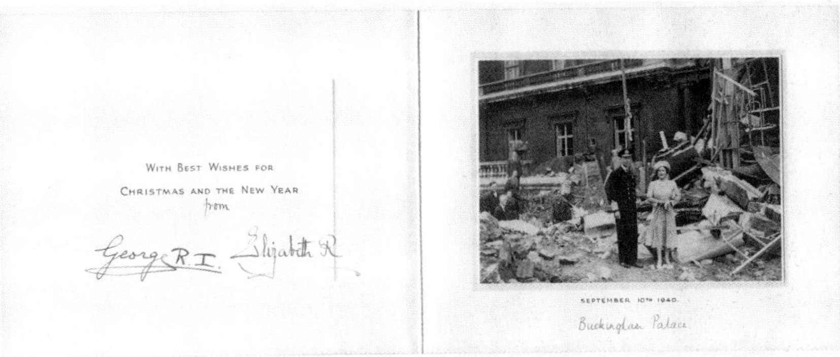

Sélection des cartes de Noël de la famille royale. Les Logue continuèrent de recevoir leurs vœux chaque année jusqu'à la mort du roi.

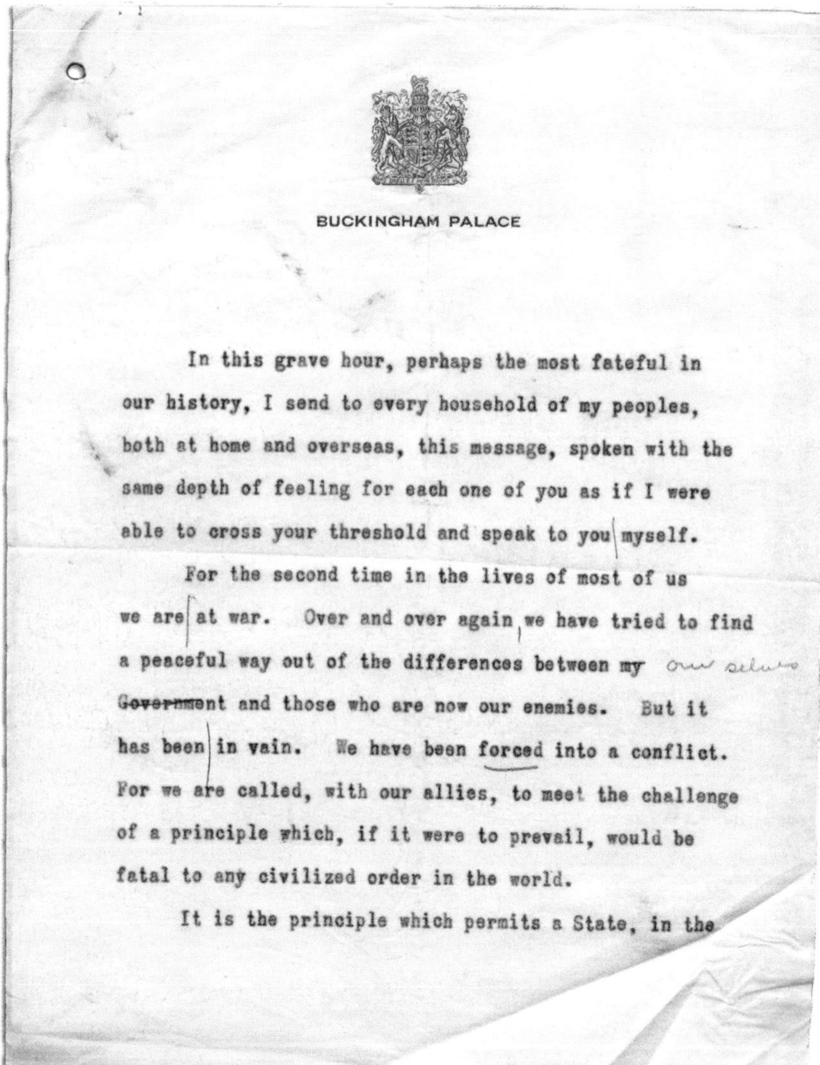

BUCKINGHAM PALACE

In this grave hour, perhaps the most fateful in our history, I send to every household of my peoples, both at home and overseas, this message, spoken with the same depth of feeling for each one of you as if I were able to cross your threshold and speak to you myself.

For the second time in the lives of most of us we are at war. Over and over again we have tried to find a peaceful way out of the differences between my ~~Government~~ ourselves and those who are now our enemies. But it has been in vain. We have been forced into a conflict. For we are called, with our allies, to meet the challenge of a principle which, if it were to prevail, would be fatal to any civilized order in the world.

It is the principle which permits a State, in the

Discours du roi George VI au peuple britannique au moment de l'entrée en guerre du Royaume-Uni, le 3 septembre 1939. Il s'agit du discours original que le roi lut, annoté par Lionel Logue pour lui indiquer les pauses à marquer, ainsi que les mots pouvant potentiellement poser problème.

the selfish pursuit of power, to disregard its treaties and its solemn pledges: which sanctions the use of force, or the ~~treat~~ threat of force, against the Sovereignty and independence of other States. Such a principle, stripped of all disguise, is surely the mere primitive doctrine that might is right. If ~~it were~~ this principle were established throughout the world, the freedom of our ~~own~~ country and of the whole British Commonwealth of Nations would be in danger. But far more than this - the peoples of the world would be kept in the bondage of fear, and all hopes of settled peace and of the security of justice and liberty among nations would be ended.

This is the ultimate issue which confronts us. For the sake of all that we ourselves hold dear, and of the world's order and peace, it is unthinkable that we should refuse to meet the challenge.

It is to this high purpose that I now ~~summon~~ call my people at home and my peoples across the Seas, who will make our cause their own. I ask them to stand calm, firm and united in this time of trial. The task will be hard. There may be

dark days ahead, and war can no longer be confined to the battlefield. But we can only do the right as we see the right, and reverently commit our cause to God. If one and all we keep resolutely faithful to it, ready for whatever service or sacrifice it may demand, then, with God's help, we shall prevail.

May He bless and keep us all.

En cette heure grave, peut-être la plus décisive de notre histoire, je veux que résonne dans chaque foyer britannique, sur nos terres comme à l'étranger, ce message que j'adresse à chacun d'entre vous, avec la même profondeur et la même sincérité que si je pouvais moi-même venir frapper à votre porte et m'adresser à vous face à face.

Pour la plupart d'entre nous, c'est déjà la deuxième fois dans nos vies que nous sommes en guerre. À plusieurs reprises, nous avons tenté de trouver un chemin pacifique pour sortir des conflits qui nous opposent à ceux qui sont aujourd'hui nos ennemis. En vain. Nous avons été forcés d'entrer en guerre. Car le défi qui nous engage, avec nos alliés, est de combattre un principe qui, s'il devait prévaloir, serait fatal à tout ordre civilisé dans le monde.

C'est ce principe même qui permet à un État, lancé dans la poursuite égoïste du pouvoir, de faire abstraction de ses traités et de ses engagements solennels, et d'avoir recours à l'usage de la force ou à la menace militaire contre la souveraineté et l'indépendance des autres États. Un tel principe, dépouillé de tout artifice, n'est autre que la doctrine primitive : force fait loi. Et si ce principe devait s'imposer au monde, la liberté de notre pays et de toutes les nations du Commonwealth serait en danger. Bien plus encore, les peuples du monde seraient réduits à l'esclavage de la peur, et tous les espoirs d'une paix durable, d'une justice et d'une liberté solides au sein des nations, seraient anéantis.

Tel est l'extrême péril auquel nous sommes confrontés. Pour le bien de tous ceux qui nous sont chers, de l'ordre mondial et de la paix, il est impensable que nous refusions de relever ce défi.

C'est à ce but élevé que j'appelle maintenant mon peuple à l'intérieur des terres et par-delà les mers, je sais qu'ils feront leur notre cause. Je leur demande d'affronter cette épreuve dans le calme, la dignité et l'unité. La tâche sera dure. L'avenir sera sans doute fait de jours sombres, et la guerre ne pourra plus se limiter au seul champ de bataille. Mais notre cause est juste et nous devons y conformer nos actes, et confier, humblement, notre sort à Dieu. Si chacun d'entre nous demeure résolument fidèle à cette cause suprême, quels que soient les efforts ou les sacrifices qu'elle exige, alors, avec l'aide de Dieu, nous vaincrons.

Qu'Il nous bénisse et veille sur nous tous.

Discours du roi George VI au peuple britannique
au moment de l'entrée en guerre du Royaume-Uni, le 3 septembre 1939.

Sélection de lettres du roi à Lionel, montrant un intérêt amical pour sa santé.

Lettre du 16 décembre 1951

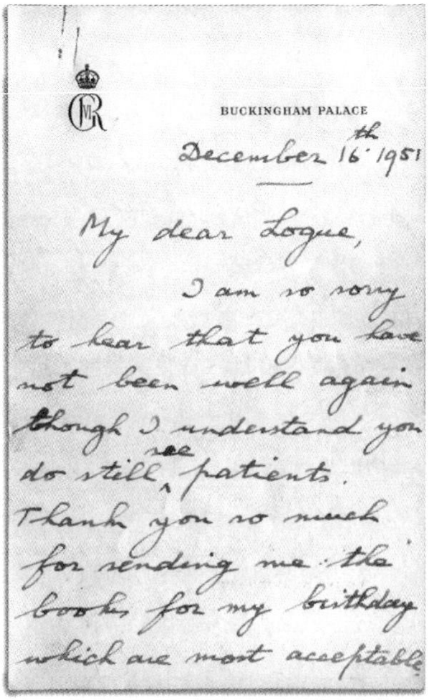
BUCKINGHAM PALACE

December 16th 1951

My dear Logue,

I am so sorry to hear that you have not been well again though I understand you do still see patients. Thank you so much for sending me the books for my birthday which are most acceptable

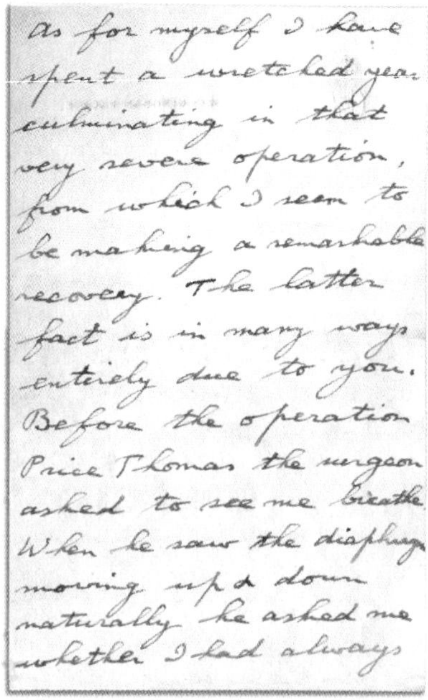
As for myself I have spent a wretched year culminating in that very severe operation, from which I seem to be making a remarkable recovery. The latter fact is in many ways entirely due to you. Before the operation Price Thomas the surgeon asked to see me breathe. When he saw the diaphragm moving up & down naturally he asked me whether I had always

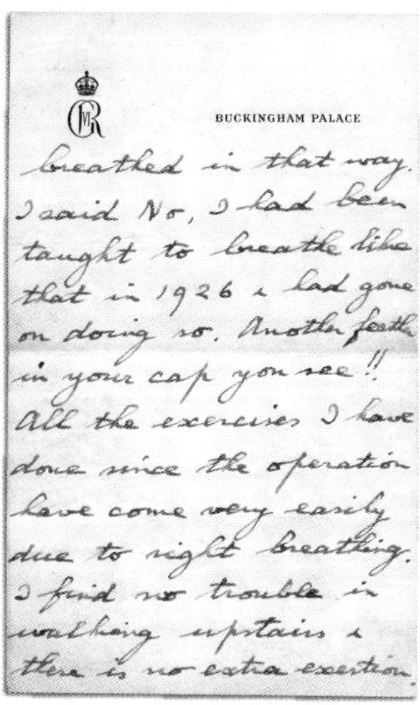
BUCKINGHAM PALACE

breathed in that way. I said No, I had been taught to breathe like that in 1926 & had gone on doing so. Another feather in your cap you see!! All the exercises I have done since the operation have come very easily due to right breathing. I find no trouble in walking upstairs & there is no extra exertion.

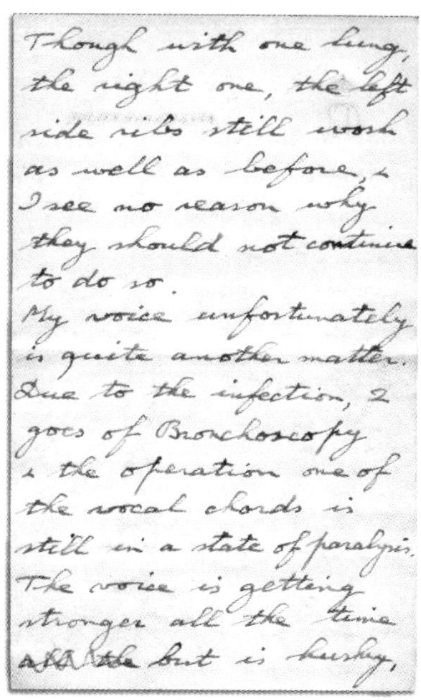
Though with one lung, the right one, the left side ribs still work as well as before, & I see no reason why they should not continue to do so.

My voice unfortunately is quite another matter. Due to the infection, 2 goes of Bronchoscopy & the operation one of the vocal chords is still in a state of paralysis. The voice is getting stronger all the time ~~all the~~ but is husky,

Le 16 décembre 1951

Mon cher Logue,

Je suis navré d'apprendre qu'une fois de plus votre santé vous fait défaut, j'ai cru comprendre que vous continuiez néanmoins à visiter vos patients.
Un grand merci pour les livres que vous m'avez envoyés pour mon anniversaire, ils sont les bienvenus après une année éreintante qui s'achève par cette très lourde opération, dont je me remets pourtant de façon remarquable. De bien des manières, il me semble que c'est à vous et à vous seul que je dois ce rétablissement si prompt. Avant l'opération, le chirurgien Price Thomas avait demandé à me voir pour examiner ma respiration. Voyant mon diaphragme s'élever et retomber sans la moindre difficulté, il voulut savoir si j'avais toujours respiré aussi aisément. Je répondis que non, que j'avais appris à respirer ainsi en 1926 et m'étais tenu depuis à cette discipline. C'est un nouveau joyau à votre couronne comme vous le voyez !!
Grâce à cette respiration parfaite, j'ai pu me soumettre à tous les exercices nécessaires après l'opération sans aucune difficulté. Je monte les escaliers sans problème et ne me sens pas essoufflé outre mesure. Même avec un seul poumon, le droit, mes côtes à gauche fonctionnent aussi bien qu'avant et je ne vois pas pourquoi cela ne continuerait pas ainsi.
Ma voix, malheureusement, me donne de tout autres tracas. À cause de l'infection, de la bronchoscopie, puis de l'opération, l'une de mes cordes vocales est restée paralysée. La voix se renforce sans cesse mais demeure chuchotée, (...)

Télégramme envoyé par le roi après la mort de Myrtle.

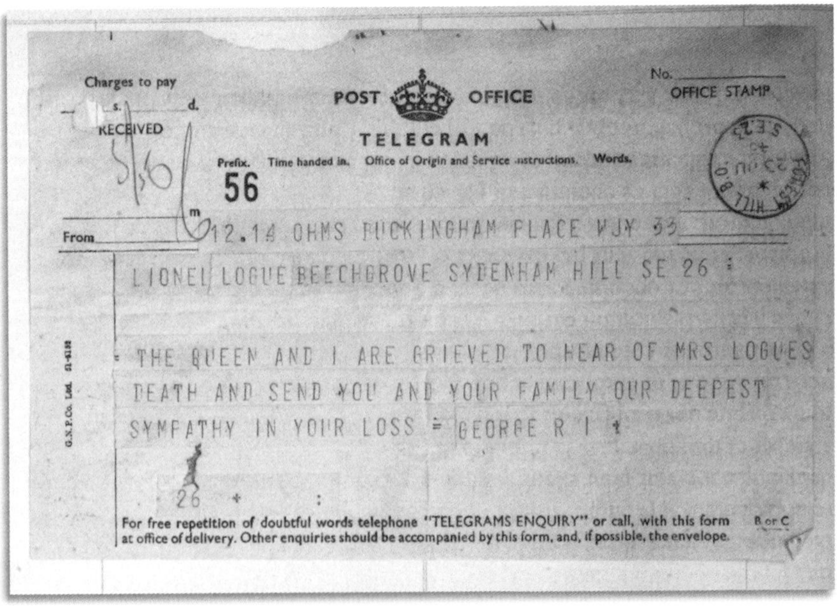
Charges to pay
s. d.
RECEIVED
POST OFFICE
TELEGRAM
No.
OFFICE STAMP
Prefix. Time handed in. Office of Origin and Service instructions. Words.
56
From
12.14 OHMS BUCKINGHAM PLACE WJY 33
LIONEL LOGUE BEECHGROVE SYDENHAM HILL SE 26 :
THE QUEEN AND I ARE GRIEVED TO HEAR OF MRS LOGUES DEATH AND SEND YOU AND YOUR FAMILY OUR DEEPEST SYMPATHY IN YOUR LOSS = GEORGE R I +
26 +
For free repetition of doubtful words telephone "TELEGRAMS ENQUIRY" or call, with this form at office of delivery. Other enquiries should be accompanied by this form, and, if possible, the envelope.
B or C

Télégramme du 26 juin 1945

De Buckingham Palace à Lionel Logue Beechgrove Sydenham Hill SE 26 :

La reine et moi-même, apprenant la mort de Mrs Logue, nous joignons à votre chagrin et vous envoyons à vous et votre famille notre profonde compassion.

George R.I.

Lettre du 27 juin 1945

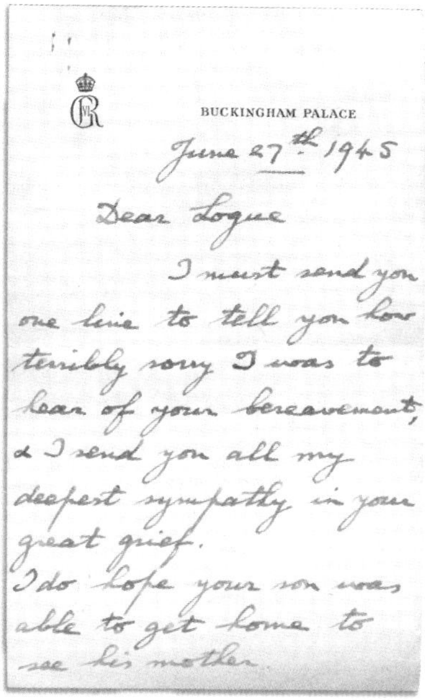
BUCKINGHAM PALACE

June 27th 1945

Dear Logue

I must send you one line to tell you how terribly sorry I was to hear of your bereavement, & I send you all my deepest sympathy in your great grief.
I do hope your son was able to get home to see his mother.

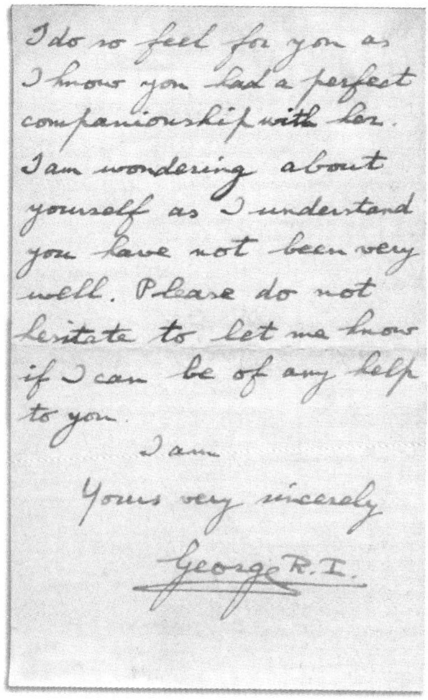
I do so feel for you as I know you had a perfect companionship with her.
I am wondering about yourself as I understand you have not been very well. Please do not hesitate to let me know if I can be of any help to you.

I am

Yours very sincerely

George R.I.

Le 27 juin 1945

Cher Logue,

Je vous envoie ces quelques mots pour vous dire combien j'ai été désolé d'apprendre le deuil qui vous afflige, et vous exprimer, dans ces moments de grande tristesse, toute ma compassion.
J'espère surtout que votre fils a pu rentrer à temps pour voir sa mère. Je pense d'autant plus à vous que je sais quelle parfaite compagne elle était pour vous.
Je m'inquiète pour vous car j'ai cru comprendre que votre santé n'a pas été bonne ces derniers temps. N'hésitez pas, je vous en prie, à me faire signe si je peux vous être d'un quelconque secours.

Sincères salutations,

George R.I.

FEBRUARY 10, 1952 SUNDAY PICTORIAL PAGE 3

Secrets of the Royal Broadcasts can now be revealed

ONE MAN SAVED KING'S VOICE

Beat time as he spoke to world

By A SPECIAL CORRESPONDENT

BRITAIN and the world might never have heard the voice of King George the Sixth but for one man, and that man alone knows all the secrets of the King's dramatic and courageous struggle to conquer his stammer.

He is Mr. Lionel Logue, Australian-born Harley-street specialist in curing speech defects.

A Big Occasion

Mr. LIONEL LOGUE

LONDON PREPARES TO DO HOMAGE

Outside Westminster Abbey high barriers are erected on the processional route to Westminster Hall.

2 Royal Dukes on foot will head the sad procession

A GUN-CARRIAGE bearing a plain oak coffin will move slowly away from Sandringham's flower-decked parish church tomorrow morning, down the rhododendron-lined road to Wolverton Station — and the King's last journey to London will have begun.

ROYAL FAMILY'S OWN PRAYERS

IKE TO ATTEND

The Long Vigil

In Hotels, Shops and Homes

Don't switch on till the Peak has gone

100 GUINEAS FOR A WINDOW TO SEE ROYAL FUNERAL

© Sunday Express

SUNDAY EXPRESS

FEBRUARY 10 1952 Founded by LORD BEAVERBROOK PRICE 2½d.

THE KING: A STORY THAT HAS NEVER BEFORE BEEN TOLD

How Fate moved the pawns to transform his life

The man who came to London unknown

AND GAVE THE KING THE POWER TO SPEAK

By JOHN GORDON

THREE DAYS AFTER THE DAY OF THE KING'S LUNG OPERATION A TYPEWRITTEN NOTE CAME TO ME. IT SAID, WITH STARK, SHOCKING BREVITY:—

"*The King will appear to be making a complete recovery but he is not likely to live longer than about 18 months.*

"*The end will probably come suddenly. The operation was six months too late.*"

Did the King himself know that? I do not think so. To the last hours of his life he was telling his friends in conversation and by letter how surprising a recovery he was making, and how thrilled he was by it.

HOMAGE

MOURNING AT COURT UNTIL MAY 31

'Darling Papa—from Lilibet'

White orchids

Britain saves Czechs who quit embassy

© Mirroxpix

Après la mort du roi en février 1952, les journaux donnèrent un tour dramatique à l'histoire de sa relation avec Lionel.

Sauf mention spéciale, les documents proviennent des archives de la famille Logue.

que son intervention eut un impact positif considérable sur le moral de la population.

Le poème de Haskins intitulé *God Knows (Dieu sait)* devint immensément populaire sous le titre *The Gate of the Year (La Porte de l'année)*. Il fut imprimé sur des cartes et largement diffusé. Ses vers marquèrent profondément la reine qui les fit graver sur une plaque installée à l'entrée de la chapelle St. George, où fut enterré le roi, au château de Windsor. Le poème fut également lu lors des funérailles nationales de la reine mère, en 2002.

Malgré ce succès, un étrange commentaire révèle combien le public restait conscient des difficultés d'élocution du roi (tout en témoignant d'un véritable désir de le soutenir). Le 28 décembre, Tommy Lascelles transmit à Logue une lettre d'Anthony McCreadie, directeur du lycée de John Street, à Glasgow.

« Personne ne sait que je vous envoie cette lettre et personne n'en devra jamais rien savoir », commençait McCreadie sur un ton de mystère. Puis, sans transition, il expliquait la technique que le roi devrait employer lors de son prochain discours. « Faites-le s'appuyer sur son coude gauche et placer le dos de sa main sous son menton, les doigts reposant contre sa gorge. Dites-lui d'appuyer fermement le menton sur sa main de façon à exercer une forte pression montante et descendante lorsqu'il peine à prononcer un mot. Cela lui permettra de contrôler ses muscles et toute difficulté devrait disparaître… J'espère humblement qu'il suivra ma méthode infaillible. »

Nul ne sait si le roi eut connaissance de cette lettre et encore moins s'il essaya de suivre les conseils du directeur.

Chapitre treize

Dunkerque et les heures sombres

La bataille de Dunkerque sera l'un des pires échecs alliés durant la Seconde Guerre mondiale

Le soir du 24 mai 1940, une minute avant 21 heures, tous les cinémas de Grande-Bretagne interrompirent leurs programmes, des attroupements commencèrent à se former devant les vendeurs de radio et un silence s'abattit sur les salons des clubs et des hôtels. Chez eux, des millions de gens s'étaient rapprochés de leur poste de radio tandis que le roi se préparait à prononcer son premier discours à la nation depuis son message de Noël à Sandringham. D'une durée de douze minutes et demie – le plus long que le roi ait jamais prononcé –, ce discours serait également un test important après toutes les heures passées avec Logue.

C'était le jour de la fête de l'Empire, dont les célébrations avaient gagné en importance en raison des énormes sacrifices consentis par les milliers de citoyens de l'Empire au nom de la guerre contre Hitler. Le roi devait s'exprimer à la fin d'une émission intitulée *Brothers in Arms (Frères d'armes)*, un programme consacré à des hommes et à des femmes nés et ayant grandi à l'étranger et qui devait, selon la BBC, « témoigner sans ambiguïté de la force et de l'unité dont la fête de l'Empire est le symbole ».

L'Angleterre avait besoin de toute l'aide que l'Empire pouvait lui fournir. La « drôle de guerre » s'était terminée de manière aussi imprévue que dramatique. En avril, les nazis avaient envahi le Danemark et la Norvège. Des troupes alliées avaient été envoyées en Norvège, mais, à la fin du mois, toutes les provinces du Sud étaient tombées aux mains des Allemands. Au début du mois de juin, les Alliés s'étaient retirés du nord du pays et, le 9 juin, l'armée norvégienne avait capitulé.

L'avancée des nazis en Scandinavie n'avait fait qu'accroître la pression sur Chamberlain. La crise atteignit son paroxysme lors du « débat de Norvège », lorsque l'ancien ministre Leo Amery renvoya au malheureux Premier ministre la formule de Cromwell au Long Parlement : « Voilà trop longtemps que vous êtes en place par rapport au peu de bien que vous avez fait. Partez et que nous en ayons fini avec vous. Au nom de Dieu, partez ! »

Confronté à cette opposition, Chamberlain parvint tout de même à remporter le vote du 8 mai par 281 voix contre 200, mais un grand nombre de ses alliés choisirent de s'abstenir ou de voter contre lui. De plus en plus de voix réclamaient l'élargissement de la coalition, mais les députés travaillistes refusaient d'entrer dans un gouvernement dirigé par Chamberlain. Des rumeurs commencèrent à circuler selon lesquelles ce dernier pourrait être remplacé par lord Halifax, qui avait été l'un des principaux architectes de la politique d'apaisement après avoir succédé à Anthony Eden au poste de secrétaire aux Affaires étrangères en mars 1938.

Alors même qu'il bénéficiait du soutien du roi et du parti conservateur et qu'il passait pour un candidat acceptable aux yeux des travaillistes, lord Halifax se rendit compte qu'un autre homme était tout désigné pour ce poste. Lorsque Chamberlain donna sa démission deux jours plus tard, il fut remplacé par Winston Churchill qui forma un nouveau gouvernement de coalition réunissant les conservateurs, les travaillistes, les libéraux et même quelques indépendants. Le même jour, les forces allemandes envahissaient la Belgique, les Pays-Bas et le Luxembourg.

L'étau nazi se resserra rapidement sur ces pays. Le 13 mai, à 5 heures du matin, le roi fut réveillé pour répondre à un appel de la reine Wilhelmine des Pays-Bas. Croyant d'abord à une imposture, ses soupçons se dissipèrent dès qu'il l'entendit le supplier d'envoyer davantage d'avions pour défendre son pays assiégé. Il était toutefois trop tard. Quelques heures après, sa fille, la princesse Juliana, accompagnée de son mari d'origine allemande, le prince Bernhard, et de leurs petites filles, atterrissaient en Angleterre. Dans le courant de la journée, la reine Wilhelmine téléphonait de nouveau au roi d'Angleterre, cette fois-ci depuis Harwich où elle était arrivée à bord d'un destroyer britannique après avoir réussi à échapper aux Allemands. Elle avait d'abord voulu rentrer aux Pays-Bas afin de rejoindre les forces néerlandaises dans la province de Zélande, où la résistance continuait, mais la situation militaire s'était considérablement dégradée et toute perspective de retour fut rapidement écartée. Le 15 mai, l'armée néerlandaise était écrasée par la *Blitzkrieg* allemande. Wilhelmine demeura au palais de Buckingham d'où elle s'efforça d'appeler son peuple à la résistance.

C'est dans ces circonstances pour le moins dramatiques que Logue reçut un appel de Hardinge, le 21 mai à 11 heures, lui demandant de se présenter chez le roi à 16 heures. Arrivé avec un quart d'heure d'avance, Logue trouva le secrétaire particulier du roi en pleine agitation. Les mauvaises nouvelles continuaient d'affluer du continent : les forces allemandes poursuivaient leur avancée fulgurante en territoire français ; elles étaient, semblait-il, entrées dans Abbeville sur l'embouchure de la Somme, à

24 kilomètres de la Manche, et seraient ainsi parvenues à couper les forces alliées en deux. Le ciel s'assombrissait au-dessus du corps expéditionnaire britannique massé le long de la frontière franco-belge.

Le roi semblait d'humeur étonnamment joyeuse, compte tenu de la gravité de la situation. Logue le trouva debout sur le balcon, vêtu de son uniforme militaire et occupé à siffler un jeune corgi qui, plus bas, à l'abri sous un platane, semblait bien en peine de savoir d'où provenait ce sifflement. Logue remarqua que de nouvelles mèches grises étaient apparues sur les tempes du roi. Le poids de la guerre commençait à se faire sentir.

Les deux hommes pénétrèrent dans une pièce dépourvue de tout tableau ou objet de valeur à l'exception d'un vase. Logue trouva le discours de la fête de l'Empire magnifique et remarquablement bien écrit, même si cela ne l'empêcha pas d'y apporter quelques modifications avec l'accord du roi. Alors qu'ils parcouraient le texte une deuxième fois, on frappa discrètement à la porte, et la reine apparut, habillée d'une robe gris pâle ornée sur l'épaule gauche d'une somptueuse broche de diamants en forme de papillon. Tout en notant les changements faits à son texte, le roi parla à Logue des exploits de la Royal Air Force et dit combien « on pouvait être fier des jeunes gens d'Australie, du Canada et de Nouvelle-Zélande ». Logue se retira peu après.

« Je garderai un souvenir magnifique de cet instant où, prenant congé, je me suis incliné devant le roi et la reine : tous les deux se tenaient dans l'encadrement d'une grande fenêtre, le soleil derrière eux, le roi vêtu de son uniforme de maréchal et la reine d'une robe grise », notera Logue dans son journal.

Le jour de la fête de l'Empire, Logue se rendit au palais après dîner et vérifia avec Robert Wood et Frederick Ogilvie de la BBC que la pièce avait été dûment préparée. Wood avait également fait installer un câble dans l'abri souterrain en cas d'attaque aérienne. « Quoi qu'il arrive, le discours serait diffusé », écrivit Logue.

Vêtu d'une veste croisée, le roi affichait une silhouette fine et élancée. Logue l'accompagna dans la salle d'enregistrement où il fut soulagé de constater qu'il régnait une atmosphère agréablement fraîche. Il avait laissé des instructions à cet égard et demandé que les fenêtres soient laissées ouvertes afin d'éviter le désastre de la veille, lorsque l'infortunée reine Wilhelmine avait dû prononcer un discours à destination de ses colonies des Caraïbes dans une chaleur de four.

Logue n'avait proposé que de légères modifications au discours. Au lieu de commencer par « *It is a year ago today* » (Il y a un an aujourd'hui), il avait suggéré au roi de débuter par *« On Empire Day a year ago »* (Il y a un an, pour la fête de l'Empire). Après une dernière répétition – qui lui prit douze minutes – le roi regagna son bureau pour revoir deux ou trois passages difficiles. Il ne lui restait plus que huit minutes.

Une minute avant l'heure dite, le roi entra dans la salle d'enregistrement et contempla le paysage à travers la fenêtre ouverte. Le soleil se couchait sur une belle soirée de printemps, parfaitement paisible. « Il était difficile de se dire que, à quelques centaines de kilomètres de là, des hommes s'entretuaient », pensa Logue.

La lumière rouge clignota quatre fois, puis s'éteignit. Le roi s'approcha du micro et Logue lui pressa le bras en signe d'encouragement. Ce geste en disait long sur la relation qui s'était nouée entre les deux hommes ; nul n'était autorisé à toucher le roi de cette manière sans y avoir été invité.

« Il y a un an, pour la fête de l'Empire, je m'adressais à vous, peuples de l'Empire, depuis Winnipeg, en plein cœur du Canada, commença le roi, adoptant ainsi la première modification de Logue. Nous étions en paix. Ce jour-là, je vous ai parlé des idéaux de liberté, de justice et de paix sur lesquels est fondé notre Commonwealth de peuples libres. Les nuages s'amoncelaient mais je m'accrochais fermement à l'espoir de voir ces idéaux se développer plus complètement sans subir le cruel assaut de la guerre. Il n'en a pas été ainsi. Le fléau que nous avons sans relâche et en toute honnêteté cherché à éviter s'est abattu sur nous. »

Le roi poursuivit, souriant comme un enfant (du moins d'après Logue) à chaque mot prononcé sans difficulté et qu'il n'aurait jamais réussi à dire auparavant. Un « combat décisif » attendait à présent le peuple britannique, continua le roi, faisant monter la tension. « Ce n'est plus seulement à la conquête de nouveaux territoires que nos ennemis aspirent mais à la disparition complète et définitive de cet Empire et de ce qu'il représente, et ensuite, à la conquête du monde… »

Logue n'avait désormais rien d'autre à faire que d'écouter le roi, fasciné par sa voix. Une fois que celui-ci eut prononcé ses derniers mots, Logue serra ses mains dans les siennes. Les deux hommes savaient qu'ils avaient réussi.

Ils n'osèrent toutefois pas parler pendant un moment. À la demande de Logue, le voyant rouge – « l'œil rouge du petit dieu jaune* », selon son expression – restait désormais éteint pendant l'enregistrement, l'inconvénient de cette méthode étant qu'ils ne pouvaient pas savoir

* *The Green Eye of the Little Yellow God (L'Œil vert du petit dieu jaune)* est un poème de 1911 de J. Milton Hayes.

exactement à quel moment le micro était coupé. Les deux hommes se dévisagèrent donc en silence, « le roi et le roturier, j'ai le cœur trop plein pour parler », écrit Logue. Le roi pressa sa main contre la sienne.

Quelques minutes plus tard, Ogilvie entra, suivi de la reine. « Félicitations, Votre Majesté, c'était magnifique », lança-t-il, tandis que la reine embrassait son mari et lui disait combien il avait été impressionnant. Tous les quatre restèrent un moment à parler.

« Puis, écrit Logue, le roi d'Angleterre déclara : "J'aimerais dîner", et tous prirent congé avant de disparaître dans un autre monde. »

Le roi était – à juste titre – fier de sa performance et soulagé que, en dépit d'une situation militaire fluctuante, il n'ait pas eu besoin de modifier son texte à la dernière minute. « Je craignais qu'un événement ne m'oblige à le réécrire, nota-t-il ce soir-là dans son journal. Je suis très satisfait de ce discours, sans aucun doute le meilleur que j'aie prononcé. Comme je hais la radiodiffusion[85]. »

Les journaux du lendemain ne tarissaient pas d'éloges sur le discours. Le *Daily Telegraph* l'avait trouvé « vigoureux et encourageant » et ajoutait que « chaque mot avait été parfaitement clairement entendu dans tous les États-Unis et jusqu'aux confins de l'Empire ». Pendant ce temps, le téléphone de Logue n'avait pas arrêté de sonner. « Tout le monde a été conquis par ce discours, écrit-il dans son journal. Eric Mieville m'a téléphoné depuis le palais de Buckingham pour me dire qu'il avait reçu un accueil fantastique dans le monde entier. Le roi l'appela pendant notre conversation et j'en profitai pour lui transmettre mes félicitations. » Dans tout l'Empire et au-delà, les réactions étaient enthousiastes.

Le lendemain matin, un samedi, Logue et Myrtle décidèrent de fêter le succès du roi en allant voir *Mon petit poussin chéri*, une comédie se déroulant dans l'Ouest américain des années 1880 avec Mae West et W.C. Fields. Après cela, Valentine emmena ses parents dîner dans un restaurant que Myrtle avait surnommé « le Hongrois ». C'était la première fois qu'ils y retournaient depuis le début de la guerre, et l'orchestre joua toutes les chansons préférées de Myrtle.

Il faudrait toutefois plus qu'un discours – aussi admirable fût-il – pour inverser la tendance sur les champs de bataille. La Belgique tomba à son tour aux mains des Allemands. Commandant en chef des forces armées, le roi Léopold III avait voulu continuer à se battre aux côtés des Alliés, imitant ainsi l'exemple héroïque de son père, le roi Albert, durant la Première Guerre mondiale. Mais, cette fois, la situation était différente et, le 25 mai, convaincu que toute résistance était inutile, le roi des Belges capitula. Il prit la décision – très controversée – de rester auprès de son peuple au lieu d'accompagner ses ministres réfugiés en France, d'où ils tentèrent de former un gouvernement en exil. Le roi des Belges fut alors – assez injustement – vilipendé en Angleterre. Sa conduite durant la guerre suscita des divisions au sein de son propre pays et serait à l'origine de son abdication dix ans plus tard.

La colère des Anglais devant la capitulation de Léopold s'expliquait largement par l'effet dévastateur de cette décision pour les forces alliées : leur flanc gauche était désormais entièrement à découvert et il leur fallait à présent se replier sur la Manche. La seule solution était de monter une opération de sauvetage, qui allait devenir un des épisodes les plus dramatiques de la guerre. Le 27 mai, les premières embarcations d'une flotte de près de 700 navires marchands, bateaux de pêche, bateaux de plaisance et autres canots de sauvetage de la Royal

National Lifeboat Institution commencèrent à évacuer les troupes françaises et britanniques des plages de Dunkerque. Au neuvième jour de l'opération, un total de 338 226 soldats (198 229 Britanniques et 139 997 Français) avaient été sauvés.

Le 4 juin, dernier jour de l'évacuation, Churchill prononça l'un de ses plus célèbres discours de guerre, si ce n'est de sa carrière. « Même si de vastes pans de l'Europe et bien des vieilles et grandes nations sont tombés ou risquent de tomber entre les mains de la Gestapo et de l'odieux pouvoir nazi, nous ne faiblirons pas et nous ne faillirons pas », déclara-t-il devant la Chambre des communes avant de s'engager solennellement à se « battre sur les plages ».

Le jour suivant, Myrtle nota simplement : « Tous nos hommes sont partis. Dieu soit loué. J'ai rencontré plusieurs infirmières, cet épisode restera à jamais gravé dans nos mémoires. » Mais Myrtle avait d'autres préoccupations : le 1er juin, en plein milieu de l'opération d'évacuation, elle apprit que Laurie, son fils aîné, avait décidé de s'engager dans l'armée. Ayant déjà passé la trentaine, marié et père de famille, Laurie ne fut pas parmi les premiers appelés. Il reçut son ordre de mobilisation à la fin du mois de mars. En apprenant la nouvelle, Myrtle et Jo ne purent s'empêcher « d'essuyer une larme ».

Pour bien des gens, ce que l'on surnomma « l'esprit de Dunkerque » résumait à merveille cette capacité des Anglais à se mobiliser en cas d'urgence et dans l'adversité. Force était toutefois de constater que tout l'héroïsme et les exploits des sauveteurs ne suffisaient pas à transformer cet épisode en victoire. En privé, Churchill déclara devant ses secrétaires d'État que la bataille de Dunkerque était « la plus grande défaite de l'armée britannique depuis des siècles ».

Et les mauvaises nouvelles continuaient de pleuvoir. Le 14 juin, Paris était occupé par la Wehrmacht, et trois jours plus tard, le maréchal Pétain (nommé président du Conseil et doté de pouvoirs exceptionnels) annonçait que la France demandait la signature d'un armistice. « C'est la pire journée que nous ayons vécue », écrivit Myrtle dans son journal. Elle avait appris la nouvelle d'un chauffeur de bus écœuré qui ne s'était pas privé « de proclamer devant tout le monde le sort qu'il réservait à tous les Français… Au moins n'y a-t-il plus personne pour nous trahir à présent. Nous sommes vraiment seuls. Si notre gouvernement cède, il y aura une révolution et j'en serai ».

La situation n'allait pourtant pas s'arranger. Le 7 septembre, en fin d'après-midi, 364 bombardiers allemands, escortés par une flotte de 515 chasseurs, lancèrent une série de raids aériens au-dessus de Londres. Ils furent rejoints par 133 autres appareils au cours de la nuit. Leur objectif était le port de Londres, mais de nombreuses bombes atterrirent dans des quartiers résidentiels, causant la mort de 436 Londoniens et en blessant plus de 1 600 autres. Le *Blitz* avait commencé. Durant soixante-quinze nuits consécutives, Londres subit des bombardements incessants. D'autres centres militaires et industriels majeurs, comme Birmingham, Bristol, Liverpool et Manchester furent également pris pour cible. Cette vaste campagne de bombardements aériens prit fin au mois de mai de l'année suivante. Elle provoqua la mort de plus de 43 000 civils, dont la moitié dans la capitale, et détruisit ou endommagea plus d'un million de maisons dans la seule région de Londres.

Le palais de Buckingham fut également frappé à plusieurs reprises lors d'une audacieuse opération, menée en plein jour au mois de septembre, et alors que le roi et la reine se trouvaient à l'intérieur. Les bombes causèrent des dégâts considérables sur la chapelle royale et la cour intérieure, inspirant à la reine cette phrase célèbre : « Je suis contente que nous ayons été bombardés. Maintenant, je peux enfin regarder l'East End droit dans les yeux. » Dans une lettre adressée au roi, Logue exprime « toute [sa] reconnaissance au Très-Haut » qui avait permis au roi d'échapper de peu à une « odieuse tentative d'assassinat ». « Je ne croyais pas les Allemands capables d'une telle infamie », ajoute-t-il.

Tommy Lascelles lui répondit quatre jours plus tard pour le remercier de l'intérêt qu'il témoignait au couple royal, lequel lui en savait gré. « Leurs Majestés n'ont en rien souffert de cette expérience, écrivait Lascelles. J'espère que vous arrivez à dormir de temps en temps. »

Logue et le roi échangèrent plusieurs lettres au cours des semaines suivantes. Le roi s'y exprime avec une étonnante franchise, notamment après sa visite à Coventry, le 15 novembre, au lendemain d'une attaque dévastatrice. Plus de 500 tonnes d'explosifs et d'engins incendiaires avaient été larguées sur la ville cette nuit-là, la transformant en un océan de flammes et causant la mort de près de 600 personnes. La cathédrale avait été presque complètement détruite et le roi marcha pendant des heures à travers les décombres. Sa visite eut un effet considérable sur le moral des habitants, même si lui-même était bouleversé par l'ampleur des dégâts. « Que pouvais-je dire à ces pauvres gens qui avaient tout perdu, parfois leur famille [...], il n'y avait pas de mot pour cela », confia-t-il à Logue.

Le stress et le malheur cédaient néanmoins parfois la place à des moments plus joyeux. Quelques jours plus tard, alors qu'il répétait son discours pour la cérémonie d'ouverture du Parlement, le roi accueillit Logue le sourire aux lèvres. « Logue, dit-il, j'ai le trac. Je me suis réveillé à 1 heure du matin après avoir rêvé que je me trouvais devant le Parlement, la bouche grande ouverte, incapable d'émettre le moindre son. » Les deux hommes rirent de bon cœur, toutefois cette anecdote rappela à Logue que, en dépit de toutes ces années de travail, le défaut d'élocution du roi lui pesait toujours énormément.

Logue fut encore convié au château de Windsor à la veille de Noël, puis de nouveau le lendemain, pour aider le roi à préparer son discours. Cette année encore, le roi ne pouvait pas ne pas s'adresser aux citoyens de l'Empire.

Il faisait froid mais beau, ce jour-là. N'ayant guère d'espoir du côté des trains, Logue opta pour le bus de la Green Line jusqu'à Windsor. « J'avais passé la nuit dans le froid, et lorsque la porte s'ouvrait, les gens frissonnaient à l'intérieur, écrivit-il. C'était comme entrer dans une glacière. J'avais de plus en plus froid, et lorsque nous avons atteint Windsor, je suis sorti du bus complètement frigorifié. » Logue commença à se réchauffer en marchant jusqu'au château. À ses efforts s'ajouta ensuite un verre de vin de Xérès avec Mieville, ainsi qu'un bon feu brûlant dans la cheminée. Il fut enfin comblé de recevoir un étui à cigarettes en or de la part de la reine.

Après un dîner composé d'une tête de sanglier aux prunes, Logue suivit le roi jusqu'à son bureau et les deux hommes se mirent au travail. Logue n'aimait pas le discours. Pour lui, le roi n'avait pas grand-chose à en tirer, mais il ne pouvait rien y faire. Dans ce discours, le roi avertissait son peuple des difficultés à venir tout en affirmant que nous étions « sur le chemin de la victoire et [qu']avec l'aide de Dieu, nous [finirions] par obtenir la paix et la justice ».

La guerre continua. Le 22 juin 1941, l'Allemagne, avec, à ses côtés, d'autres puissances de l'Axe ainsi que la Finlande, envahit l'Union soviétique en lançant l'opération Barbarossa. L'objectif était d'anéantir la Russie et le communisme, non seulement pour agrandir le *Lebensraum,* l'espace vital de l'Allemagne, mais également pour accéder aux ressources stratégiques dont elle avait besoin pour vaincre ses autres adversaires. Au cours des mois suivants, l'Allemagne et ses alliés enregistrèrent des victoires importantes en Ukraine et dans les pays baltes, assiégèrent Leningrad et se rapprochèrent de Moscou. Hitler n'avait toutefois pas atteint son objectif et Staline disposait toujours d'une force militaire considérable. Le 5 décembre, les Russes passèrent à la contre-attaque. Deux jours plus tard, les Japonais bombardaient Pearl Harbor, faisant entrer la puissance américaine dans la guerre aux côtés des Alliés.

Les forces de l'Axe continuèrent à progresser durant l'année 1942. L'armée japonaise se déploya dans toute l'Asie, conquérant la Birmanie, la péninsule malaise, les Indes orientales néerlandaises et les Philippines. L'Allemagne, pour sa part, décimait les transports alliés au large des côtes américaines et lança une vaste offensive en juin pour mettre la main sur les champs de pétrole du Caucase et occuper les steppes du Kouban. Les Russes l'arrêtèrent à Stalingrad.

La guerre faisait également rage en Afrique du Nord où l'*Afrikakorps* du général Rommel, composé d'infanterie et d'unités mécanisées allemandes et italiennes, menaçait d'atteindre Le Caire. Rommel attaqua le 26 mai, obligeant les Français à évacuer Bir Hakeim ; une semaine plus tard, il campait devant les portes de Tobrouk. Il déploya ensuite ses hommes vers l'est, quittant la Libye pour arriver en Égypte et atteindre, le 1er juillet, la ville d'El Alamein, à moins de cent kilomètres d'Alexandrie. Le coup était rude pour les Alliés. Churchill, qui se trouvait alors à Washington, dut rentrer à Londres et affronter une motion de censure, qu'il remporta facilement.

C'est alors que se produisit en Afrique un tournant décisif, et certainement pour toute la guerre. Les forces britanniques contre-attaquèrent et repoussèrent Rommel. Les Allemands creusèrent des tranchées et un bras de fer s'engagea, durant lequel le général Montgomery fut nommé commandant en chef de la 8e armée. Le 23 octobre, les Alliés repartirent à l'assaut, alignant 200 000 hommes et 1 100 chars face aux 115 000 soldats et 559 chars des puissances de l'Axe. Rommel, qui était rentré en Allemagne pour des raisons de santé, revint précipitamment à la tête de ses hommes. La supériorité numérique des Alliés était incontestable et, le 2 novembre, le général allemand avertit Hitler que ses hommes n'étaient plus en mesure de résister. Pour le Führer, il n'était pas question de capituler : « Ce ne serait pas la première fois dans l'histoire qu'une volonté inflexible triomphe de plus grands bataillons, répondit-il le lendemain à son général. Vous ne pouvez montrer à vos hommes que le chemin de la victoire ou celui de la mort. »

Logue fut parmi les premiers à apprendre la victoire de Montgomery. L'après-midi du 4 novembre, il se trouvait au palais avec le roi, préparant un discours pour la cérémonie d'ouverture du Parlement fixée au 12, lorsque le téléphone sonna. Le roi avait donné l'ordre qu'on ne le dérange qu'en cas d'urgence. Surpris, il se dirigea vers le téléphone et décrocha.

Il fut immédiatement gagné par une grande excitation. « Oui ! Oui ! Faites-le savoir, faites-le savoir ! s'exclama-t-il. L'ennemi est en pleine retraite. Bonne nouvelle, merci. » Puis il raccrocha. Il se tourna vers Logue avec un sourire. « Vous avez entendu ? » demanda-t-il avant de lui livrer l'information principale. « Eh bien, dit-il, voilà qui est excellent. »

Ce soir-là, le roi écrivit dans son journal : « Enfin une victoire, quelle délivrance[86]. » Quatre jours plus tard, les forces alliées débarquaient au Maroc et en Algérie, deux colonies officiellement sous le contrôle du gouvernement de Vichy. L'opération Torch, visant à ouvrir un deuxième front en Afrique du Nord, avait commencé.

Au milieu de tous ces retournements, le roi dut préparer un nouveau discours de Noël. Logue le fit répéter quelques jours avant la date et le trouva en excellente forme. Le texte subit toutefois quelques remaniements. Logue n'était guère convaincu par certains passages écrits par Churchill, les jugeant peu en accord avec la personnalité du roi. « C'était dans le plus pur style de Churchill et n'importe qui aurait reconnu sa main, s'indigne-t-il dans son journal. Avec le roi, nous avons décidé de nous passer de certains adjectifs et [contributions] du Premier ministre. »

Après deux Noëls enneigés et malgré un léger brouillard, il faisait un temps superbe cette année-là. Logue fut de nouveau convié à se joindre à la famille royale pour les fêtes. Il trouva le sapin de Noël bien plus beau que l'année précédente, une décoration envoyée par Myrtle faisant toute la différence. Lorsque la reine arriva, elle se dirigea vers Logue et lui dit combien elle était heureuse de le revoir. À sa grande surprise, elle lui demanda de bien vouloir lui montrer un petit tour dont il avait fait la démonstration à deux écuyers avant le déjeuner : comment respirer avec un seul poumon. Il s'exécuta de bonne grâce tout en avertissant la reine et les deux princesses de ne pas essayer de l'imiter.

Peu après 14 h 30, Logue suivit le roi dans son bureau pour répéter le discours une dernière fois. À 14 h 55, ils entrèrent dans la salle d'enregistrement. Wood et Logue synchronisèrent leurs montres et, à 14 h 58, la reine vint souhaiter bonne chance à son mari. Quelques secondes plus tard, le voyant rouge clignota trois fois et, après avoir jeté un œil en direction de Logue, le roi commença.

« C'est à Noël, plus qu'à tout autre période de l'année, que nous sommes conscients de l'ombre de la guerre. Le Noël que nous célébrons aujourd'hui se déroule sans bien des joies familières de notre enfance. Mais si certains rituels sont limités, le message de Noël reste éternel et inchangé. C'est un message de gratitude et d'espoir ; de gratitude envers le Tout-Puissant pour Sa grande pitié, et d'espoir de voir le retour de la paix et de la bonne volonté sur cette terre. » Logue suivit le texte sur quelques paragraphes puis arrêta, ce n'était plus nécessaire désormais.

Dans son discours, le roi parla des énormes sacrifices consentis par les autres pays de l'Empire et par les États-Unis. Il termina avec une histoire racontée autrefois par Abraham Lincoln. C'était l'histoire d'un jeune garçon qui en portait un autre, bien plus petit que lui, jusqu'au sommet d'une colline. « Alors qu'on lui demandait si son fardeau n'était pas trop lourd pour lui, le garçon répondit : ce n'est pas un fardeau, c'est mon frère. »

Au bout de douze minutes exactement, le roi avait terminé et Logue était ravi. « C'est un immense honneur que d'être le premier à féliciter un roi et après avoir attendu quelques secondes que le micro soit coupé, je lui ai pris le bras et ai lancé, débordant d'enthousiasme : "Splendide !" Le roi sourit, et déclara : "Je crois que c'est le meilleur que nous ayons fait, Logue. Je serai de retour à Londres en février, nous devons poursuivre notre travail." La reine entra, embrassa affectueusement son mari et lui dit : "C'était magnifique, Bertie." »

Les journaux applaudirent la performance royale. « Tant sur le fond que sur la forme, jamais le roi n'a prononcé de discours plus abouti et plus encourageant que celui d'hier, écrivit le *Glasgow Herald.* Il a dignement maintenu la tradition du discours de Noël. » Même Churchill, le plus grand de tous les orateurs, lui téléphona pour le féliciter.

Le lendemain de Noël, le roi écrivit à Logue pour lui dire combien il était heureux de la façon dont les choses s'étaient déroulées.

> Mon cher Logue,
>
> Je suis tellement heureux que mon discours se soit bien passé hier. Je me suis senti complètement différent et n'ai ressenti aucune crainte devant le microphone. Je suis convaincu que vos visites m'ont énormément servi et nous devons les maintenir en cette nouvelle année.
>
> Merci infiniment de votre aide.
>
> Recevez tous mes vœux pour cette année 1943.
>
> Votre dévoué,
>
> George
>
> Roi et Empereur.

Logue répondit par une missive pleine d'enthousiasme. « Mon téléphone n'a pas cessé de sonner aujourd'hui. Quantité de gens ont appelé pour vous féliciter, ils voudraient pouvoir vous écrire pour vous dire à quel point ils ont aimé votre discours. » Il souligna également que le roi s'était approché du redoutable micro « comme si c'était un ami » et était resté parfaitement décontracté.

Chapitre quatorze

Le vent tourne

Le 6 juin 1944, les Alliés reprennent pied sur le continent européen

À partir de l'été 1943 et après deux ans de revers incessants, la guerre commença à tourner à l'avantage des Alliés. La campagne d'Afrique du Nord s'était achevée sur un triomphe. Le 10 juillet, la 8e armée britannique sous les ordres du général Montgomery et la 7e armée américainc commandéc par lc général Patton lancèrent un assaut coordonné en Sicile afin d'établir une tête de pont, prélude à l'invasion de l'Italie. Deux semaines plus tard, Mussolini était déposé, et, le 3 septembre, le gouvernement de Pietro Badoglio donnait sa reddition sans condition. Un mois après, l'Italie déclarait la guerre à l'Allemagne.

Il y avait aussi d'autres victoires à célébrer : en septembre 1943, une audacieuse attaque menée par des sous-marins de poche britanniques infligea des dommages considérables au redoutable *Tirpitz*, le plus grand cuirassé jamais construit en Europe, alors qu'il était au mouillage. Le lendemain de Noël, le croiseur *Scharnhorst* fut coulé au large de la Norvège lors de la bataille du Cap Nord. Les Alliés avaient gagné la bataille de l'Atlantique. Les nouvelles étaient également bonnes sur le front oriental : l'armée japonaise avait été stoppée, et les forces américaines et britanniques se préparaient à contre-attaquer.

La guerre n'était pas finie pour autant. Les Allemands opposaient une résistance féroce tant en Italie que sur le front russe, et les Japonais étaient loin d'être vaincus. Dans un élan d'optimisme, Churchill confia au roi que les Allemands pourraient être battus avant la fin de l'année 1944. Il craignait toutefois que la guerre dans le Pacifique ne se poursuive jusqu'en 1946.

Le roi profita de ce retournement de situation pour rendre visite à ses armées victorieuses et féliciter ses soldats. Il avait déjà effectué ce genre de tournée en décembre 1939 en allant soutenir le corps expéditionnaire en France, mais la situation s'était tellement dégradée par la suite qu'il n'avait pas été question de réitérer l'opération. En juin 1943 toutefois, voyageant sous le nom de code « général Lyon », le roi entreprit un voyage bien plus ambitieux de deux semaines en Afrique du Nord pour inspecter les forces américaines et britanniques en Algérie et en Libye. Sur le chemin du retour, il fit également une brève halte sur « l'île forteresse » de Malte, dont la position hautement stratégique en mer Méditerranée en avait fait une cible importante pour les Allemands. Partout où il alla, le roi reçut un accueil chaleureux.

Logue, de son côté, vivait les vicissitudes de la guerre par procuration. Laurie avait été le premier à être appelé en 1940 et servait à présent dans le corps médical de l'armée royale (RAMC). Ayant travaillé dans la restauration à Lyon, Laurie fut assigné au transport de nourriture. Envoyé en Afrique, il entra dans la Gideon Force sous les ordres de l'excentrique colonel Orde Wingate, qui contribua à chasser les Italiens hors d'Éthiopie et à restaurer Hailé Sélassié sur son trône. Promu sous-lieutenant en février 1942, il était cité à l'ordre du jour le mois suivant et nommé lieutenant en juin 1943.

Vint ensuite le tour de Tony. Après seulement un an à l'école de médecine à l'université de Leeds, il rejoignit les Gardes écossais (*Scots Guards*) en 1941. Il effectua un bref séjour à Sandhurst, puis fut envoyé en Afrique du Nord. Quant à Valentine, il poursuivit ses études de médecine en Angleterre : après un bref passage en chirurgie générale pour soigner les victimes du *Blitz*, il s'orienta à partir de 1941 vers la neurochirurgie, alors en plein essor. Nommé dans un premier temps à l'hôpital de St. Albans, où il se spécialisa dans les blessures à la tête, il s'installa ensuite à Édimbourg.

Sexagénaire, Logue était désormais trop vieux pour s'engager dans l'armée, mais il travaillait trois nuits par semaine en tant que membre de la défense passive. Sa santé commençait à décliner : en août 1943, il fut admis à l'hôpital pour être opéré d'un ulcère de l'estomac. Le roi, qui passait comme d'habitude ses vacances d'été au château de Balmoral, fut tenu informé de l'état de santé de son orthophoniste par Mieville qui invita Logue à venir passer quelques jours au bord de la mer pour se remettre. Le 23 octobre, Logue écrivait au roi : « Je suis heureux de vous annoncer mon rétablissement presque complet et j'attends avec impatience votre retour. Cela fait maintenant trois longs mois. Cet ulcère – le premier de ma vie – n'aura pas été une expérience plaisante mais je remercie Dieu que tout se soit bien déroulé. »

La guerre était également source de problèmes financiers : la plupart des jeunes hommes qui formaient l'essentiel de la clientèle de Logue avaient été mobilisés, comme ses fils. Quant à ceux qui restaient, les incessants bombardements du *Blitz* les dissuadaient de venir pour une consultation à Londres. Les 500 livres que le roi fit parvenir à Logue en janvier 1941 – « en reconnaissance de [ses] services distingués » – furent particulièrement bienvenues.

« Je suis profondément touché qu'avec toutes vos responsabilités et vos soucis, vous preniez la peine de me remercier et de m'aider si naturellement, écrivit Logue plein de reconnaissance. J'ai toujours été à votre humble service et cela a été un grand privilège que de vous servir. [...] J'ai souvent été touché par votre grande bonté et espère sincèrement et du fond du cœur vivre encore de longues années pour vous servir. »

Ces cadeaux exceptionnels, bien qu'appréciés, ne suffisaient toutefois pas à régler les problèmes financiers de la famille. La grande maison de Sydenham Hill commençait à devenir une charge. « Il est de plus en plus difficile d'entretenir la maison de Beechgrove maintenant qu'il n'y a plus de main-d'œuvre, déplore Logue en juin 1942 dans une lettre à Rupert, le petit frère de Myrtle. Myrtle n'a personne pour l'aider et il est impossible de trouver quelqu'un pour tondre le gazon. Une maison de vingt-cinq pièces et cinq salles de bains est un véritable cauchemar ces temps-ci. Comme je n'ai pas le droit d'utiliser la tondeuse à moteur, je dois utiliser la vieille tondeuse à main, inutile de vous dire la taille des cales sur mes paumes. » Finalement, le couple décida d'acheter un mouton pour s'occuper de la pelouse.

Le travail de Logue avec le roi ne lui valut pas seulement des compensations financières : décoré de l'ordre royal de Victoria la veille du couronnement du roi, Logue fut également ajouté à la liste des honneurs de juin 1943 et officiellement élevé au rang de commandeur le 4 juillet de l'année suivante. Il fut en outre nommé représentant de la British Society of Speech Therapists au sein de la British Medical Association, même si, ainsi qu'il l'écrivit à Rupert, il aurait « préféré que cela arrive vingt ans plus tôt car j'aurais pu en profiter bien davantage. À soixante-deux ans, je me rends compte qu'il y a des choses que je ne peux plus faire ».

D'autres patients exprimaient également leur gratitude dans des lettres que l'on retrouvera parmi les papiers de Logue. Un certain C. B. Archer, fonctionnaire de cinquante-trois ans habitant à Wimbledon, dans le sud-ouest de Londres, lui écrivit le 30 novembre 1943 pour le remercier de l'avoir complètement guéri du bégaiement dont il souffrait depuis l'âge de huit ans à l'aide d'une technique de respiration abdominale. « Je bénis le jour où je vous ai rencontré, il y a six mois, écrivit Archer. Je pense que seul un bègue peut vraiment comprendre la différence que cela fait. C'est comme si l'on m'avait soulagé d'un énorme poids mental. » Sur cinq pages, Archer décrivait le fardeau qu'avait été son bégaiement tant dans sa vie professionnelle que privée.

« Mon bégaiement a été un terrible handicap dans mon travail, poursuivait-il. Sans lui, je serais déjà assistant aujourd'hui. Toutes les promotions étaient décidées à l'issue d'un entretien devant le conseil de promotion, vous pouvez imaginer quelle piteuse performance je leur offrais. »

Le mois suivant, Logue reçut une lettre pleine de gratitude de la part d'un certain Tom Mallin de Sutton Coldfield, à Birmingham. Il y expliquait comment sa mère et ses amis avaient remarqué une différence depuis qu'il avait commencé à consulter Logue. « Tous mes amis me disent que j'ai "changé", ce qui est vrai et pour le mieux, écrit Mallin. Je me rends compte à présent combien la voix peut être une chose magnifique, gratifiante et expressive, et je m'étonne de ne pas m'en être aperçu plus tôt. [...] Je ne sais, monsieur, comment vous remercier pour ce bonheur. » Mallin devait passer un entretien quelques semaines plus tard, pour lequel il veillerait à se « rappeler tout ce que [Logue lui avait] appris ». Il était « sûr de les impressionner[87] ».

Pendant ce temps, un nouveau tournant décisif se préparait sur le champ de bataille. À 9 h 30 du matin, le jeudi 1er juin 1944, Logue reçut un coup de téléphone de Lascelles, qui avait remplacé le très sec Hardinge au poste de secrétaire particulier du roi depuis juillet 1943. « Mon maître souhaiterait savoir si vous pourriez venir au château de Windsor demain, vendredi, pour le déjeuner », demanda-t-il à Logue. Lequel ne fut que trop heureux de s'exécuter.

Logue prit le train de 12 h 44. Arrivé dans la salle des écuyers, il fut accueilli par Lascelles, l'air particulièrement grave. « Je suis désolé, je ne peux pas vous dire grand-chose sur le discours, lui expliqua ce dernier. Il s'agit en réalité d'une invitation à la prière d'environ cinq minutes. Aussi étrange que cela paraisse, je ne peux pas vous dire quand il aura lieu car, comme vous l'aurez probablement deviné, il doit être diffusé au soir du jour J à 9 heures. »

Logue déjeuna avec les écuyers, les dames d'honneur et le capitaine de la garde, puis le roi le fit appeler. Le roi se trouvait dans son bureau où régnait une chaleur étouffante malgré les stores baissés. Il avait les traits tirés et expliqua à Logue qu'il ne dormait pas bien en ce moment. Après l'avoir fait répéter une fois, Logue fut pourtant très satisfait de son élève. Il l'avait chronométré : cinq minutes et demie exactement.

Lascelles n'avait pas eu besoin d'expliquer ce qu'il voulait dire par « jour J ». Cela faisait longtemps que le terme militaire désignant le jour où les Alliés devaient lancer leur assaut en Europe était entré dans le langage courant. La date et le lieu du débarquement restaient toutefois des informations hautement confidentielles. La surprise était un facteur clé de la réussite des Alliés, et l'on avait eu recours à des moyens aussi exceptionnels qu'astucieux pour transmettre de fausses informations à l'ennemi.

C'était à la conférence de Casablanca de janvier 1943, dix-sept mois plus tôt, que Roosevelt et Churchill avaient décidé de combiner les forces américaines et britanniques pour monter un plan d'invasion à grande échelle et délivrer l'Europe des nazis. Préférant éviter les assauts frontaux et meurtriers de la Première Guerre mondiale, Churchill avait proposé d'envahir les Balkans dans l'objectif de rejoindre les forces soviétiques et éventuellement de rallier la Turquie à leur cause. Les Américains, eux, préféraient débarquer sur les côtes occidentales ; cette option fut retenue. La décision fut confirmée lors de la conférence de Québec en août 1943. L'opération fut baptisée Overlord, et, à l'hiver 1943, le choix du lieu du débarquement ne se réduisait plus qu'au Pas-de-Calais ou aux côtes normandes. À la veille de Noël, le général Eisenhower fut nommé commandant suprême de la force expéditionnaire alliée (SCAEF).

Les détails de l'opération furent présentés par Eisenhower et ses généraux le 15 mai dans une classe de l'école St. Paul. Ce lieu inhabituel aurait été choisi en l'honneur du général Montgomery, ancien élève de St. Paul et désormais commandant du 21e groupe d'armées à la tête de l'intégralité des forces d'invasion terrestres. Les jours suivants, un nombre croissant de soldats se massèrent dans le sud de l'Angleterre. L'invasion était imminente.

La date du débarquement avait d'abord été fixée au 5 juin, mais les conditions météorologiques étaient mauvaises ce week-end-là : il faisait froid, humide, et il soufflait un fort vent d'ouest, ce qui rendait impossible la mise à l'eau des barges de débarquement depuis les grands bâtiments en mer. La présence de nuages à basse altitude risquait aussi de réduire la visibilité des forces aériennes. L'opération devait se dérouler un jour proche de la pleine lune, et celle-ci était attendue pour ce lundi. Le report de l'opération d'un mois supplémentaire et le renvoi des soldats à leurs points d'embarquement auraient été une opération extrêmement difficile à mettre en œuvre, aussi Eisenhower, averti par son chef météo d'une brève éclaircie le lendemain, prit la décision capitale de débarquer le 6 juin 1944.

Quelques heures plus tard, l'opération Neptune – nom de la première phase d'Overlord – était lancée : peu après minuit, 24 000 soldats des forces britanniques, américaines, canadiennes et de la France libre étaient parachutés au-dessus de la France. À 4 h 30 GMT, les premières divisions d'infanterie et de blindés des forces alliées se déployaient sur près de 80 kilomètres de côte normande. Ce jour-là, plus de 165 000 hommes débarquèrent depuis une flotte de plus de 5 000 navires. Il s'agissait de la plus vaste opération de débarquement de tous les temps.

Ce jour-là, Logue arriva au palais à 18 heures, comme convenu. Il fut reçu par le roi un quart d'heure plus tard. Le discours était prévu pour 21 heures et l'atmosphère était tendue. Il y eut toutefois quelques moments de détente : alors que Logue faisait faire ses exercices au roi, les deux hommes aperçurent par la fenêtre un groupe de cinq personnes, dont un policier, dans le jardin de Buckingham. Ayant vu une femme placer un filet au-dessus de sa tête, Logue pensa qu'ils étaient venus mettre un nid d'abeilles dans une boîte. « Le roi devint très curieux et voulait sortir les aider, nota Logue. Il n'attendait que mon approbation pour ouvrir la fenêtre et sortir sur la pelouse. Mais cela ne valait pas la peine de risquer de se faire piquer par une abeille juste avant son discours, aussi, en dépit de ma curiosité, j'ai fait semblant de me désintéresser de cette affaire. »

Après avoir répété une fois, les deux hommes descendirent dans l'abri antiaérien. Logue était fasciné par cet endroit. « Quel lieu magnifique, écrit-il. J'en ferais bien ma maison, avec toutes sortes de meubles étranges et les dernières innovations en termes de chauffage et d'éclairage. » Wood, de la BBC, était également présent.

Ils répétèrent une dernière fois, sans difficulté. Le discours durait cinq minutes et demie, et ils ne le modifièrent qu'à deux endroits. Seul souci, l'envahissant tic-tac d'une pendule installée dans la chambre du roi et qu'il fallut arrêter de crainte qu'elle ne perturbe l'enregistrement.

Une fois son discours achevé, le roi remonta dans sa chambre et courut à la fenêtre pour voir ce qu'il était advenu du nid d'abeilles. Il ne restait plus personne, juste une petite boîte. Tandis que Logue apportait de légères modifications au texte, la reine fit son entrée et, au grand amusement de Logue, le roi « lui raconta avec une joie enfantine la scène du jardin, allant jusqu'à se mettre à genoux pour mimer les détails de la capture ». « Oh, Bertie, comme j'aurais aimé être là », s'écria la reine, gagnée par l'enthousiasme de son mari.

Ce soir-là, assemblés devant leur poste de radio, les Anglais écoutèrent leur roi leur dire :

> Il y a quatre ans, notre nation et notre Empire étaient seuls face à un ennemi tout-puissant, le dos au mur, nous avons été mis à l'épreuve plus durement

que jamais dans notre histoire et nous avons survécu à cette épreuve. L'esprit du peuple, dévoué et résolu, a brillé comme une flamme incandescente tirée de ces feux invisibles que rien ne peut éteindre.

Une fois encore, nous sommes confrontés à une épreuve suprême. Cette fois, il ne s'agit pas de se battre pour survivre mais de se battre pour faire triompher une cause juste. Une fois encore, chacun d'entre nous devra donner plus que du courage, plus que de la persévérance.

Le roi appela au « réveil de l'esprit », à la formation de « nouvelles réserves invincibles » et au « renouveau de l'esprit conquérant avec lequel nous avons commencé cette guerre et traversé les heures les plus noires ». Il conclut par une citation du psaume 29, 11e verset : « L'Éternel donnera la force à Son peuple. L'Éternel bénira Son peuple par la paix. »

Le discours correspondait parfaitement à l'état d'esprit du peuple anglais. Tandis que les journaux du lendemain faisaient le récit en images du débarquement, les éditorialistes commentaient avec fierté ce qu'ils considéraient comme l'occasion pour le Royaume-Uni d'effacer l'humiliation subie à Dunkerque quatre ans plus tôt. Le roi reçut plusieurs lettres de remerciement qui lui allèrent droit au cœur. L'une d'entre elles venait de sa mère, la reine Mary. « Je suis content que mon discours vous ait plu, lui répondit-il. C'était une occasion à saisir pour inviter tout le monde à prier. Je voulais le faire depuis longtemps[88]. »

L'opération Overlord fut couronnée de succès. La bataille de Normandie fit encore rage pendant plus de deux mois. Le 21 août, après plus d'une semaine de combats acharnés, la bataille de la Poche de Falaise était enfin gagnée, prenant au piège quelque 50 000 soldats allemands. Quelques jours plus tard, Paris était libéré – la garnison allemande chargée de l'occupation de la capitale rendit les armes le 25 août – et, à la fin du mois, les derniers soldats allemands s'étaient repliés de l'autre côté de la Seine. Les forces britanniques libérèrent Bruxelles le 3 septembre. En octobre, les Allemands avaient été délogés de presque tous les territoires français, belges et du sud des Pays-Bas.

Les Alliés progressaient également en Italie où ils avaient mis le cap sur Rome. À l'aube du 22 janvier 1944, les troupes de la 5e armée avaient débarqué sur vingt-cinq kilomètres de plage italienne, non loin des stations balnéaires d'Anzio et Nettuno, prenant les Allemands complètement par surprise.

Les premiers débarquements s'étaient tellement bien déroulés et les forces américaines et britanniques avaient rencontré si peu de résistance qu'elles avaient atteint leur objectif du jour avant midi. À la nuit tombée, elles avaient progressé de cinq à sept kilomètres à l'intérieur des terres. Parmi les forces britanniques se trouvaient les Gardes écossais, régiment du sous-lieutenant Antony Logue, fils cadet de Logue.

Le général John Lucas, commandant du 6e corps de l'armée américaine, commit toutefois une grave faute stratégique et perdit toute son avance en faisant consolider la tête de pont sur la plage. Quand il essaya de reprendre l'offensive à la fin du mois, il se heurta à une résistance acharnée de la part des soldats allemands placés sous le commandement du général Albert Kesserling, qui avait eu le temps d'organiser ses renforts. Les troupes allemandes encerclèrent la plage et firent pleuvoir un déluge de feu sur les Alliés situés en contrebas. Un grand nombre de soldats anglais trouvèrent la mort sur cette plage. Entre le 18 et le 19 février, la situation s'était tellement dégradée que l'on craignait un nouveau Dunkerque. Par miracle, les Alliés s'en sortirent, mais au prix de combats acharnés, ainsi que l'explique Tony dans une lettre écrite le 19 février, à minuit, à la lumière d'une lampe de poche.

> Vous pouvez dire à Val que jusqu'à hier soir, je n'avais pas retiré mes bottes, mon manteau ou le moindre vêtement depuis dix-neuf jours, ce qui me donne une allure bien différente de celle que j'ai en temps de paix. Cela a été une bataille épique qui devrait rester gravée dans les annales. Je suis fier d'avoir été là et d'avoir apporté ma petite contribution. Les hommes se sont battus comme seuls le peuvent des Gardes de la Brigade, je ne peux rien dire de plus.

La situation évolua peu au cours des deux mois suivants, jusqu'au 4 juin lorsque les troupes alliées entrèrent dans Rome, deux jours avant le débarquement de Normandie. Tony, promu capitaine un mois auparavant, écrivit dans une lettre datée du 15 juin :

> La deuxième nuit, je me trouvais à bord d'une Jeep ; c'est l'une des plus belles villes que j'aie jamais vues. Tout était parfaitement calme et tranquille, les gens continuaient leur vie de tous les jours, et à l'exception du flux de convois, il n'y avait aucun soldat dehors. C'est l'occupation la plus facile que j'aie jamais vue.
>
> Nous nous trouvions dans une forêt au nord de Rome lorsque nous avons appris l'ouverture d'un

deuxième front. Nous ne nous sommes pas arrêtés depuis. Ces deux dernières semaines, j'ai reçu suffisamment de hourras pour toute une vie. Ces villes du nord de l'Italie, parmi les plus belles au monde, nous ont offert un accueil vraiment royal et dans la plupart des cas, les canons allemands ne sont pas encore froids.

Les vents avaient clairement tourné en faveur des Alliés sur le continent européen, toutefois Hitler essaya dans une tentative désespérée d'inverser la tendance. Le 16 décembre 1944, l'armée allemande lança une vaste contre-offensive dans les Ardennes, cherchant à scinder les forces alliées. Les Allemands parvinrent à encercler d'importantes concentrations de troupes et à reprendre le port d'Anvers, premier point de ravitaillement des Alliés.

Dans les jours qui suivirent le débarquement de Normandie, ceux qui, comme Logue, étaient restés à Londres découvrirent la première arme secrète de Hitler, les V-1, ces avions sans pilote bourrés d'explosifs qui allaient s'abattre nuit et jour sur Londres et d'autres grandes villes durant neuf mois. Ces attaques avaient un effet dévastateur sur le moral. « Il y a quelque chose de profondément inhumain dans le fait de lancer ainsi des missiles meurtriers de manière aussi peu ciblée », écrivit la reine à la reine mère[89]. Mais le pire était encore à venir : en septembre, les V-1 cédèrent la place à des armes encore plus terrifiantes, les V-2, ces missiles balistiques lancés depuis les Pays-Bas et qui atterrissaient sur Londres et dans le sud-est du pays sans le moindre avertissement. Le premier tomba sur Chiswick, à l'ouest de la capitale, le 8 septembre.

En dépit de tous les progrès qu'il avait accomplis après des années de travail avec Logue, le roi était encore loin d'être un grand orateur, comme chacun pourra le constater en écoutant ses quelques discours enregistrés dans les archives. En juin, Lascelles reçut un commentaire non sollicité de la part d'un contemporain faisant le point sur les progrès du roi. L'auteur en était le révérend Robert Hyde, fondateur de la Boy's Welfare Association, organisation parrainée par le roi une vingtaine d'années auparavant, alors qu'il était encore duc d'York. Au fil du temps, Hyde avait eu de nombreuses occasions d'entendre le roi de près et tenait visiblement à partager ses impressions, bien qu'il ne proposât pas de solution. Sa lettre fut néanmoins transmise à Logue.

« Comme vous le savez, cela fait plusieurs années que je m'intéresse au problème d'élocution du roi, aussi je me permets de vous soumettre cette lettre. » Les hésitations semblaient persister, écrivait Hyde. « En dehors des consonnes *c* et *g* qui lui posent encore parfois problème comme dans *crisis* et *give*, le roi semble toujours buter dans deux cas précis : avec le *a*, surtout lorsqu'il est suivi d'une consonne comme dans *ago* ou *alone* ; et avec les répétitions de sons ou de lettres, comme dans *yes please* ou *which we*. »

Un nouveau discours était programmé pour la cérémonie d'ouverture du Parlement au mois de novembre. Étudiant le texte avec le roi, Logue fit son travail habituel, identifiant et supprimant d'éventuelles difficultés ou formulations problématiques.

Le 3 décembre au soir, le roi devait annoncer le démantèlement de la *Home Guard*, une force de défense constituée de deux millions de volontaires trop jeunes, trop vieux ou jugés inaptes au service dans l'armée. Ce corps avait été formé en juillet 1940 pour défendre le

Royaume-Uni en cas d'invasion nazie, scénario qui paraissait alors imminent. Signe que la victoire semblait définitivement acquise aux Alliés, cette force était à présent dispersée. Logue travailla sur le texte avec le roi et se rendit à Windsor pour assister à l'enregistrement. Il fut impressionné de voir que le roi n'avait trébuché qu'une fois, sur le *w* de « *weapons* ».

Un peu plus tard, Logue lui serra la main et, après l'avoir félicité, lui demanda pourquoi cette lettre lui avait posé problème.

« Je l'ai fait exprès, répondit le roi en souriant.

– Exprès ? répéta Logue, incrédule.

– Oui. Si je ne me trompe pas au moins une fois, les gens risquent de ne pas me reconnaître. »

Cette année encore, le roi devait prononcer un discours pour Noël et Logue se rendit à Windsor pour retravailler le texte. Il s'agissait d'un message d'optimisme, exprimant l'espoir d'en avoir fini avec les horreurs de la guerre et de la tyrannie d'ici le Noël suivant. « Le souvenir des premiers jours de la guerre nous rappelle avec certitude que les ténèbres se dissipent de jour en jour. Les lumières que l'Allemagne avait éteintes, une première fois en 1914 puis en 1939, se rallument doucement. Déjà, nous en voyons luire quelques-unes à travers la brume de la guerre qui recouvre encore tant de pays. L'angoisse cède la place à l'espoir, prions pour qu'avant Noël prochain, le dernier chapitre de la libération et de la victoire soit enfin achevé. »

Parmi les papiers de Logue, on découvrit une version annotée de ce discours montrant le travail fait par l'orthophoniste pour supprimer des mots ou des passages pouvant encore poser problème au roi : « calamités » et son difficile *c* en début de mot fut remplacé par « désastres ». Dans l'ensemble, Logue fut toutefois impressionné par ce discours. « Il faut toujours les retoucher de la même manière mais je crois que nous avons moins réécrit celui-ci que n'importe quel autre », reconnaît-il.

Alors qu'ils étaient assis dans le bureau où brûlait un feu dans la cheminée, le roi déclara subitement : « Logue, je crois qu'il est temps pour moi d'enregistrer mes discours seul et pour vous de passer Noël auprès de votre famille. »

Logue s'était préparé à ce moment, surtout après le discours du démantèlement de la *Home Guard*. Ils discutèrent longuement avec la reine, qui était du même avis que le roi. Il fut donc décidé que, pour la première fois, Logue céderait sa place à la reine et aux deux princesses aux côtés du roi pendant l'enregistrement.

« Savez-vous, madame, que je me sens comme un père envoyant son fils à l'école pour la première fois ? dit-il à la reine en prenant congé.

– Je vous comprends parfaitement », lui répondit-elle en posant sa main sur son bras.

Pour son premier Noël en famille après bien des années, Logue décida d'organiser une fête chez lui. John Gordon du *Sunday Express* et sa femme figuraient parmi les invités. Trop occupé par les préparatifs de la fête, Logue ne pensa presque pas au discours. Cinq minutes avant 15 heures, il disparut toutefois dans sa chambre et, après une courte prière silencieuse, alluma le poste de radio juste à temps.

Lorsqu'il entendit la voix du roi, Logue fut surpris par sa fermeté et la résonance de son timbre. La dernière fois qu'il l'avait entendu à la radio remontait à trois ans, et le roi avait fait bien des progrès. Il parlait avec assurance, plaçait bien ses inflexions et ne s'interrompait presque plus entre les mots. Durant les huit minutes de son discours, le roi n'hésita que devant un mot, « *God* », mais cela ne dura qu'une seconde et il reprit ensuite avec encore plus d'assurance.

De retour dans le salon où ses invités avaient écouté le discours, Logue reçut une véritable ovation. Il voulut alors les amuser et demanda : « Voudriez-vous entendre le roi parler ?

– Ma foi, nous venons de l'entendre, répondit Gordon.

– Si vous prenez les deux écouteurs du téléphone, vous l'entendrez parler de Windsor », poursuivit Logue.

Après leur dernière répétition, il avait été convenu que Logue téléphonerait au roi après son discours. Logue appela donc le château de Windsor tandis que ses invités se pressaient autour des écouteurs. Quelques secondes plus tard, on entendait la voix du roi.

Logue le félicita pour son magnifique discours et ajouta : « Mon travail est fini, Sire.

– Pas du tout, répliqua le roi. C'est le travail préliminaire qui compte, c'est là que vous m'êtes indispensable ».

Le discours de Noël fut bien accueilli et Logue reçut plusieurs lettres de félicitations, dont une de la part de Hugh Crichton-Miller, célèbre psychiatre domicilié au 146, Harley Street. « Ce discours était bien supérieur à tous les précédents, écrivait Crichton-Miller au lendemain de Noël. Nous avons entendu s'exprimer une nouvelle liberté de façon absolument admirable. »

Ravi, Logue transmit la lettre au roi qui se dit flatté et remercia son professeur. « J'espère que cela ne vous a pas dérangé, j'avais le sentiment de devoir faire au moins un enregistrement tout seul , écrivit-il le 8 janvier. Le travail de préparation reste le plus important et c'est là que votre aide m'est la plus précieuse. J'ignore si vous savez combien je vous suis reconnaissant de m'avoir permis de m'acquitter de cette part si cruciale de mon travail. Je ne vous remercierai jamais assez. »

Quatre jours plus tard, Logue lui répondait : « Lorsque nous avons commencé il y a maintenant plusieurs années, je m'étais donné pour but de vous aider à prononcer un discours sans hésiter et à parler à la radio sans avoir peur du microphone. Comme vous le dites vous-même, ces objectifs sont aujourd'hui atteints et je ne serais pas humain si je ne me réjouissais pas de vous voir capable de les accomplir sans moi.

« Lorsqu'un nouveau patient vient me voir, il me demande souvent : "Est-ce que je pourrai parler comme le roi ?" Je lui réponds : "Oui, si vous travaillez autant que lui." Je pourrais guérir toute personne sensée si elle est prête à travailler autant que vous. Vous récoltez aujourd'hui les fruits de tous les durs efforts que vous avez accomplis au début de notre travail. »

En janvier 1945, les Allemands avaient été délogés des Ardennes sans parvenir à atteindre le moindre de leurs objectifs. Les Soviétiques donnèrent l'assaut en Pologne, parvenant jusqu'en Silésie et en Poméranie avant de marcher sur Vienne. Pendant ce temps, sur le front de l'Ouest, les Alliés traversèrent le Rhin en mars, envahissant le nord et le sud de la Ruhr, et poussèrent ensuite jusqu'en Italie et dans l'ouest de l'Allemagne. Les deux armées se rejoignirent sur l'Elbe le 25 mai. Cinq jours plus tard, les Soviétiques prenaient le contrôle du Reichstag, signant la défaite militaire du Troisième Reich. Alors que les Russes ne se trouvaient plus qu'à quelques centaines de mètres, Hitler se suicida dans son bunker.

Chapitre quinze

Victoire

La nouvelle de la capitulation allemande en 1945 est accueillie avec enthousiasme et soulagement

Ce fut certainement l'une des plus grandes explosions d'allégresse jamais vues dans les rues de Londres. Le mardi du 8 mai 1945, des dizaines de milliers de gens se réunirent sur l'avenue du Mall pour chanter et danser devant le palais de Buckingham. Le moment qu'ils attendaient depuis plus de cinq ans et demi était enfin arrivé.

Cela faisait déjà plusieurs jours que l'on attendait l'annonce de la défaite allemande : les cloches de la cathédrale St. Paul étaient prêtes à sonner à tout moment pour annoncer la victoire, les gens avaient fait leurs réserves de drapeaux de l'Union Jack et les maisons étaient décorées de drapeaux multicolores. Enfin, à 3 heures, Winston Churchill s'adressa à la nation : la veille, à 2 h 41 du matin, annonça-t-il, le général Alfred Jodl, chef du haut commandement des forces armées allemandes, avait signé un accord de cessez-le-feu au quartier général américain de Reims. Dans son discours, le Premier ministre rendit un vibrant hommage aux hommes et aux femmes qui avaient « vaillamment combattu » sur terre, sur mer et dans les airs, et à tous ceux qui avaient sacrifié leur vie pour la victoire. Il prononça ce discours depuis la salle où se réunissait le cabinet de guerre, la pièce où son prédécesseur, Neville Chamberlain, avait déclaré la guerre à l'Allemagne six ans plus tôt.

« Nous pouvons nous permettre un bref moment de liesse, concluait Churchill. Mais n'oublions pas un instant les efforts et les sacrifices qui restent à venir. Le Japon reste, dans toute sa perfidie et son avidité, invaincu. »

Quelques instants plus tard, le roi, symbole de la résistance nationale autant que Churchill, apparut sur le balcon du palais de Buckingham, salué par les hourras d'une foule euphorique. C'était la première fois qu'il apparaissait en public accompagné non seulement de sa femme mais des deux princesses. À 17 h 30, les portes-fenêtres s'ouvrirent encore et la famille royale fit une nouvelle apparition, cette fois avec Churchill. Ce jour-là, ils se montrèrent à huit reprises sur le balcon. Dans la soirée, il fut convenu que le roi suivrait l'exemple de son Premier ministre et s'adresserait à son tour à la nation.

Le matin du samedi précédent, Logue avait reçu à 11 h 30 un coup de téléphone de Lascelles lui demandant de venir au château de Windsor l'après-midi même. Le jour de la Victoire – « Peace Day V », ainsi qu'on le désignait – approchait. Lascelles n'était toujours pas sûr de la date, tout dépendait de ce qui allait se passer en Norvège. Les forces d'occupation allemandes avaient songé à y former un dernier bastion de résistance, avant de mesurer l'inutilité d'un tel acte. Leur capitulation n'était plus qu'une question de temps. Une voiture vint chercher Logue à Sydenham Hill et il arriva au château de Windsor à 16 heures.

Le roi l'accueillit l'air complètement épuisé. Ensemble, ils parcoururent le texte, qui plut fortement à Logue bien qu'il y apportât quelques changements. Ils se revirent une deuxième fois le lundi à 15 heures au palais de Buckingham, et il fut convenu que Logue reviendrait encore une fois à 20 h 30 le soir même. Logue rentra chez lui se reposer, mais à 18 heures le téléphone sonna. C'était Lascelles. « Pas ce soir. La Norvège n'a pas encore bougé », dit-il. Il était toutefois certain que le discours serait prononcé le lendemain et dit à Logue de se tenir prêt.

Le lendemain matin, Logue reçut un nouveau message du palais. « Le roi souhaiterait vous avoir à dîner ce soir, venez avec Mme Logue », disait le billet auquel on avait mystérieusement ajouté : « Dites-lui de porter une couleur claire. » À 18 h 30, Lionel et Myrtle se mirent en route pour le palais de Buckingham. Les rues étaient presque désertes et en quelques minutes ils arrivèrent dans le centre de Londres. Ils furent arrêtés une première fois au niveau de la gare Victoria, mais Mieville leur avait préparé un permis et ils poursuivirent leur chemin en direction du palais. Alors qu'ils traversaient la cour vers l'entrée du Privy Purse, une immense clameur retentit. Le roi et la reine étaient de nouveau sur le balcon. Lionel et Myrtle se joignirent aux membres de la maison royale qui agitaient frénétiquement leurs mouchoirs.

Lionel se dirigea vers la nouvelle salle d'enregistrement située au rez-de-chaussée en face de la pelouse et répéta le discours avec le roi. Ils apportèrent quelques changements au texte, essentiellement pour des questions de fluidité, puis le roi déclara, l'air ennuyé : « Si je ne dîne pas avant 21 heures, je n'aurai rien à manger après car tout le monde sera parti. » Venant de la part d'un personnage aussi éminent, la remarque plongea Logue dans une profonde hilarité, si bien que le roi se mit lui aussi à rire. Après un moment de réflexion, il lâcha toutefois : « C'est peut-être drôle, mais c'est vrai. »

Après avoir dîné, ils retournèrent dans la salle d'enregistrement à 20 h 35. Wood, de la BBC, les y attendait ; Logue synchronisa sa montre avec lui et le roi répéta une dernière fois. Encore deux minutes. Le temps d'ajouter un dernier changement au texte et la reine, comme à son habitude, vint souhaiter bonne chance à son mari. Alors que les projecteurs s'allumaient, la foule se mit à rugir. Logue était fasciné par cette atmosphère : « En un instant, les ténèbres s'étaient transformées en un spectacle magique, les insignes royaux illuminés par en dessous semblaient flotter dans les airs. » Il fut particulièrement frappé par l'effet des lumières sur la tiare de la reine. Alors que celle-ci faisait signe à la foule en souriant, les projecteurs lui dessinaient un bandeau de flammes étincelantes autour de la tête. Le roi déclara :

> Aujourd'hui, nous remercions le Tout-Puissant pour une grande délivrance. Alors que je m'adresse à vous depuis la plus vieille capitale de notre Empire, ville persécutée mais jamais un instant effrayée ou déconcertée, depuis Londres je vous demande de vous joindre à moi dans cet acte de gratitude.
>
> L'Allemagne, l'ennemi qui a conduit toute l'Europe à la guerre, est enfin vaincue. En Extrême-Orient, nous avons encore à affronter le Japon, un adversaire cruel et déterminé. Contre lui, nous allons diriger toute notre volonté ainsi que toutes nos ressources. En cette heure toutefois, où l'ombre funeste de la guerre s'éloigne de nos maisons et de nos foyers sur ces îles, nous pouvons enfin prendre le temps de rendre grâce avant de penser à la tâche qui nous attend dans le monde entier et que nous assigne la paix en Europe.

Le roi poursuivit en rendant hommage à tous ceux qui – vivants et morts – avaient contribué à la victoire et rappela comment « les peuples d'Europe, isolés et réduits en esclavage », avaient tourné leurs regards vers l'Angleterre aux heures les plus sombres de la guerre. Il parla également de l'avenir, appelant le peuple anglais à « ne rien faire qui soit indigne de ceux qui sont morts pour nous et à faire de ce monde ce qu'ils auraient souhaité pour leurs enfants et les nôtres. Tel est le devoir que l'honneur nous commande à présent. À l'heure du danger, nous avons humblement remis notre cause entre les mains du Seigneur et Il a été notre force et notre protecteur. Prions pour Le remercier de Sa pitié et, en cette heure de victoire, remettons-nous-en, nous et notre nouvel impératif, à cette même main ferme ».

Le roi était épuisé et cela se voyait ; il hésita plus que d'habitude, mais cela n'avait pas d'importance. « Nous avons tous hurlé à nous casser la voix, se souvint l'humoriste Noël Coward, qui se trouvait dans la foule. Je pense que c'est le plus grand jour de notre histoire. »

Alors que les festivités continuaient, les deux princesses demandèrent à rejoindre la foule. Le roi donna son accord : « Pauvres chéries, elles ne se sont encore jamais amusées », écrivit-il dans son journal. C'est ainsi qu'à 22 h 30, accompagnées d'une discrète escorte d'officiers de la Garde, les deux princesses se glissèrent hors du palais incognito. Personne ne sembla reconnaître les deux jeunes filles qui se mêlèrent à la file de danse sortant du Ritz.

À 23 h 30, la reine fit appeler Lionel et Myrtle, et le couple prit congé. Puis, Peter Townsend, écuyer du roi et futur prétendant de la princesse Margaret, les conduisit à travers les jardins jusqu'aux écuries royales, où une voiture les attendait. La foule était nettement moins compacte mais les rues étaient encore pleines de gens célébrant la victoire.

Sur le chemin du retour, les Logue firent un détour pour ramener chez lui un soldat de Kennington Oval, dans le sud de Londres. Puis ils prirent un couple avec une petite fille qui allait en direction de Dog Kennel Hill, non loin de chez eux. Dans la voiture, ils parlèrent des événements de la soirée, du roi et de la reine. Le couple les remercia vivement et Lionel entendit l'enfant leur dire au revoir d'une petite voix endormie.

Bien qu'il eût récemment fêté ses soixante-cinq ans, Logue n'avait nullement l'intention de prendre sa retraite et continuait de recevoir des patients. Le 3 juin 1945, Mieville le remercia pour « ce qu'[il avait] fait pour [Michael] Astor », jeune homme de vingt-neuf ans qui souhaitait se lancer dans la politique et marcher dans les pas de son père, le vicomte Astor, également riche propriétaire du journal *The Observer.* « Vos efforts ont été couronnés de succès car il a été désigné [candidat] dans sa circonscription, ajoutait Mieville. Il devrait l'emporter car c'est un siège acquis mais je crains qu'il n'apporte qu'une contribution limitée à la Chambre des communes. » Astor fut effectivement élu député du Surrey Est lors des élections législatives le mois suivant. Il ne resta en poste que jusqu'en 1951 et ne laissa pas grande trace dans la vie publique de son pays.

Pour Logue toutefois, le bonheur de la paix retrouvée fut bientôt gâché par une tragédie personnelle.

En juin 1945, il se faisait opérer de la prostate à l'hôpital St. Andrew de Dollis Hill, dans le nord-ouest de Londres, lorsque Myrtle fut victime d'une crise cardiaque. Admise au même hôpital que lui, elle mourut quelques jours plus tard, le 22 juin.

Lionel en eut le cœur brisé. Pendant plus de quarante ans, Myrtle avait fait partie de sa vie et ils s'étaient profondément aimés. Invité en 1942 à la BBC pour participer à l'émission *On my Selection* – équivalent de *Desert Island Discs* aujourd'hui –, Logue avait dit de sa femme :

c'est « celle qui est restée à mes côtés et m'a tant aidé dans les périodes difficiles ». Myrtle fut incinérée au crématorium de Honor Oak, près de chez eux, dans le sud-est de Londres.

Le roi envoya un télégramme de condoléances dès qu'il apprit la nouvelle. « La reine et moi avons appris la triste nouvelle du décès de Mme Logue et vous exprimons notre plus profonde sympathie à vous et à votre famille. George. » Le roi lui écrivit ensuite deux lettres, l'une datée du 27 juin, l'autre du lendemain : « J'ai été stupéfait d'apprendre cette nouvelle après avoir vu votre femme débordante de santé la nuit de la victoire. N'hésitez pas à me faire savoir si je puis vous aider en quoi que ce soit. »

Logue dut affronter ce deuil avec deux fils absents : Valentine devait partir pour l'Inde quelques semaines plus tard avec une unité de neurochirurgiens et Tony allait probablement être renvoyé en Italie. Logue espérait que Laurie resterait en Angleterre : « Il a beaucoup souffert en Afrique et n'est pas encore remis, écrivit-il au roi le 14 juillet. Je ne sais pas ce que j'aurais fait sans lui. »

De santé encore fragile, Logue décida néanmoins de reprendre le travail, « remède suprême à tous les chagrins ». « Je suis entièrement au service de Votre Majesté, écrit-il. J'imagine qu'une réouverture du Parlement est prévue pour bientôt. »

La cérémonie d'ouverture du Parlement se déroula en effet le 15 août et marqua un retour de toute la pompe d'avant guerre. Des milliers de gens se pressèrent dans les rues pour voir le carrosse royal conduisant le roi et la reine jusqu'au Parlement. On célébrait également un autre événement : quelques heures plus tôt, l'empereur Hirohito avait reconnu la défaite de son pays, frappé par deux bombes nucléaires à Hiroshima et Nagasaki. La Seconde Guerre mondiale était enfin terminée.

Ce jour-là, le roi prononça l'un des discours les plus importants – sur le fond – depuis des dizaines d'années. Pour la première fois de leur histoire, lors des élections de juillet, les Anglais avaient donné une majorité absolue à un gouvernement travailliste dont le vaste programme de réforme sociale, politique et économique allait profondément changer le pays. Parmi les priorités du nouveau gouvernement figurait la nationalisation des mines, des compagnies de chemin de fer, de la banque d'Angleterre et des sociétés du gaz et de l'électricité. Le gouvernement s'était également engagé à réformer les systèmes d'éducation et de protection sociale et à créer un National Health Service. « Mes ministres auront pour tâche de veiller à ce que les ressources nationales, aussi bien en matières qu'en main-d'œuvre, soient employées de la manière la plus efficace dans l'intérêt de tous », déclara le roi.

Conservateur par nature, le roi s'inquiétait des possibles répercussions des mesures les plus radicales de son nouveau gouvernement. Il fut également peiné par la défaite de Churchill, avec qui il avait tissé des liens étroits durant la guerre. Quels que soient ses doutes, cependant, il était le chef d'une monarchie constitutionnelle et n'avait d'autre choix que d'accepter son nouveau gouvernement. Au plan personnel, il entretint de bonnes relations avec le Premier ministre, Clement Attlee, homme de peu de mots comme lui, ainsi qu'avec plusieurs ministres travaillistes. Une sorte d'affinité naturelle sembla le rapprocher d'Aneurin Bevan, ministre de la Santé, pourtant représentant de la gauche du parti. Bevan avait, lui aussi, longtemps souffert d'un défaut d'élocution et dès leur première rencontre avait exprimé au roi toute son admiration.

Si la guerre était finie, les conditions de vie n'en restaient pas moins difficiles pour les gens du peuple. L'économie britannique, sérieusement affaiblie, mettrait plusieurs longues années à repartir. Loin d'être abandonnées, les mesures de rationnement furent renforcées : le pain, resté libre à la vente pendant le conflit, fut rationné entre 1946 et 1948, et les pommes de terre le devinrent à leur tour en 1947. La viande et le bacon furent les dernières denrées à être rationnées, jusqu'en 1954.

Logue garda son cabinet ouvert. « La vie continue et je travaille dur, plus que je ne devrais à soixante-six ans mais c'est la seule chose qui me permette d'oublier », écrivit-il en mai 1946 à Rupert, frère de Myrtle. Il exprima aussi le désir de rentrer en Australie pour six mois, ce qu'il n'avait jamais fait depuis qu'il s'était installé en Angleterre avec Myrtle en 1924. Il souffrait toutefois d'hypertension et les médecins lui déconseillèrent de prendre l'avion. Il devrait attendre la reprise des liaisons maritimes. Logue ne fit jamais ce voyage.

Parmi les nombreux patients de Logue, le cas de Jack Fennell était particulièrement touchant. À trente et un ans, ce bègue originaire de Merthyr Tydfil, dans le pays de Galles, avait écrit au roi en septembre 1947 pour implorer son aide. Chômeur, sans ressource, ayant un enfant à charge, Fennell était complètement découragé et souffrait d'un complexe d'infériorité, conséquence d'années de souffrances liées à son bégaiement. Lascelles transmit sa lettre à Logue le 24 septembre et lui demanda son opinion sur ce cas. Logue estima que Fennell aurait besoin d'un an de traitement, ce dont il n'avait pas les moyens. Après avoir demandé en vain l'aide de plusieurs organismes de protection sociale, Fennell trouva assistance en la personne du vicomte Kemsley, propriétaire du *Daily Sketch* et du *Sunday Times*. Logé dans une pension de l'armée à Westminster et ayant obtenu un travail dans un journal de Kemsley à Londres, Fennell commença son traitement en janvier 1948.

En avril 1949, Logue écrivait une lettre à Kemsley pour saluer les progrès de son patient : Fennell avait gagné en assurance et avait réussi « haut la main » un entretien pour un poste au sein de l'Atomic Energy Research Establishment à Harwell. Logue le suivit pendant encore un an, réduisant leurs séances à un rendez-vous par mois. En août 1949, la carrière de Fennell avançait si bien qu'il avait pu emménager avec sa famille dans une maison de Wantage. En janvier de l'année suivante, il s'inscrivait au College of Technology d'Oxford et, en mai, se voyait proposer un poste permanent à Harwell.

Veuf et n'ayant plus d'enfants à charge, Logue décida de vendre la maison de Sydenham Hill en avril 1947. La maison n'était pas seulement devenue trop grande pour lui. Ainsi qu'il l'écrivit au roi en décembre pour son anniversaire, « elle contenait trop de souvenirs » de sa vie avec Myrtle. Il s'installa donc au 29, Princes Court, dans un « petit appartement confortable » de Brompton Road dans le quartier de Knightsbridge, juste en face du magasin Harrods.

La famille connut d'autres problèmes. Tony, le fils cadet, quitta l'armée pour retourner à l'université, cette fois-ci à Cambridge. Il poursuivit ses études pendant neuf mois puis, ayant perdu son goût pour la médecine, il décida de s'inscrire en droit. De santé fragile, il avait été admis à l'hôpital pour une simple opération de l'appendice et avait dû subir quatre interventions lourdes en l'espace de six jours. Dans sa traditionnelle lettre d'anniversaire au roi, Logue écrivit qu'il s'agissait à son avis des conséquences dramatiques des soins que son fils n'avait reçus que tardivement en Afrique du Nord où il était resté inconscient pendant quatre jours après s'être retrouvé à proximité d'une explosion. Selon lui, Tony « s'était désespérément accroché à la vie ». Deux jours plus tard, le roi lui transmettait toute sa sympathie. « Vous avez certainement eu votre lot de peine et de souffrance. » Comme d'habitude, il tenait également Logue au courant de ses interventions publiques et se disait très satisfait du discours qu'il avait prononcé en l'honneur de son père. Il était néanmoins préoccupé par le discours de Noël en cette année où tout paraissait « si triste ».

Logue vit au moins une de ses ambitions réalisée : le 19 janvier 1948, il écrivit au roi pour lui demander de devenir parrain du College of Speech Therapists, qui comptait à présent 350 membres, disposait de « revenus suffisants » et était désormais reconnu par la British Medical Association. « J'ai soixante-huit ans aujourd'hui, écrivait-il, il serait merveilleux à mon âge de vous savoir à la tête de cette organisation essentielle et en plein essor. » Le roi accepta.

Logue avait toujours du mal à accepter la mort de Myrtle. Ils avaient été mariés pendant presque quarante ans et elle avait joué un rôle central dans sa vie. Sa mort créait un vide considérable. Esprit par ailleurs rationnel, Logue commença à s'intéresser au spiritisme dans l'espoir de communiquer avec sa défunte femme « de l'autre côté ». Il fit la connaissance du médium Lilian

Bailey, spécialiste de la transe profonde. Au fil des ans, Bailey s'était constitué une clientèle auprès de personnalités d'Angleterre et d'ailleurs, comme les actrices de Hollywood Mary Pickford, Merle Oberon et Mae West, ainsi que Mackenzie King, Premier ministre canadien.

On ignore combien de temps Logue continua à fréquenter Bailey et à combien de séances il participa ; ses fils étaient toutefois consternés lorsque leur père leur disait qu'il allait « entrer en contact » avec sa femme. « Cela nous paraissait complètement fou et nous espérions vraiment qu'il arrête », se souvient Anne, épouse de Valentine[90].

Les tristes années de l'immédiat après-guerre furent néanmoins illuminées par une heureuse nouvelle : le 10 juillet 1947, on annonça les fiançailles de la princesse Elizabeth avec Philip, fils du prince André de Grèce et d'Alice de Battenberg, princesse d'origine anglaise vivant au Danemark. Les fiancés s'étaient rencontrés en juin 1939 alors que Philip était âgé de dix-huit ans et la future reine d'Angleterre de seulement treize ans. Le roi et sa famille étaient venus à bord du yacht royal pour visiter l'école navale de Dartmouth, et quelqu'un devait veiller sur Elizabeth et Margaret, alors âgée de neuf ans.

L'ambitieux lord Mountbatten, aide de camp du roi, avait veillé à ce que, parmi tous les jeunes gens présents, ce soit à son neveu Philip que revienne cette tâche. Elizabeth (sa cousine au troisième degré par la reine Victoria et au second degré par Christian IX du Danemark) tomba immédiatement sous le charme de ce grand et beau garçon, major de sa promotion. « Lilibet ne l'a pas quitté des yeux », écrira la gouvernante Marion Crawford dans ses Mémoires. Très vite, les deux jeunes gens commencèrent à s'envoyer des lettres.

Ce qui ne ressemblait au début qu'à une tocade de la part de la princesse Elizabeth devint rapidement une véritable histoire d'amour, encouragée à tous les niveaux par un lord Mountbatten fort désireux de voir sa famille liée à la maison des Windsor. Elizabeth et Philip s'écrivirent et parvinrent même à se rencontrer pendant les permissions de Philip. Toutefois, tant que la guerre faisait rage, leur relation ne pouvait aller plus loin. La paix changea la donne.

Le roi n'était pas convaincu par le choix de sa fille. Il la trouvait trop jeune et craignait qu'elle n'eût jeté son dévolu sur le premier homme qu'elle ait rencontré. À cela s'ajoutait une opinion largement partagée, y compris par le roi, selon laquelle Philip était loin d'être un mari idéal pour une future reine d'Angleterre, notamment en raison de ses origines allemandes. Le bruit courait que, en privé, la reine l'avait surnommé « le Hun ». Espérant que leur fille se trouve un autre prétendant, la reine et le roi organisèrent une série de grands bals remplis de jeunes célibataires et auxquels Philip, à son grand dépit, ne fut pas convié. Elizabeth resta toutefois fidèle à son prince.

En 1946, Philip finit par demander au roi la main de sa fille. George accepta mais à une condition : que les fiançailles ne soient pas officiellement annoncées avant le vingt et unième anniversaire d'Elizabeth, en avril. Un mois avant la date convenue, Philip, suivant les recommandations de son oncle, avait renoncé à ses titres de prince de Grèce et du Danemark, à la nationalité grecque et à la religion grecque orthodoxe. Il se convertit à l'anglicanisme, se fit naturaliser citoyen britannique et adopta également le nom de Mountbatten, version anglicisée du nom de famille de sa mère, Battenberg.

Le mariage fut célébré le 20 novembre 1947 en l'abbaye de Westminster devant les membres de plusieurs familles royales, mais sans les trois sœurs de Philip qui avaient épousé des aristocrates allemands proches des nazis. La matin du mariage, Philip fut fait duc d'Édimbourg, comte de Merioneth et baron de Greenwich dans le comté de Londres. La veille, le roi l'avait appelé « Votre Altesse Royale ».

Si les discours du roi s'amélioraient, sa santé en revanche déclinait. À seulement quarante-neuf ans au sortir de la guerre, George VI était déjà très affaibli. On cite souvent les privations de la guerre comme principale origine de ses problèmes de santé. Il est pourtant difficile d'imaginer que ces privations aient été plus grandes que celles endurées par les millions d'hommes envoyés sur les fronts ou par les civils restés en Angleterre. Sa surconsommation de cigarettes n'aidait pas. En juillet 1941, le magazine *Time* rapportait qu'en signe de solidarité avec son peuple, le roi avait décidé de réduire sa consommation de vingt ou vingt-cinq cigarettes à seulement quinze par jour. Après la guerre, il se remit toutefois à fumer de plus belle.

Malgré son mauvais état de santé, le roi décida en février 1947 de partir en Afrique du Sud pour une tournée de dix jours. Après avoir été en Australie, en Nouvelle-Zélande et au Canada, le roi était curieux de visiter l'Afrique du Sud où il n'avait jamais posé le pied. Le voyage était épuisant et il se fatiguait vite. Il n'était en outre nullement garanti qu'il serait bien reçu par les Afrikaners, notamment ceux qui n'avaient pas oublié la guerre des Boers. À ces problèmes s'ajouta un facteur psychologique : les Anglais souffrirent cette année-là d'un des pires hivers depuis des décennies, et le roi avait mauvaise conscience de ne pas partager les souffrances de son peuple. Il songea même à un moment à écourter son séjour, mais Attlee l'en dissuada, soulignant que son retour précipité ne ferait qu'aggraver le sentiment d'urgence.

Deux mois après son retour, le roi commença à se plaindre de crampes dans les jambes et écrivit à Logue qu'il se sentait « vidé et fatigué[91] ». En octobre 1948, ses crampes étaient devenues douloureuses et permanentes. Dans la journée, il perdait toute sensibilité dans le pied gauche, mais la nuit, celui-ci l'empêchait de dormir. Plus tard, la douleur sembla passer dans le pied droit. Le roi fut examiné un mois plus tard par le professeur James Learmouth, un des plus grands spécialistes du pays en matière de douleurs vasculaires. Celui-ci diagnostiqua une forme précoce d'artériosclérose. On craignit pendant un moment de devoir amputer la jambe droite en raison du risque de gangrène. Quelques semaines plus tard, Logue faisait part au roi de sa préoccupation : « Pour moi qui ai eu l'honneur de figurer parmi vos proches pendant ces terribles années de guerre, pour moi qui sais la somme de travail que vous avez abattue et l'énergie que cela vous a coûté, il paraît évident que vous vous êtes épuisé et devez enfin apprendre à vous ménager, écrivit-il le 24 novembre. Je suis certain que du repos, de bons médecins et votre formidable volonté vous permettront de recouvrer la santé. »

En décembre, le roi sembla se rétablir, mais les médecins préconisèrent un repos prolongé et il dut renoncer à un voyage en Australie et en Nouvelle-Zélande programmé pour le début de l'année suivante. Dans une lettre du 10 décembre adressée à Logue, le roi semble pourtant en bonne forme : « Le repos et le traitement me font grand bien et les docteurs ont l'air contents, ce qui me semble de bon augure. J'espère que vous vous portez bien et aidez toujours ceux qui ne peuvent pas parler. »

De quinze ans l'aîné du roi, Lionel passa également une année difficile et dut s'enfermer pendant un certain temps dans son nouvel appartement au huitième étage. Dans sa traditionnelle lettre d'anniversaire au roi, Logue explique que certains de ses amis, alertés par son état de santé, ont écrit en Australie pour prévenir qu'il ne passerait probablement pas l'hiver. L'optimisme du roi sur son propre état de santé semblait néanmoins le réconforter : « J'ai suivi le grand combat que vous avez mené et me réjouis de voir que le Tout-Puissant vous a rendu votre santé », écrit-il.

Noël approchait ainsi que son traditionnel discours. « J'ai préparé un autre type de discours cette année, plus personnel, j'espère que tout se passera bien », confiait le roi à Logue le 20 décembre. Signe des progrès réalisés au fil des ans, le roi ne demandait plus à Logue de l'aider à préparer ses discours comme autrefois. Il lui demandait toutefois de l'appeler juste après la diffusion pour lui donner son avis.

Le roi prononça son discours depuis Sandringham et ne revint à Londres qu'à la fin du mois de février pour quelques audiences ainsi qu'une cérémonie d'investiture. Le mois de mars 1949 fut celui des mauvaises nouvelles. Après examen approfondi, les médecins déclarèrent que le roi n'était pas aussi bien rétabli qu'ils le pensaient. Learmouth préconisa une sympathectomie pulmonaire pour stimuler la circulation du sang dans la jambe. À la demande du roi, l'opération eut lieu dans un bloc improvisé dans une salle du palais de Buckingham et se déroula sans incident. Le roi ne se faisait toutefois aucune illusion et savait qu'il ne serait jamais complètement rétabli. Les médecins lui ordonnèrent de se reposer, d'alléger son programme d'obligations officielles et de réduire sérieusement sa consommation de cigarettes. Une seconde thrombose pouvait être fatale.

La santé du roi sembla s'améliorer au cours de l'année 1949 mais les médecins préconisèrent le maximum de repos. Avec Noël se profilait un nouveau discours à la nation, au Commonwealth et à l'Empire. « Me revoilà dans les affres d'une préparation de discours, écrivit le roi à Logue en le remerciant de sa lettre d'anniversaire. Comme il est difficile de trouver quelque chose de nouveau à dire ces temps-ci. Les paroles d'encouragement sont tout ce qui reste. J'ai hâte d'en avoir fini. Cela me gâche toujours Noël ».

Chapitre seize

Les derniers mots

George VI, l'air malade et fatigué, peu avant sa mort

Le jour de Noël 1951, des millions de gens rassemblés autour de leur poste de radio en Angleterre, dans le Commonwealth et le reste de l'Empire, entendirent une voix à la fois familière et curieusement différente. Le roi George VI prononçait son traditionnel message de Noël, mais il parlait d'une voix faible et enrouée, comme s'il souffrait d'un mauvais rhume. Sa voix se faisait murmure et il semblait parler légèrement plus vite que d'habitude. Rares, toutefois, furent ceux à ne pas être touchés par ses paroles.

Après avoir parlé de Noël comme du moment où chacun devrait faire le compte de ses bonheurs, le roi en vint à des propos très personnels.

J'ai moi-même toutes les raisons d'être profondément reconnaissant, non seulement car – par la grâce de Dieu et grâce à la compétence de mes fidèles docteurs, chirurgiens et infirmières – j'ai survécu à la maladie, mais aussi parce que cela m'a rappelé que c'est dans les moments difficiles que nous apprécions le mieux le soutien et la sympathie de nos amis. J'ai reçu le soutien et la sympathie de mes peuples, de ces îles, du Commonwealth, de l'Empire et de bien d'autres pays, et je vous en remercie du fond du cœur. Je suis certain que vous savez combien vos prières et vos vœux de rétablissement m'ont aidé et m'aident pendant ma convalescence.

Après son discours, les cinq médecins du roi lui téléphonèrent pour le féliciter, mais dans les journaux, en Angleterre et ailleurs, les gens étaient sous le choc. Si les commentateurs et les éditorialistes se disaient soulagés d'entendre le roi pour la première fois depuis son opération, trois mois plus tôt, la fatigue de sa voix leur rappelait combien il était malade. « Les millions de gens qui ont écouté le discours du roi cette année ont noté avec inquiétude combien il paraissait fatigué, lut-on dans le *Daily Mirror*, deux jours plus tard. Dans bien des chaumières, la grande question est de savoir si le roi souffre simplement d'un coup de froid ou s'il s'agit d'une séquelle de l'opération du poumon qu'il a subie trois mois plus tôt. »

Pour la première fois depuis 1937, le roi ne s'exprimait pas en direct. Ainsi que l'avait toujours préconisé sir John Reith lorsqu'il était directeur de la BBC, le discours avait été enregistré à l'avance. Cette innovation n'était due qu'à l'aggravation de l'état de santé du roi.

Le roi eut de nombreux problèmes de santé à la fin des années quarante, et les médecins lui recommandèrent de se reposer le plus possible et de limiter ses apparitions en public. Des difficultés économiques et politiques vinrent toutefois s'ajouter à la liste de ses soucis : élu triomphalement en 1945, le gouvernement travailliste de Clement Attlee avait vu sa majorité fortement réduite en 1950 et se trouvait en grande difficulté. Les élections législatives de 1951 se soldèrent par un changement de majorité et ramenèrent au pouvoir un Winston Churchill âgé de soixante-seize ans.

La santé du roi lui avait toutefois permis de traverser les rues de Londres en carrosse ouvert pour l'inauguration du festival de Grande-Bretagne. « L'heure n'est pas au découragement, déclara-t-il sur les marches de la cathédrale St. Paul. Je considère ce festival comme le symbole du courage et du dynamisme inépuisables de l'Angleterre. » Nombre de ceux qui purent le voir de près durant la cérémonie furent néanmoins frappés par sa mauvaise mine. Ce soir-là, le roi se coucha avec la grippe.

Le roi mit du temps à se remettre et souffrait d'une toux persistante. Les médecins diagnostiquèrent d'abord une inflammation catarrhale du poumon gauche et le traitèrent avec de la pénicilline. Les symptômes persistèrent néanmoins, et ce n'est que le 15 septembre qu'on lui découvrit une tumeur maligne. Trois jours plus tard, Clement Price Thomas, chirurgien spécialiste de ce genre d'affection, informa le roi qu'il fallait procéder à l'ablation du poumon le plus tôt possible. Selon l'habitude de l'époque, il ne lui révéla pas qu'il était atteint d'un cancer.

L'opération eut lieu le 23 septembre et se déroula sans problème. Les médecins avaient craint que le roi ne perde l'usage de certains nerfs du larynx, réduisant potentiellement sa voix à un simple murmure, mais leurs craintes se révélèrent infondées. En octobre, le roi écrivait à sa mère combien il était soulagé de ne pas avoir subi de complications.

Il n'en restait pas moins malade. Exceptionnellement, son discours pour la cérémonie d'ouverture du Parlement fut lu par lord Simonds, alors lord chancelier. Certains lui conseillèrent également de ne pas prononcer de discours de Noël cette année. Plus tard, un journal[92] indiquera qu'il avait été question de faire parler sa femme ou la princesse Elizabeth à sa place. Cela lui aurait certainement épargné bien des peines mais le roi refusa. « Ma fille en aura peut-être l'occasion l'année prochaine, déclara-t-il. Je veux parler à mon peuple moi-même. » La détermination du roi à accomplir lui-même ce devoir – qu'il avait pourtant toujours redouté – montre à quel point, au cours de son règne, ces quelques minutes de l'après-midi du 25 décembre étaient devenues un moment important de la vie de la nation.

Les médecins lui conseillèrent d'éviter le stress d'une diffusion en direct, et un arrangement fut trouvé : le roi enregistra son message morceau par morceau, phrase après phrase, les répétant jusqu'à être satisfait du résultat. Le discours final durait à peine six minutes mais il avait fallu presque deux jours pour les enregistrer. Le résultat était loin d'être parfait : le débit était étrangement rapide à cause du processus de montage. Pour le roi, c'était toutefois mieux que rien. « La nation entendra mon discours, même s'il aurait pu être meilleur », dit-il à un ingénieur du son et à un haut responsable de la BBC, les deux seules personnes autorisées à écouter la version finale de son discours avant diffusion. « Merci pour votre patience. »

La lettre que le roi envoya à Logue en réponse à sa traditionnelle lettre d'anniversaire, le 14 décembre, rend bien compte de son état d'esprit avant l'enregistrement. Il s'agissait de la dernière lettre qu'il écrirait à son ami et thérapeute. Son contenu est d'autant plus émouvant que Logue était lui aussi en mauvaise santé.

> Je suis sincèrement désolé d'apprendre que vous êtes de nouveau souffrant. J'ai, pour ma part, passé une année abominable dont le point d'orgue aura été cette lourde opération dont je semble si bien me remettre. Cela est d'ailleurs, à bien des égards, grâce à vous. Avant l'opération, le chirurgien Price Thomas a

demandé à me voir respirer. Lorsqu'il vit mon diaphragme monter et descendre naturellement, il me demanda si j'avais toujours respiré ainsi. Je lui répondis que non, que c'était quelque chose que l'on m'avait appris en 1926 et que je continuais de faire depuis. Encore une chose dont vous pouvez être fier !

Logue souhaitait lui répondre mais il fut admis à l'hôpital avant de pouvoir le faire.

Le roi passa le Nouvel An à Sandringham avec la reine. L'espoir et la confiance qu'il avait exprimés dans son discours de Noël semblaient justifiés. Sa santé lui permit de se remettre à chasser, et lorsque les médecins l'examinèrent le 29 janvier, ils se déclarèrent satisfaits de son état. Le 30, la famille royale se rendit dans un cinéma de Drury Lane pour voir *South Pacific*. Cette sortie avait un petit air de fête, non seulement à cause du rétablissement du roi mais aussi parce que la princesse Elizabeth et le duc d'Édimbourg devaient partir le lendemain pour un voyage en Afrique orientale, en Australie et en Nouvelle-Zélande.

Le 5 février 1952, il faisait un temps froid mais sec et ensoleillé, et le roi sortit chasser. Il était « aussi insouciant et heureux que jamais », écrivit son biographe officiel[93]. Après un dîner décontracté, il se retira dans sa chambre et se coucha vers minuit. À 7 h 30, le matin du 6, un domestique le trouva mort dans son lit. Le roi ne mourut pas du cancer mais d'une thrombose coronaire – un caillot sanguin dans une artère coronaire – qui se déclara peu après qu'il se fut endormi.

À cette heure, Elizabeth et Philip étaient déjà arrivés au Kenya. Ils avaient passé la nuit au Treetops Hotel et revenaient tout juste à Sagana Lodge, à un peu plus de 160 kilomètres au nord de Nairobi, lorsqu'on apprit la mort du roi. C'est Philip qui dut annoncer la nouvelle à sa femme. Proclamée reine d'Angleterre, Elizabeth rentra précipitamment à Londres.

Le 26 février, Logue écrivit une lettre à la veuve du roi qui, à l'âge de cinquante et un ans, allait encore vivre plus d'un demi-siècle en tant que reine mère. Il parla de la « magnifique lettre » que son mari lui avait écrite en décembre et dit tout le regret qu'il avait de ne pas avoir été en mesure de lui répondre avant qu'il ne soit trop tard. « Depuis 1926, il m'a fait l'honneur de me laisser l'assister dans ses discours. Aucun homme n'a travaillé plus dur que lui et aucun n'a obtenu de meilleurs résultats. Toutes ces années, vous avez été un roc pour lui et il m'a souvent dit combien il vous devait et qu'il n'aurait jamais pu accomplir ce qu'il a fait sans votre aide. Je n'ai jamais oublié votre bonté après la mort de ma très chère femme. »

Deux jours plus tard, la reine mère lui envoyait une lettre tout aussi élogieuse. « Je sais peut-être mieux que quiconque combien vous avez aidé le roi, non seulement pour ses discours, mais dans toute son existence et dans son attitude à l'égard de la vie. Je vous serai toujours profondément reconnaissante de tout ce que vous avez fait pour lui. C'était un homme tellement admirable, et lui-même semblait si bien l'ignorer. J'espérais qu'il puisse vivre quelques années relativement paisibles après les années de tourment qu'il avait traversées avec tant de courage. Il n'en sera pas ainsi. J'espère que vous vous porterez bientôt mieux. »

En mai, sa fille, la reine Elizabeth II, se souvenant de l'amitié entre son père et Logue, lui fit parvenir une petite tabatière en or qui avait appartenu au roi. Elle y joignit ce message :

> Je vous envoie cette petite boîte qui se trouvait toujours sur la table du roi et qu'il aimait beaucoup car je suis sûre que aimeriez garder un petit souvenir personnel d'un homme qui vous a été si reconnaissant de tous vos efforts. La boîte se trouvait sur son écritoire, je suis certaine qu'il aurait voulu vous la donner.
>
> J'espère que vous vous portez mieux. Le roi me manque de plus en plus.
>
> Votre dévouée,
>
> Elizabeth.

En décembre, la reine prononça son premier discours de Noël à Sandringham. « Chaque année à Noël, à cette heure, mon père bien-aimé avait coutume de s'adresser à son peuple dans le monde entier, commença-t-elle. Ainsi qu'il le faisait, je m'adresse à vous depuis chez moi, où je passe Noël avec ma famille. » S'exprimant d'une voix claire et ferme – sans la moindre trace du handicap qui avait tant tourmenté son père –, elle rendit hommage à ceux qui servaient toujours au sein de l'armée et remercia ses sujets pour leur « loyauté et l'affection » qu'ils lui avaient témoignées depuis son accession au trône, dix mois plus tôt. « Mon père et mon grand-père avant lui ont consacré leur vie à resserrer les liens entre nos peuples et à défendre les idéaux qui leur tenaient à cœur. Je m'efforcerai de poursuivre leur travail. »

Logue ne dit pas ce qu'il pensa de ce discours, ni même s'il l'écouta. Ses services n'étaient plus requis et sa santé déclinait. Il passa les fêtes dans son appartement, entouré de ses trois fils et de leur famille : Valentine avec sa femme Anne et leur petite fille de deux ans, Victoria ;

Laurie, Jo et leurs enfants, Alexandra, quatorze ans, et Robert, dix ans ; et enfin Antony accompagné d'Elizabeth qu'il épouserait moins d'un an plus tard.

Peu après le Nouvel An, Logue tomba malade une dernière fois. Il resta alité pendant plus de trois mois et une infirmière à domicile fut embauchée pour s'occuper de lui, mais il finit par tomber dans le coma. Il mourut le 12 avril 1953 d'une insuffisance rénale, moins de deux mois après avoir fêté ses soixante-treize ans. Dans ses papiers, on découvrit deux invitations au couronnement de la reine, la seconde ayant probablement été envoyée en l'absence de réponse à la première.

Les nécrologies qui parurent en Angleterre, en Australie et aux États-Unis étaient brèves : « M. Lionel Logue, chevalier de l'ordre de Victoria, mort hier à l'âge de soixante-treize ans, était l'un des plus grands spécialistes du traitement des défauts d'élocution et avait principalement aidé le roi George VI à surmonter ses problèmes d'élocution, écrivit le *Times*, entre le portrait de l'ancien président polonais et le directeur d'une société américaine. Il fut personnellement proche du roi pendant longtemps. » Quant à sa technique, le journal notait simplement : « Sa méthode consistait notamment à apprendre à ses patients à respirer correctement afin de maintenir un débit naturel. »

Quelques jours plus tard, des lecteurs faisaient part de leurs commentaires : « Permettez-moi d'utiliser vos colonnes pour rendre un humble hommage à l'œuvre de M. Lionel Logue, écrivit un certain J. C. Wimbusch. Ayant compté parmi ses patients en 1926, je peux vous assurer qu'il était doué d'une patience remarquable et faisait preuve d'une sympathie presque surhumaine. C'est dans sa demeure de Bolton Gardens que j'ai rencontré notre défunt roi, alors duc d'York. Je suis sûr que des milliers de gens bénissent aujourd'hui comme moi, le nom de Lionel Logue[94]. »

Les funérailles de Logue eurent lieu le 17 avril en l'église Holy Trinity de Brompton. Le corps fut incinéré. La reine et la reine mère envoyèrent des représentants, ainsi que le haut-commissariat d'Australie. Par son travail avec le roi, Logue avait reçu honneur et célébrité, mais étrangement le roi ne l'avait jamais anobli et Logue ne fut jamais riche. Dans son testament, dont le journal *The Times* publia des extraits le 6 octobre, il laissait à ses héritiers la modeste somme de 8 605 livres, soit un peu plus de 200 000 euros aujourd'hui.

Plus d'un demi-siècle après les faits, la question de savoir comment Logue a réussi là où tous ses prédécesseurs avaient échoué reste assez mystérieuse. Les divers exercices de respiration sur lesquels il insistait tant semblent avoir eu un effet bénéfique, du moins le roi en paraissait-il convaincu. Autre élément important : en relisant les textes du roi, Logue pouvait reformuler des phrases sur lesquelles il savait que son royal élève risquait de buter. En un sens, il s'agissait moins de guérir le problème que d'éviter sa manifestation. Il ne fait toutefois aucun doute qu'en supprimant les principales difficultés de ses discours, Logue parvint à redonner confiance au roi et à lui montrer que l'expression orale en général – et toutes les difficultés que cela représentait – n'était pas une tâche si insurmontable.

Au bout du compte, l'élément décisif semble avoir été la capacité de Logue à persuader le roi, dès le début, que son bégaiement n'était pas le signe d'un grave trouble psychologique mais un problème presque mécanique qui pouvait être surmonté à force de travail et de volonté.

Encouragée par l'approche pragmatique de Logue, l'intimité qui s'établit entre les deux hommes joua aussi un rôle important. En insistant dès le début pour que les séances se déroulent dans son cabinet de Harley Street ou à son propre domicile plutôt qu'au palais, Logue avait clairement signifié au roi qu'il serait traité comme un patient normal. Au fil du temps, cette relation se transforma en amitié sincère.

Néanmoins, dans une société aussi rigide que celle de l'époque et compte tenu de leur différence de statut, cette amitié restait soumise à des règles, surtout après le couronnement du roi. La façon dont Logue s'adresse au roi, dans ses lettres mais aussi dans son journal dont nous avons publié ici de nombreux extraits, montre combien il était respectueux non seulement de la personne mais aussi de l'institution monarchique. Aux yeux du lecteur contemporain, Logue pourra paraître excessivement obséquieux dans sa façon de parler du roi – et surtout de la reine.

Le dernier mot reviendra à l'une des rares personnes encore en vie à avoir bien connu Logue. Il s'agit de sa belle-fille, Anne, épouse de Valentine, son deuxième fils, et qui, à plus de quatre-vingt-dix ans, reste en 2010 une femme admirablement vive et dynamique. Son statut d'ancienne consultante en psychiatrie de l'enfant à l'hôpital universitaire de Middlesex semble donner encore plus de poids à ses propos.

Interrogée sur le secret de la réussite de son beau-père, Anne fut, elle aussi, incapable d'apporter une réponse définitive à cette question. Elle pensait que le succès de Logue était avant tout lié au rapport que l'orthophoniste avait réussi à établir avec le futur roi alors qu'il était encore jeune homme. « Tout le monde peut donner des exercices de diction et de respiration mais [Logue] était un excellent psychologue, explique-t-elle. Il était un père parfait là où George V avait complètement échoué.

« [Lionel] ne disait jamais RIEN de ce qu'il faisait. Mais quand on voit ce qui s'est passé et à quoi il avait affaire, une seule réponse s'impose. Le roi était entouré de quantité de gens qui ne lui servaient à rien. Pour quelle autre raison serait-il resté si longtemps auprès de lui ? »

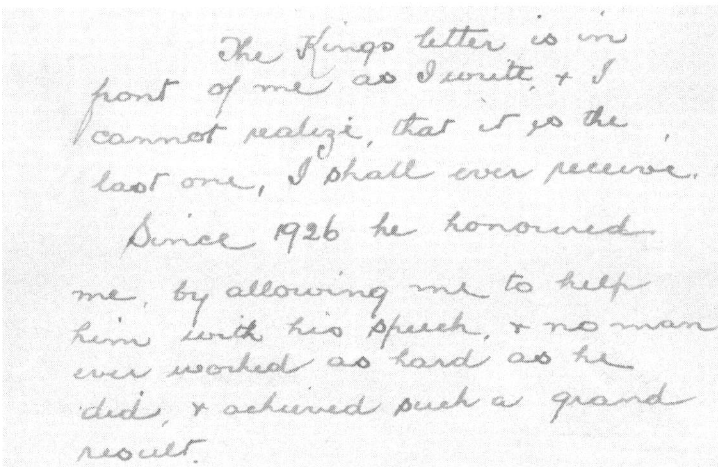
The Kings letter is in
front of me as I write, & I
cannot realize, that it is the
last one, I shall ever receive.
Since 1926 he honoured
me, by allowing me to help
him with his speech, & no man
ever worked as hard as he
did, & achieved such a grand
result.

Notes

1. John W. Wheeler-Bennett, *King George VI in His Life and Reign,* Londres, Macmillan, 1958 p. 400.

2. *Ibid*, p. 312.

3. *Time*, 16 mai 1938.

4. Cité dans «The Australian has a lazy way of talking : Australian Character and Accent 1920s-1940s », Joy Damousi et Desley Deacon (éd.), *Talking and Listening in the Age of Modernity : Essays on the History of Sound*, Canberra, ANU Press, 2007, p. 83-96.

5. Papiers de Lionel Logue, 25 mars 1911.

6. *Sunday Times* (Perth), 20 août 1911.

7. *West Australian*, 27 mai 1912.

8. *Sun* (Kalgoorlie), 27 septembre 1914.

9. Dialogue tiré d'un article de John Gordon du *Sunday Express.*

10. Marcel E. Wingate, *Stuttering ; A Short History of a Curious Disorder*, Westport, CT : Bergin & Garvey, 1997, p. 11.

11. *Ibid.*, p. xx.

12. *Star*, 11 janvier 1926.

13. *Pittsburgh Press*, 1er décembre 1928.

14. Rapporté dans le *Daily Express*, 21 août 1925, et reproduit dans son intégralité dans *Radio Times*, le 25 septembre. La

BBC n'est devenue la British Broadcasting Corporation qu'en 1926.

15. John Gore, *King George V*, Londres, John Murray.

16. Sarah Bradford, *The Reluctant King : the Life and Reign of George VI, 1895-1952*, New York, St. Martin's Press, 1990, p. 18.

17. *Ibid.*

18. *Ibid.*, p. 22.

19. *Ibid.*, p. 40.

20. *Ibid.*, p. 33.

21. Wheeler-Bennett, *op. cit.*, p. 42.

22. Bradford, *op. cit.*, p. 48.

23. Citation de Lambert et Hamilton dans *ibid.*, p. 57.

24. *Ibid.*, p. 70.

25. Robert Rhodes James, *A Spirit Undaunted : the Political Role of George VI*, Londres, Little, Brown, 1998, p. 92.

26. Papiers de Davidson dans *ibid.*, p. 96.

27. *Pittsburgh Press*, 1er décembre 1928.

28. Wheeler-Bennett, *op. cit.*, p. 207.

29. *Ibid.*, p. 208.

30. *Ibid.*

31. Taylor Darbyshire, *The Duke of York : an intimate authoritative life-story of the second son of Their Majesties, the King and Queen by one who has special facilities, and published with the approval of His Royal Highness*, Londres, Hutchinson and Co, 1929, p. 90.

32. Michael Thornton, correspondance électronique avec l'auteur, juillet 2010.

33. Darbyshire, *op. cit.*, p. 22.

34. *Scotsman*, 2 décembre 1926.

35. Papiers de Lionel Logue, 5 janvier 1927.

36. Wheeler-Bennett, *op. cit.*, p. 215.

37. *Ibid.*, p. 216.

38. Papiers de Lionel Logue, 25 janvier 1927.

39. *Ibid.*, 14 février 1927.

40. Wheeler-Bennett, *op. cit.*, p. 218.

41. Reginald Pound, *Harley Street*, Londres, Michael Joseph, 1967, p. 157.

42. Wheeler-Bennett, *op. cit.*, p. 227.

43. *Ibid.*, p. 228.

44. *Ibid.*, p. 229.

45. Wheeler-Bennett, *op. cit.*, p. 230.

46. Papiers de Lionel Logue.

47. *Ibid.*

48. *Ibid.*

49. Pound, *op. cit.*, p. 157.

50. *Evening Standard* (Londres), 12 juin 1928 ; *North-Eastern Daily Gazette*, 13 juillet 1928 ; *Evening News* (Londres), 24 octobre 1928 ; *Daily Sketch*, 28 novembre 1928 ; *Yorkshire Evening News*, 4 décembre 1928.

51. Papiers de Lionel Logue, 15 décembre 1928.

52. Wheeler-Bennett, *op. cit.*, p. 251.

53. Cet extrait et les suivants sont issus de la correspondance entre le duc et Logue, trouvée dans les documents de Logue.

54. Wheeler-Bennett, *op. cit.*, p. 258.

55. Papiers de Lionel Logue, 12 février 1929.

56. *Ibid.*, 16 et 23 mai 1934.

57. Wheeler-Bennett, *op. cit.*, p. 263.

58. James Lees-Milne, *The Enigmatic Edwardian : The Life of Reginald, 2nd Viscount Esher*, Londres, Sidgwick & Jackson, 1986, p. 301, cité par David Loades dans *Princes of Wales: Royal Heirs in Waiting*, Kew, Archives nationales, 2008, p. 228.

59. Diana Vreeland, *DV*, New York, Knopf, 1984, cité dans Loades, *op. cit.*, p. 230.

60. S.A.R. le duc de Windsor, *A King's Story*, Londres, Cassell, 1951, p. 254–5.

61. Cité dans Christopher Warwick, *Abdication*, Londres, Sidgwick & Jackson, 1986.

62. Voir Michael Bloch, *The Reign and Abdication of King Edward VIII*, Londres, Bantam Press, 1990.

63. *Time*, 9 novembre 1936.

64. Philip Ziegler, « Churchill and the Monarchy », *History Today*, vol. 43, 1er mars 1993.
65. Papiers de Lionel Logue, 28 octobre 1936.
66. William Shawcross, *Queen Elizabeth the Queen Mother : The Official Biography*, Londres, Macmillan, 2009, p. 376.
67. Rhodes James, *op. cit.*, p. 112.
68. *Ibid.*, p. 113.
69. Shawcross, *op. cit.*, p. 380.
70. Papiers de Lionel Logue, 14 décembre 1936.
71. *Time*, 21 décembre 1936.
72. Papiers de Lionel Logue.
73. Extraits du journal intime : papiers de Lionel Logue.
74. *Sun*, 18 janvier 1938.
75. Wheeler-Bennett, *op. cit.*, p. 379.
76. *Ibid.*, p. 383.
77. *Ibid.*, p. 390.
78. *Ibid.*, p. 392.
79. *Ibid.*, p. 394.
80. *Ibid.*
81. Wheeler-Bennett, *op. cit.*, p. 405.
82. Shawcross, *op. cit.*, p. 488.
83. Wheeler-Bennett, *op. cit.*, p. 406.
84. *Ibid.*, p. 429.
85. *Ibid.*, p. 449.
86. *Ibid.*, p. 553.
87. Papiers de Lionel Logue, 29 décembre 1943.
88. Wheeler-Bennett, *op. cit.*, p. 608.
89. *Ibid.*, p. 610.
90. Entretien avec l'auteur, juin 2010.
91. Papiers de Lionel Logue, 10 décembre 1948.
92. *Daily Express,* 7 février 1952.
93. Wheeler-Bennett, *op. cit.*, p. 803.
94. Nécrologie du *Times,* 13 avril 1953 ; réponse de J. M. Wimbusch, *The Times,* 17 avril 1953.

Remerciements

Tout d'abord, j'ai une énorme dette envers Peter Conradi. Sans sa volonté inébranlable face à des délais apparemment insurmontables, peut-être ce livre n'aurait-il jamais vu le jour.

Je souhaite remercier ma nombreuse famille, en particulier Alex Marshall qui, en mettant au jour un véritable trésor épistolaire, m'a permis de mieux comprendre la vie et l'œuvre de Lionel. Anne Logue, pour ses souvenirs, Sarah Logue, pour le temps qu'elle m'a consacré, Patrick et Nickie Logue pour leur aide et leur entretien des archives. Ainsi que ma magnifique épouse Ruth et nos enfants, qui ont accepté que ce projet en vienne à dominer nos existences pendant un an. Sans leur appui, ce livre n'existerait pas.

Merci également à Caroline Bowen pour avoir répondu à tant de questions sur l'orthophonie ; elle a joué un rôle essentiel dans la prise de contact entre les producteurs et la famille Logue, et c'est elle qui est à l'origine de toute l'affaire. À Francesca Budd, pour son aide lors de la transcription des archives et son soutien tout au long du tournage. À tous ceux qui ont participé au film, Tom Hooper, David Seidler, Colin Firth, Geoffrey Rush et toute l'équipe de See-Saw Films, en particulier Iain Canning.

C'est grâce à Jenny Savill d'Andrew Nurnberg Associates que ce livre a été publié. Je remercie aussi chaleureusement Richard Milner et Joshua Ireland, de Quercus, sans qui cet ouvrage n'aurait jamais pris son essor.

Je tiens de plus à remercier Meredith Hooper, pour ses éclaircissements, Michael Thornton, pour nous avoir autorisés à publier ses récits sur Evelyn Laye, Neil Urbino, dont les travaux de généalogie nous ont permis d'en apprendre plus, Marista Leishman, pour son aide sur les carnets Reith, et David J. Radcliffe, pour la description de son propre combat contre le bégaiement.

Margaret Hosking de l'université d'Adélaïde et Susanne Dowling de l'université Murdoch nous ont été d'une aide précieuse quand il s'est agi d'éplucher les fonds de bibliothèques.

Merci également à Tony Aldous, documentaliste du Prince Alfred College, Peta Madalena, archiviste du Scotch College, et Lyn Williams, de Lion Nathan. Les membres du Royal College of Speech and Language Therapists n'ont pas non plus ménagé leurs efforts, et nous leur en sommes reconnaissants, en particulier Robin Matheou.

Enfin, merci à la National Library of Australia, la State Library of South Australia et la State Library of Western Australia, à l'Australian Dictionary of Biography et à la National Portrait Gallery de Londres.

Table

Crédits photographiques

Chapitre 1 © Rue des Archives/AGIP. Chapitre 2 © Rue des Archives/Tal. Chapitre 3 © Loguc Family Archives. Chapitre 4 © London Stereoscopic Company/Getty Images. Chapitre 5 © Logue Family Archives. Chapitre 6 © Topical Press Agency/Getty Images. Chapitre 7 © Logue Family Archives. Chapitre 8 © Central Press/Getty Images. Chapitre 9 © Fox Photos/Getty Images. Chapitre 10 © Lebrecht/Rue des Archives. Chapitre 11 © Rex Features/Sipa Press. Chapitre 12 © Lebrecht/Rue des Archives. Chapitre 13 © US National Archives/Roger-Viollet. Chapitre 14 © AP/Sipa Press. Chapitre 15 © Bentley Archive/Popperfoto/Getty Images. Chapitre 16 © Scottish Dm/Rex Features/Sipa Press ; page 282 © Logue Family Archives.

Composition et mise en page

NORD COMPO
multimédia

Cet ouvrage a été achevé d'imprimer en mai 2011
sur les presses de Normandie Roto Impression s.a.s.
61250 Lonrai